Renilda Ouro

MUDANÇA ORGANIZACIONAL
Soluções Genéricas
para projetos

Copyright © 2005 by Renilda Ouro

Todos os direitos desta edição reservados à Qualitymark Editora Ltda.
É proibida a duplicação ou reprodução deste volume, ou parte do mesmo,
sob qualquer meio, sem autorização expressa da Editora.

Direção Editorial
SAIDUL RAHMAN MAHOMED
editor@qualitymark.com.br

Produção Editorial
EQUIPE QUALITYMARK

Capa
Projeto gráfico: Nathalia Ouro
Ilustrações:
RÊ

Editoração Eletrônica
Artes e Artistas proj. gráficos ltda.

CIP-Brasil. Catalogação-na-fonte
Sindicato Nacional dos Editores de Livros, RJ

O97m

Ouro, Renilda
   Mudança organizacional : G soluções genéricas para projetos : leia a bula antes de usar / Renilda Ouro. – Rio de Janeiro : Qualitymark, 2005
   320p. :

   Inclui bibliografia
   ISBN 85-7303587-0

   1. Mudança organizacional. 2. Desenvolvimento organizacional. 3. Administração de projetos.
   I. Título.

05.2268

CDD 658.4
CDU 65.011.8

2005
IMPRESSO NO BRASIL

Qualitymark Editora Ltda.
Rua Teixeira Júnior, 441
São Cristóvão
20921-400 – Rio de Janeiro – RJ
Tel.: (0XX21) 3860-8422

Fax: (0XX21) 3860-8424
www.qualitymark.com.br
E-Mail: quality@qualitymark.com.br
QualityPhone: 0800-263311

À Nathalia e Lethicia,

que a cada dia desafiam minhas crenças, garantindo-me a energia que mantém a vida sempre renovada, e a certeza de que a mudança é uma confissão de fé, numa nova ordem das coisas.

*À mãe e vó Helena,
    na memória.*

Ó mar anterior a nós, teus medos
Tinham coral e praias e arvoredos.
Desvendadas a noite e a cerração,
As tormentas passadas e o mistério,
Abria em flor o Longe, e o Sul sidério
Esplêndida sobre as naus da iniciação.

Linha severa da longínqua costa –
Quando a nau se aproxima ergue-se a encosta
Em árvores onde o Longe nada tinha;
Mais perto, abre-se a terra em sons e cores:
E, no desembarcar, há aves, flores,
Onde era só, de longe, a abstrata linha.

O sonho é ver as formas invisíveis
Da distância imprecisa, e, com sensíveis
Movimentos da esperança e da vontade,
Buscar na linha fria do horizonte
A árvore, a praia, a flor, a ave, a fonte –
Os beijos merecidos da Verdade.

Horizonte
Fernando Pessoa

Ao Leitor

O mundo da gestão me inspira, pela riqueza de possibilidades, pela diversidade humana, pelos desafios de tanta vida acontecendo num mesmo espaço, num mesmo tempo; pela capacidade de agrupar a criatividade humana para decifrar os segredos da ciência, a potencialidade das transformações da matéria e da não-matéria, os dogmas da natureza divina, os subterrâneos da natureza humana.

No século XXI não é novidade a convivência com micro-hardwares, quiçá méson-hardwares e softwares facilitadores da vida, que instigam a curiosidade ao ponto de gerar a pergunta feita por uma criança aos seus pais: "Mãe, eu fui baixado da Internet?"

Vivemos num contexto de e-planet, num mundo self-service, onde não parece tão inusitado nos imaginarmos entrando num restaurante através de uma porta-scanner, e, ao cruzá-la, ser-nos disponibilizado um cardápio sugestivo, com base na leitura vitamínica e mineral feita, naquele momento, do nosso organismo: a dieta do dia, ao molho cibernético.

No mundo das organizações não há quem não fique atordoado com a avalanche de possibilidades, de informações e de tarefas a serem cumpridas, agendadas, cada vez mais, sem que o homem tenha feito a mágica de também esticar o tempo. Pelo contrário, a impressão é a de que, no mundo da velocidade, o tempo é cada vez menor. Adentramos a era dos chips com resquícios do mundo mecânico, sem resolver questões herdadas e criando outras que se acumulam, pois, apesar do progresso obtido, suas conseqüências não podem ser "louvadas", e suas seqüelas exigem o repensar da atividade humana, na busca de maior inserção, de uma sociedade mais digna, para todos. Afinal, quem terá direito a um cardápio cibernético?

Hoje já não há limitação para o uso de ferramentas que facilitem a gestão e aprimorem os processos. Excluindo-se soluções relativas à aplicação de algo como biosfera sintética, ainda longe das possibilidades tecnológicas do momento, no mais faz-se e pode-se tudo: do mundo dos chips, ou era dos clones, em nome da melhor qualidade de vida da humanidade.

E qual o papel das organizações? Talvez seja contribuir como parte de um todo que apresenta diversidade, demanda o cultivo de relações e aceitação de diferenças, motivando para a convergência de missões pessoais, empresariais e comunitárias, sempre na busca do crescimento do país e da sociedade planetária como um todo. Valorizar metas de longo prazo torna-se fundamental e com certeza significará a motivação de dirigentes: deixar sua marca no futuro, um legado de valor em termos de melhoria da vida no planeta. No mundo self-service, tudo passa a ser uma questão de escolha.

Fazer acontecer as mudanças que são necessárias é ainda o grande desafio; elas ainda nos assustam. Aplicar o conhecimento disponível em todas as ciências – exatas, humanas e sociais –, passar do discurso para a prática, aproveitando todo o potencial hoje disponível, confrontar com severidade o desafio do crescimento da qualidade de vida de todos, e agir: estas são as metas, ou deveriam ser. Afinal, quanto do conhecimento disponível, em todas as ciências, exatas, sociais e humanas, estamos efetivamente usando para isso?

Na base disso tudo, construindo a plataforma que poderá encontrar soluções coletivas, ampliando discussões, ações e resultados, não só nos limites de sua atuação, mas para além de suas fronteiras, está cada um dos homens. Suas escolhas farão a grande diferença no futuro.

Que as mudanças sejam inevitáveis, e que possam ser feitas delicadamente, quando cada indivíduo levar consigo ao desafio o gigante que reside dentro de si.

Que o tempo de mudar chegue para todos,

Renilda Ouro

Gosto de fazer uso da anatomia da girafa que, com sua visão, é capaz de elevar-se e olhar o campo de ação, do alto e para frente, adquirindo uma melhor perspectiva de como agir.

Renilda Ouro

DIAGNÓSTICO
G
O TÉCNICO
G
O HUMANO
G
A ESTRATÉGIA
G
OS INDICADORES
G

BULA – COMPONENTES

- APRESENTAÇÃO — 21
- INDICAÇÕES — 25
- INFORMAÇÕES TÉCNICAS — 55
- PROPRIEDADES — 67
- POSOLOGIA — 103
- COMPOSIÇÃO — 127
- INFORMAÇÃO AOS USUÁRIOS — 147
- PRECAUÇÕES — 191
- ADVERTÊNCIAS — 211
- AVALIAÇÃO DOS BENEFÍCIOS — 233
- CONTRA-INDICAÇÕES — 245
- INTERAÇÕES MEDICAMENTOSAS — 255
- EFEITOS COLATERAIS — 256
- SUPERDOSAGEM — 275
- PACIENTES IDOSOS — 279
- SUGESTÕES DO LABORATÓRIO — 299
- VALIDADE — 307
- FONTES BIBLIOGRÁFICAS — 313

Mudança Organizacional
Solução genérica para projetos

FORMA E APRESENTAÇÃO
-A aplicação da bula no projeto de gestão da mudança.

USO EMPRESARIAL:

INDICAÇÕES
-Mudanças, transformações ou progresso?
-Como surge a necessidade de mudar?

INFORMAÇÕES TÉCNICAS
-A gestão do projeto de mudança.
-Principais razões para mudar.

POSOLOGIA
-Quais são as fases do projeto?
-Como planejar o projeto de mudança?
-Como estruturar o projeto.

COMPOSIÇÃO
-Quais os ganhos efetivos?
-Aplicação do balanced scorecard no projeto

ADVERTÊNCIAS
-Reconhecimento de resistências
-Consequências dos custos invisíveis

USO SEM PRESCRIÇÃO MÉDICA

QUALITYMARK
R. Ivanowa Franco 441, São Cristóvão
20921-480 – Rio de Janeiro – RJ
Tel. (0xx21) 3540-0422   ISBN- 9999999

Solução Genérica para Projetos

Índice

- **APRESENTAÇÃO** - por que a forma de bula?
- **INDICAÇÕES** - conhecimentos sobre mudanças e razões para mudar
- **INFORMAÇÕES TÉCNICAS** - o que você precisa saber sobre o processo de mudança
- **PROPRIEDADES** - elementos fundamentais na preparação da mudança
- **POSOLOGIA** - como o projeto deve ser administrado
- **COMPOSIÇÃO** - o desdobramento do projeto utilizando os componentes do Balanced Scorecard
- **INFORMAÇÃO AOS USUÁRIOS** - o que faz diferença num projeto de mudança
- **PRECAUÇÕES** - os cuidados que o projeto de mudança requer
- **ADVERTÊNCIAS** - como lidar com as reações adversas ao projeto de mudança
- **AVALIAÇÃO DOS BENEFÍCIOS -** avaliação do projeto e análise da trajetória
- **CONTRA-INDICAÇÕES -** em que situações o projeto deve ser adiado
- **INTERAÇÕES MEDICAMENTOSAS** - como considerar a interação com outros projetos
- **EFEITOS COLATERAIS** - o que pode ocorrer durante o projeto de mudança
- **SUPERDOSAGEM** - evitando a chegada do "tio já que.." estou fazendo isso, que tal...
- **PACIENTES IDOSOS** - conhecimentos sobre organizações maduras
- **SUGESTÕES DO LABORATÓRIO** – algumas recomendações
- **VALIDADE**
- **FONTES**

SUMÁRIO

INDICAÇÕES
CONHECIMENTOS SOBRE MUDANÇA E RAZÕES PARA MUDAR

1. Mudanças, transformações, progresso; sobre o que se está falando? 27
2. Por que razões as organizações precisam mudar? 35
3. Como surge a necessidade de mudar? 39
4. Conhecer o processo de evolução das organizações ajuda a compreender as necessidades de mudanças? 40
5. Quais são os principais motivos pelos quais as organizações mudam? 47
6. Que tipo de organização pode se beneficiar dos conhecimentos sobre gestão de mudanças? 49
7. Que características podem ser utilizadas para avaliar a disposição das organizações para mudar? 51
8. As dificuldades para mudar são maiores nas organizações públicas do que nas privadas? 52

INFORMAÇÕES TÉCNICAS
O QUE É PRECISO SABER SOBRE O PROCESSO DE MUDANÇA

1. Como tornar o processo da mudança menos estressante? 57
2. É preciso fazer a preparação da empresa para mudar? 58
3. "Os problemas de hoje provêm das soluções de ontem". Isso quer dizer que as organizações precisam sempre aprender? 59
4. Existem alguns elementos que definem o sucesso ou o fracasso de uma organização? 61
5. Qual é o principal orientador da mudança? 63
6. Existem estratégias próprias, comprovadamente adequadas às mudanças? 65
7. Que variáveis devem ser observadas num processo de mudança? 66

PROPRIEDADES

ELEMENTOS FUNDAMENTAIS NA PREPARAÇÃO DA MUDANÇA

1. Em que consiste o Gerenciamento de um Projeto de Mudança? 69
2. Adotar como estratégia um projeto de mudança é suficiente para lidar com toda a gama de "problemas comportamentais" que circundam as mudanças? 70
3. A preparação para mudar deve ser feita em que fase do projeto? 71
4. As organizações costumam considerar os aspectos psicológicos das mudanças? 73
5. Que ações devem ser tomadas na preparação para a mudança? 75
6. Considerando a variedade de motivos para mudar, como apontar aqueles sobre os quais a mudança se sustenta? 79
7. Quem tem a responsabilidade sobre o processo da mudança? 83
8. Como lidar com as questões políticas existentes nos projetos de mudança? 84
9. Por que muitos projetos de mudança não trazem ganhos efetivos? 89
10. É necessário conhecer a dinâmica de funcionamento da organização para administrar mudanças? 90
11. Como garantir que o projeto esteja conceituado para a busca das soluções que se deseja alcançar? 99
12. Quais são os maiores ganhos que podem ser esperados com as mudanças? 100

POSOLOGIA

COMO O PROJETO DEVE SER ADMINISTRADO

1. Como construir e compartilhar a visão que se quer obter após a implantação das mudanças? 105
2. Quais são as fases de um projeto de mudança? 109
3. Como estruturar as diversas atividades que compõem o projeto de mudança? 111
4. Como planejar o projeto de mudança? 113
5. Qual o modelo de gerenciamento de projetos mais indicado para um projeto de mudança? 115
6. Como garantir que o que foi planejado é o que realmente deverá ser feito? 118
7. Será que um volume grande de informações pode prejudicar, mais do que ajudar? 125

COMPOSIÇÃO

O DESDOBRAMENTO DO PROJETO UTILIZANDO O BALANCED SCORECARD

1. Como verificar a consistência entre as ações previstas pelo projeto e os resultados a serem alcançados? 129
2. Quais os ganhos efetivos ao se utilizar a metodologia baseada no Balanced Scorecard? 131
3. Pode-se dizer que um processo de mudança tem metabolismo próprio? 132
4. Esse metabolismo por si só garante os ganhos esperados? 133
5. Considerando o método BSC, como especificar Resultado Econômico-Financeiro? 137
6. Considerando o método BSC, como especificar a perspectiva Clientes? 139
7. Como especificar a perspectiva Processos Internos? 141
8. Como especificar a perspectiva Aprendizagem e Crescimento das pessoas e organização? 143
9. Como considerar no projeto de mudança a perspectiva Responsabilidades Social? 145

INFORMAÇÃO AOS USUÁRIOS

O QUE FAZ DIFERENÇA NUM PROJETO DE MUDANÇA

1. Qual a importância da equipe do projeto de mudança? 149
2. Quais as principais características das equipes de projetos de mudança? 151
3. Que competências comportamentais as pessoas que compõem a equipe do projeto de mudança devem ter? 153
4. Que método utilizar para detectar que competências a equipe do projeto precisa desenvolver? 167
5. Como garantir acordos que envolve tanta gente? 169
6. Como considerar a questão dos valores organizacionais e individuais? 173
7. Como considerar os esforços que as empresas têm feito na capacitação e lideranças? 175
8. A visão mais moderna de gestão inclui valores e propósitos compartilhados? 183

PRECAUÇÕES

OS CUIDADOS QUE O PROJETO DE MUDANÇA REQUER

1. Qual o grau dos esforços a serem feitos no projeto de mudança? 193
2. É preciso dotar de inteligência o projeto de mudança? 196
3. Avaliar o estado atual da gestão da empresa pode ser vantajoso para o projeto de mudança? 198
4. Por que a comunicação é um grande desafio para as organizações? 199
5. O que influencia um processo de comunicação? 201
6. Qual é o maior desafio de um processo de comunicação? 206
7. A forma de encarar a comunicação e seus conceitos ajuda na compreensão do mundo? 207
8. Como garantir o fôlego para resolver a questão tão importante da comunicação? 209

ADVERTÊNCIAS

COMO LIDAR COM AS REAÇÕES ADVERSAS AO PROJETO DE MUDANÇA

1. Como reconhecer as resistências? 213
2. Como lidar com as resistências para que elas não atrapalhem o projeto? 215
3. Existem regras que podem prevenir ou minimizar as reações às mudanças? 217
4. Será que se conhecêssemos um pouco mais sobre comportamento humano, isso ajudaria nos processos de mudança? 218
5. Quais as conseqüências dos aprendizados inadequados na vida real? 226
6. Como a visão que temos do mundo influencia a nossa vida? 231

AVALIAÇÃO DOS BENEFÍCIOS

AVALIAÇÃO DO PROJETO E ANÁLISE DA TRAJETÓRIA

1. Qual a melhor maneira de avaliar o projeto de mudança? 235
2. Quais os benefícios da análise da trajetória do projeto? 236
3. Que itens devem compor o modelo de avaliação? 238
4. O que é chamado de custo invisível? Sua análise pode ampliar os ganhos das mudanças? 239
5. Mesmo procurando trabalhar da melhor forma, caímos nas armadilhas dos custos invisíveis? 241
6. Os custos invisíveis chegam a causar impacto nos clientes? 243

CONTRA-INDICAÇÕES

1. Adiamento de projetos de mudança é algo relativamente comum. Por que ocorrem? 247
2. O que é indicado para conhecer o nível de motivação interna? 249
3. Como conhecer o cenário onde se dará o processo de mudança? 253

INTERAÇÕES MEDICAMENTOSAS

1. Em que condições pode ocorrer essa "interação medicamentosa"? 257
2. Em paralelo ao projeto de mudança, deve-se comprometer parte do tempo para promover a integração com outros projetos ou atividades? 259
3. Quando se fala em integração pode-se pensar em redes? 261
4. Que critérios devem ser usados para priorizar os projetos? 263

EFEITOS COLATERAIS

1. Depois de implantadas, as mudanças ainda estão sujeitas a alterações e revisões? 267
2. Como garantir que as mudanças sejam adotadas? 270

SUPERDOSAGEM

1. Como garantir que a mudança não viva a síndrome do "*já que*"? 277

PACIENTES IDOSOS

1. Mudanças em organizações maduras são mais difíceis de serem implementadas? 281
2. Existem pesquisas sobre o que explica a longevidade de uma organização? 284
3. O que as empresas que se perpetuam têm em comum? 288
4. Qual o papel da liderança no contexto das empresas perenes? 291
5. Que qualidades são bem vindas aos líderes que apostam na prosperidade? 293
6. Como a questão de percepção do tempo influencia nas decisões? 295

SUGESTÕES DO LABORATÓRIO, 299
VALIDADE, 307
FONTES DE REFERÊNCIAS, 313

Leia a bula antes de mudar

De nenhuma forma este material esgota o conhecimento existente sobre mudanças, porém, abre um vasto caminho para que a própria organização possa discutir suas estratégias, assim como possibilita a homogeneização dos conhecimentos existentes sobre mudanças, por parte daqueles que terão que lidar com elas.

APRESENTAÇÃO

MUDANÇA ORGANIZACIONAL - *Soluções Genéricas para Projetos*

Este livro está apresentado sob a forma de itens que compõem uma BULA tradicional de medicamento, cuja ingestão ou aplicação deve ser compreendida por aqueles que o irão consumir. Trata da gestão de projetos de mudança.

Tirando proveito da analogia com a indicação de ingestão de medicamentos para melhorar a *performance* específica, ou genericamente a saúde de um paciente, este livro contém informações básicas e suficientes que permitem conceituar, desenvolver e implementar mudanças na organização, não se restringindo ao processo de mudança em si, mas ampliando o seu entendimento a partir da visão da empresa como um todo orgânico, cujo conjunto *estratégia, gestão, estrutura organizativa e pessoas* precisa ser compreendido.

Ele trata de temas relativos a mudanças, a partir de questões-chave que ajudam a refletir sobre a organização, auxiliando no mapeamento de disfunções e desafios a vencer, apresentando-se como um auxiliar na busca da saúde do *organismo organizacional*. Sua finalidade é servir de instrumento para identificar, explorar, motivar para acordos sobre a necessidade de mudar e, a partir daí, colaborar para a obtenção e manutenção da qualidade no gerenciamento de projetos de mudança, de forma a minimizar os efeitos colaterais que lhes são comuns.

O livro foi desenvolvido também para servir de apoio à gestão das mudanças, desde as de grande complexidade àquelas de menor abrangência; das mais impactantes, como fusões e/ou aquisições, às mais simples, cujo foco pode estar restrito a algumas áreas ou funções, como melhoria da *performance* dos processos e negócios, do atendimento a clientes, mudança cultural, introdução de novas ferramentas de gestão, inclusão de novas abordagens de recursos humanos, dentre outras tantas.

Ele foi baseado na experiência em coordenação, desenvolvimento e implantação de mudanças em empresas de grande e médio portes. Seu conteúdo abrange os aspectos técnicos, políticos e humanos, através de conceitos e de algum ferramental para sua aplicação, sempre trazendo à tona a necessidade de compreensão da mudança e seu significado.

É apresentado sob a forma de perguntas e respostas oferecendo pontos de reflexão para gestores, executivos e equipes responsáveis pelo desenvolvimento e pela implementação de mudanças.

ESTE MATERIAL É DESTINADO ÀQUELES QUE NECESSITAM DE ACONSELHAMENTO NA HORA EM QUE SE DEPARAM COM MAIS UM DESAFIO DE MUDANÇA!

"A inteligência e a educação podem determinar os fatos. A sabedoria pode discernir a verdade. A vida de uma empresa necessita de ambas."
Max De Pree

MUDANÇA ORGANIZACIONAL - *Soluções Genéricas para Projetos*

ESPERA-SE QUE ESTE LIVRO POSSA TER BOM PROVEITO E QUE POSSA SERVIR COMO *CHECKLIST*, OU ATÉ MESMO *CHECK UP* ORGANIZACIONAL PARA, COM BASE NELE, SER DESENVOLVIDO O PROJETO DE MUDANÇA CUSTOMIZADO PARA A SUA ORGANIZAÇÃO.

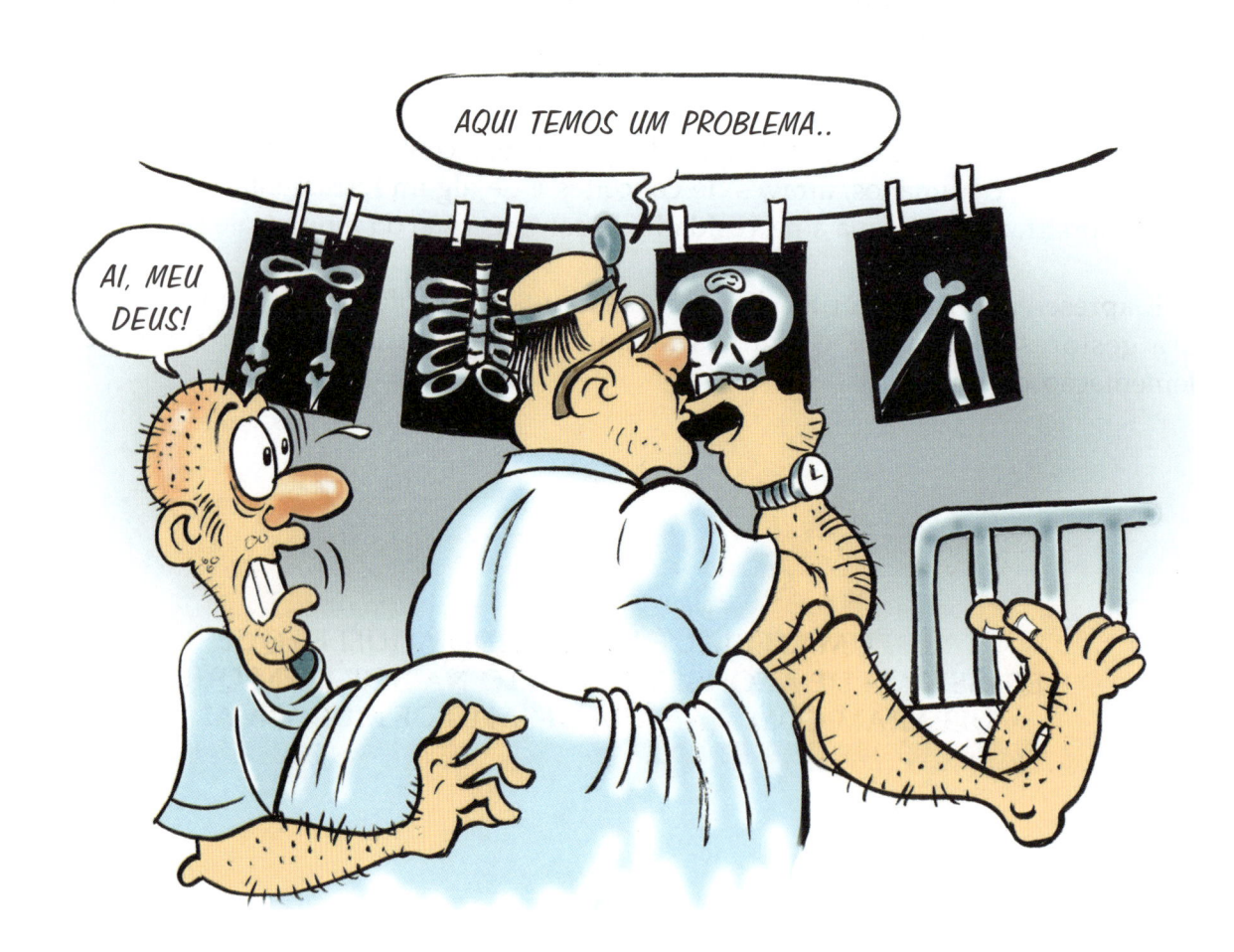

"Se você não sabe para onde vai, diz o ditado, qualquer caminho serve. Mas se você não sabe onde está, nenhuma decisão o conduzirá inteligentemente a qualquer meta ou propósito."
Denis Waitley

INDICAÇÕES

CONHECIMENTOS SOBRE MUDANÇAS E RAZÕES PARA MUDAR

INDICAÇÕES
Conhecimentos sobre mudanças e razões para mudar

1. Mudanças, transformações, progresso; sobre o que se está falando? — 27
2. Por que razões as organizações precisam mudar? — 35
3. Como surge a necessidade de mudar? — 39
4. Conhecer o processo de evolução das organizações ajuda a compreender as necessidades de mudanças? — 40
5. Quais são os principais motivos pelos quais as organizações mudam? — 47
6. Que tipo de organização pode se beneficiar dos conhecimentos sobre gestão de mudanças? — 49
7. Que características podem ser utilizadas para avaliar a disposição das organizações para mudar? — 51
8. As dificuldades para mudar são maiores nas organizações públicas do que nas privadas? — 52

1. MUDANÇAS, TRANSFORMAÇÕES, PROGRESSO. SOBRE O QUE SE ESTÁ FALANDO?

A história da humanidade é contada a partir de ações atribuídas a líderes, cujas conseqüências, em grande parte delas, ultrapassam as possibilidades de recuperação ou regeneração. No entanto, não se sabe o que, em termos de história, foi construído ou destruído por líderes e seus seguidores. Organizações são sistemas inseridos nesse contexto, onde construção e destruição se alternam, gerando conseqüências ora positivas, ora muito negativas.

Hoje, estamos diante de uma realidade onde o pé no acelerador da tecnologia puxa o econômico, o social, o cultural; as exigências são grandes, os desafios maiores ainda. O progresso é tão rápido que *não é mais conhecido como progresso, é chamado de mudança*, e, ao invés de desejá-la, as pessoas colocam-se contra ela. A tecnologia ganha vida quase própria, como se nós, homens, não a tivéssemos inventado.

Estar no mundo dos negócios é participar de uma guerra onde a cooperação é vista como contrária à natureza humana, e a competição como parte da integridade do ser. E não estamos falando só da guerra empresarial por mercados, mas também da disputa ferrenha que muitas vezes domina a convivência interna das organizações. Isso parece guardar certa contradição às leis naturais, e pode fazer surgir, para aqueles que queiram confrontar essa situação, a afirmação: *esse é o mundo real, o resto é filosofia!... Será?*

Um paradoxo: organizações só têm valor se o homem agregar seu esforço honesto a elas, se ele conseguir vislumbrar sua alma e entender que é possível haver alinhamento de propósitos. Não tem sido bem assim, mas está nos discursos das lideranças das organizações.

> "Segurança é, em grande parte, superstição. Ela não existe por natureza nem os filhos dos homens como um todo a vivenciam. Evitar perigos, a longo prazo, não é mais seguro do que a total exposição. A vida ou é uma aventura ousada ou não é nada."
> *Helen Keller*

MUDANÇA ORGANIZACIONAL - *Soluções Genéricas para Projetos*

SOMOS SERES INTELIGENTES, E DAÍ?

No que se refere a atribuir à humanidade seu *status* de domínio da inteligência, por vezes a alma se vê esquecida, talvez porque os atos inteligentes costumem fazer parte da história contada pelos homens, e aqueles originados no nível em que a alma fala nem sejam compreendidos, ou passíveis de registro por estarem fundamentados em atributos de difícil definição. Mas não se fala aqui da alma como algo inatingível, que transcende as possibilidades humanas, mas como algo que acena para a descoberta do essencial, para além da visão viciada, e insiste numa questão: "O quanto do conhecimento disponível em todas as ciências, exatas, humanas e sociais estamos utilizando?"[1]

POR QUE RAZÕES AS MUDANÇAS SÃO POSITIVAS?

Por muitas, no aspecto concreto e nos sutis, dentre os quais porque precisam inserir conhecimentos essenciais capazes de gerar mudanças de corpo, emoção, mente e alma, na busca de significados que dêem sentido à sua existência e à vida daqueles que para elas contribuem. E que isso seja feito de forma compartilhada.

> " A vida não exige que sejamos os melhores – apenas que dediquemos o melhor de nossos esforços para isso."
> H. Jackson Brown Jr.

[1] Questão continuamente repetida por Oscar Motomura.

Renilda Ouro

ORGANIZAÇÕES COM ALMA?

Não se trata da alma como algo inalcançável, etéreo, mas sim como algo capaz de, para além da inteligência, observar a vida dentro da sua própria lógica, que certamente não é a nossa.

Recorrendo à história: "*...e em dada época, uma peste espalhou-se desastrosamente por todo o mundo ocidental. Inundações destruíram grandes quantidades de cereal e Marco Aurélio vendeu suas jóias reais para aliviar o sofrimento dos seus súditos famintos.*" Marco Aurélio, Imperador de Roma, 121-180.[2]

Uma das características que parece qualificar as organizações com alma é a vida organizada ao redor de muitos, para muitos, numa prevalência do nós *sobre o eu*, onde cada um dos colaboradores, líderes ou seguidores possa perceber o significado de seu trabalho e a transcendência deste na busca da realização maior, que seguramente sozinho seria impossível, a qualquer um, realizar.

[2] Arnaldo do Espírito Santo. Marco Aurélio – Lisboa – Portugal: Inquérito.

A LÓGICA DA VIDA E ALGUMAS QUESTÕES PARA AS ORGANIZAÇÕES[3]

Talvez muito do que venha ocorrendo no mundo possa ser atribuído ao pouco conhecimento sobre algumas questões essenciais, que não são ensinadas nas escolas, e por vezes não se tem oportunidade de acessar. Tal impedimento cria limitações relacionadas à visão de mundo, bloqueia possibilidades de investigação e inspira a maioria das nossas decisões. Partimos aqui dos preceitos sobre os quais a vida se cria, na busca das conexões que possam fazer o mesmo com a vida das organizações.

Tudo está num processo constante de descoberta e criação.

Quando se fala em organizações, fala-se de vida, embora reduzida a regras de conduta que às vezes a reprimem, a objetivos que se contradizem com os princípios que a própria organização explicita; vêem-se limitações impostas, que restringem a criação, a inovação, o fluir das relações. Adotar como regra *um processo constante de descoberta e criação* sugere parceria com possibilidades que a própria vida oferece, de graça: um convite extremamente bem-vindo a alguns e talvez heresia para outros. Mas é uma questão de escolha. Quando se pensa em mudar, vale a pena considerar o quanto a organização estimula ou evita a descoberta da vida que lá reside.

A vida usa a desordem para chegar a soluções bem ordenadas.

Tentativa e erro são premissas da vida, e sua base está em não descartar nada, e sim em considerar a riqueza presente em todas as coisas, valorizando a inclusão dentro do princípio de que a vida é plural e caracterizada por elementos que se contrapõem sem se excluírem: flexibilidade e rigidez, autonomia e dependência, bem e mal, belo e feio, sempre uma *e* outra coisa, nunca uma *ou* outra. Procurar o que funciona, ao invés de persistir no que se admite como *normal*, talvez venha agregar valor a ela, em todas as suas formas. *"As mudanças assustam? Mas pode alguma coisa ocorrer sem que haja mudança? Que há de mais caro e familiar à natureza universal? Tu próprio podes tomar banho sem que a lenha seja transformada? Podes comer sem que sejam transformados os alimentos? Não vês que as mudanças em ti mesmo são fatos semelhantes e semelhantemente necessários à natureza e universal?"*[4] É útil, em época de mudanças, considerar o quanto a organização lida com a pluralidade, de forma a aproveitar todas as suas possibilidades.

[3.] Enunciados inspirados em Wheatley e Kellner-Rogers.
[4.] Meditações, de Marco Aurélio.

Renilda Ouro

A vida quer descobrir o que funciona, não o que é *certo*.

O que mantém o organismo vivo é a capacidade de continuar mudando, e descobrir o que não funciona é papel de todos. A tendência da maioria das pessoas é a de gostar das organizações para as quais trabalham, e é comum *estarem cheias de gás* ao serem recém-entradas nesse novo mundo. O que acontece depois? Aos poucos a organização transforma o gás, a paixão, em regras, em impossibilidades, em procedimentos, e a vida que ali residia vai se apagando aos poucos, trazendo ao seu lugar o ponto de vista que não tem mais significado, eliminando as *chances* de pertencimento. As pessoas não mais se vêem trabalhando para um propósito que tenha significado para elas, pois as novas soluções possíveis dão lugar àquelas que já funcionaram em outras situações. E vale ressaltar: muito do que se faz presente é gerado por crises de egos! E assim, eliminam-se novas possibilidades de vida. Inibir o novo é uma das características das resistências às mudanças.

COM QUE REGRAS NÓS JOGAMOS O JOGO DA VIDA?

A vida cria mais possibilidades à medida que trabalha com as oportunidades

É necessário experimentar novas possibilidades. Os sistemas surgem à medida que indivíduos, ou grupos, decidem viver juntos; esses relacionamentos geram novas entidades, com mais capacidades. Há a necessidade de associação e da busca de informação e recursos para se ter acesso a uma solução que funcione para o grupo. Possibilidades geram outras, e essa onda é infinita. Por mais paradoxal que pareça, é na complexidade que a vida é mais favorecida. A estabilidade do sistema depende da capacidade de mudança dos seus membros, só assim um sistema se mantém vivo; é nas mudanças que residem as soluções.

A vida tende à ordem

A noção da evolução como sobrevivência dos mais aptos, a partir de mitos sugeridos pela história que o homem conta sobre si mesmo, impediu a valorização e a observação da co-evolução. Hoje, os estudos já afirmam que:

- Não existem agentes independentes, que lutam cada um por si contra todos os outros.
- O mundo não é hostil lá fora, como julgamos.
- Não há um nosso lugar a ser ocupado por alguém além de nós.
- Todos os seres estão interligados, são interdependentes e buscam condições de convivência uns com os outros.
- Cada ser humano é partícipe do comportamento dos outros.
- Certas características e comportamentos são selecionados por cada ser humano, e a eles haverá uma reação; essa reação é a que gera a mudança.
- Todos os seres estão juntos e co-determinam as respectivas condições de existência.

Em tempos de mudar, é preciso formular a equação: *Como garantir que essas questões saiam dos fóruns de discussões e agreguem valor às relações?*

"Se treinarmos nossa consciência, ela beija enquanto nos morde."
Nietzsche

Renilda Ouro

A vida se organiza em torno da identidade

Um sistema é uma rede de relacionamentos por vezes visto como estrutura rígida, viciando o olhar dos menos atentos. Para além dessa estrutura, pode-se enxergar uma vida que se saboreia de acordos que os indivíduos fazem, que apontam para uma forma de trabalharem, construírem e viverem juntos. Desses movimentos surgem novos sistemas, muito visíveis nas interfaces empresariais, embora se possa julgar que os indivíduos estejam apenas acertando o seu relacionamento com o outro. Para os mais atentos, é daí que surgem novas possibilidades de reflexão: *Quem mais podemos ser?* Essa é a base para a liderança investigativa: são lideranças sempre jovens, que não se enrijecem, as relações não seguem regras prescritas, mas se manifestam conforme a necessidade.

Imagine o mesmo acontecendo com a *informação*, se fossem aproveitadas as redes que carregam a inteligência das conexões: a informação caminharia por toda a organização, estimulando a contribuição em lugares antes inimagináveis. A figura seria similar a *passear* por dentro da organização, como se faz numa tela de computador e, a qualquer momento, em qualquer lugar, dar *um clic no mouse*. Provavelmente isso traria informações e conhecimentos que potencializariam a ação da liderança e suas equipes. Poderia se ver a organização como uma outra, tamanhas as possibilidades visualizadas, não antes imaginadas, no que se refere a criar a cultura do não desperdício de informações, de conhecimentos, de processos.

MUDANÇA ORGANIZACIONAL - *Soluções Genéricas para Projetos*

Tudo participa na criação e evolução do que existe à sua volta

Coexistência, cooperação, coevolução, quantos desses princípios são empregados, primeiro, para ampliar a nossa visão enquanto ser humano; segundo, para obter clareza quanto às necessidades que "emergem do futuro"?

Não é o homem que se afasta das organizações, são as organizações que se afastam dele, pela rigidez das suas estruturas, processos e normas, à medida que isso significa, de forma bastante sutil, invalidar relacionamentos, identidades e emoções. Se a emoção está reprimida, como fazer surgir algum significado dado pelas organizações à vida de cada indivíduo que para elas contribuem? Toda organização é visionária e deseja prosperar mediante a crença de que algo mais ainda está para ser realizado; todas querem participar da construção do que existe à sua volta, e, na sua essência, se organizam como se estivessem nesse caminho. Falham na estratégia e na ânsia do controle fundamentado no medo do inimigo, na hostilidade, na possibilidade de perda, negam as possibilidades da vida e se estabelecem como ser que não sabe como se definir: como orgânica, prezando a vida, ou inorgânica, prezando a estabilidade e a não-mutação. Nesse movimento, muitas vozes são abafadas, sistemas são reprimidos, não de forma explícita, mas com a sutileza das regras não-ditas, não-escritas, intrínsecas ao que o homem que comanda diz ser *parte do negócio*.

2. POR QUE RAZÕES AS ORGANIZAÇÕES PRECISAM MUDAR?

Voltando a atenção para o considerado *concreto*, tendo visto algumas sutilezas que devem permear todas as demais observações no decorrer deste livro, as mudanças nas organizações ocorrem geralmente como uma resposta ao ambiente, pela sua necessidade de adaptação, de redefinição de rumos em função do mercado, do setor onde atua, da sociedade. Mudar significa reencontrar aquele posicionamento que coloca a organização em patamares saudáveis e que viabiliza sua existência e prosperidade enquanto fornecedora de bens e serviços necessários e demandados pela sociedade. Ao longo do tempo as organizações vêm lidando com esse desafio e a capacidade de mudar está diretamente vinculada às condições de sua sobrevivência. No entanto, o grau em que as mudanças acontecem é bastante variável, depende da organização, da sua natureza e cultura, depende do contexto, mais ou menos pressionador.

> Conhecer exatamente o que traz as mudanças e que fatores estão envolvidos é muito complexo. Não é um processo fácil, nem linear como a literatura pode sugerir. Mudanças variam na sua natureza e podem se caracterizar como adaptativas, incrementais, terapêuticas, planejadas ou transformações radicais, numa definição estritamente baseada na prática observada no mundo dos negócios.

Caracterizado o processo de mudança, já se sabe que ele é desprovido de purismo; é também um processo político, no qual as habilidades de articulação e de formação de alianças são tão importantes quanto o entendimento das teorias das ciências sociais e do comportamento. Essa premissa, no entanto, não descarta outras características inerentes às mudanças, como, por exemplo, considerá-las tendo também por base um processo intuitivo.

A razão para mudar deve sempre estar intimamente ligada à estratégia da organização, embora seja percebido que muitas mudanças ocorrem orientadas por vontade, intuições ou visões pessoais. No estágio atual em que vivemos, a mudança tem acompanhado a evolução das ciências, da sociedade, da quebra de fronteiras econômicas, geográficas e socioculturais.

O ESBOÇO DO QUADRO DA MUDANÇA

Muitas organizações partem para deflagrar um processo de mudança a partir das definições da alta cúpula, muitas vezes tomadas com o desconhecimento sobre o próprio ambiente que será impactado por essa mudança. Pior que isso: se fizermos uma pesquisa sobre processos de mudança, e perguntarmos aos envolvidos qual é o principal propósito daquela mudança, as respostas indicarão um nível alto de desconhecimento. As pessoas não sabem, ou definem a mudança a partir de suas próprias visões (o mais comum), ou partem do princípio comum de que é preciso mudar para melhorar a competitividade no mercado. Nada disso toca na essência da mudança, pois essa é a percepção do genérico que não se traduz naquilo que realmente precisa ser feito, para se chegar a alcançar os verdadeiros motivos pelos quais a mudança será feita.

Os motivos para mudar e o como isso será feito devem estar diretamente explicitados nas estratégias da mudança. Dito de outra forma, as pessoas têm que se identificar com uma visão, e reconhecer efetivamente o que deve ser feito para atingi-la. E têm que perceber, olhando de onde se encontram, quais esforços devem ser empreendidos para gerar os impactos necessários no ambiente, no sentido da sua consolidação.

"Parece certo dizer que o conhecimento é ruptura. Para aprender algo, temos que alterar as coisas de uma maneira irreversível. Não podemos, nunca, voltar ao que tínhamos antes. Desse modo, um oráculo que vê o passado ou o futuro de qualquer indivíduo não vê só o que está lá. Deve, igualmente, criá-lo."
Bob Toben e Fred Alan Wolf

Renilda Ouro

CUIDADO, A MUDANÇA PODE SER EMBRULHADA!

Assim, estabelecer e compartilhar uma visão compreendida por todos, onde todos possam se enxergar e contribuir, é fundamental, pois, independentemente das expectativas de resultados a serem gerados pelas mudanças, há algo de operacional, de muito objetivo que precisa de intervenção. Se assim não for entendido, corre-se o risco de cada indivíduo envolvido, inclusive executivos de topo, "embrulharem" a mudança de acordo com a realidade que percebem, pois não tiveram a oportunidade de discutir o que cria o verdadeiro movimento para a mudança. Se isso acontece, os conflitos se iniciarão, pois, a partir do surgimento da energia dos desentendimentos e da cristalização sobre percepções, torna-se muito doloroso o resgate das premissas iniciais. Colocar essas premissas sobre a mesa é um recado a todos aqueles que gerenciam e estão envolvidos, de alguma forma, com as mudanças.

Deve-se considerar também a necessidade da existência de consenso na cúpula da organização. À medida que os diversos executivos, imbuídos do papel de líderes das mudanças, vêm de experiências certamente funcionais, conforme a área onde atuam (engenharia, finanças etc.), há uma tendência a haver desequilíbrios nos focos de atenção das mudanças, trazendo inconsistência ao ambiente. Preconizar a cultura da mudança, na sua visão integrativa, e tê-la como um valor igual e para todos, significa adotar a estratégia correta da mudança, acoplando a ela a sua principal vertente: a das pessoas, como essencial.

"É a linguagem que usamos que molda a realidade."
Clemente Nobrega

MUDANÇA ORGANIZACIONAL - *Soluções Genéricas para Projetos*

A MUDANÇA FUNDAMENTADA EM BASES SIGNIFICATIVAS AJUDA A CONQUISTAR OS CORAÇÕES E AS MENTES DAQUELES QUE AINDA NÃO TENHAM RECONHECIDO A NECESSIDADE DE MUDAR.

EMPRESAS QUE DECIDEM SOBRE MUDANÇAS EM BASES ALÉM DAS ECONÔMICAS SÃO FEITAS PARA DURAR,[5] POIS ESSAS EMPRESAS ENFRENTAM CONTRATEMPOS, ENCARAM FASES DIFÍCEIS, MAS FAZEM MAIS DO QUE SIMPLESMENTE GERAR RETORNOS FINANCEIROS, ELAS SE TRANSFORMAM NO MATERIAL QUE COMPÕE A SOCIEDADE.

QUESTÃO: Se você está prestes a decidir sobre mudanças, quais são as bases que as justificam? Procure o seu verdadeiro *significado*.

[5.] Collins e Porras – *Feitas para durar*.

Renilda Ouro

3. COMO SURGE A NECESSIDADE DE MUDAR?

Ela surge a qualquer momento. Detectados resultados aquém das expectativas, das possibilidades inicialmente imaginadas ou projetadas, a ânsia de melhoria da *performance* desses resultados vem à tona, e a qualquer momento surge a necessidade de mudar. Como diz o velho ditado: "Se você faz as mesmas coisas da mesma maneira os resultados vão ser os mesmos."

É CHEGADA A HORA DA MUDANÇA.

"Ainda é possível existir e viver. Ainda é possível contrapor um dique à corrente, inverter-lhe o curso. Com a condição de manter os olhos, de ficar de pé. De defender cada parcela de vida."

Roger Garaudy

MUDANÇA ORGANIZACIONAL - *Soluções Genéricas para Projetos*

4. CONHECER O PROCESSO DE EVOLUÇÃO DAS ORGANIZAÇÕES AJUDA A COMPREENDER AS NECESSIDADES DE MUDANÇAS?

No século XX surgem indícios de que entraríamos na época em que as mudanças seriam condicionantes para a sobrevivência das organizações. Do início do século até a década de 30, as empresas basicamente eram locais e familiares; a indústria era localizada em poucos países e a diversificação de produtos era algo que praticamente não existia. Clientes? Nem se sabia o que era isso!

Os quadros a seguir apresentam a evolução das organizações a partir do início do século. A seguir, um passeio pelas "ondas do tempo", como consideradas sob o ponto de vista das organizações, e as mudanças nas premissas do *management*.

INÍCIO SEC. XX – ATÉ DÉC. 30	MEADOS DÉC. 30 – INÍCIO ANOS 70	MEADOS DÉC. 70 – FINAL ANOS 80
Empresas locais e familiares. Atividade industrial – poucos países. Pouca diversificação de produtos.	Empresa produz todo conhecimento necessário ao setor. Crescimento vertiginoso. Empresas regionais, nacionais e Internacionais. Conglomerados, corporações. Diversificação de produtos. Desenv. do comércio internacional. Industrialização em expansão.	Empresas transacionais. Ênfase na vocação – core business. Várias correntes tecnológicas para um setor. Segmentação crescente de mercados. Ênfase na integração e na qualidade.
Ênfase no tamanho e eficiência. Produção em massa. Foco no produto. Ausência de atenção a clientes/ empregados. Organização burocrática. Fragmentação de tarefas. Hierarquização. Centralização das decisões. Supervisão autocrática. Obediência cega.	Racionalização na produção. Ênfase em objetivos. Pesquisa e desenvolvimento. Visão sistêmica. Preocupação com comando e controle. Visão de ambiente externo. Plano estratégico como método.	Planejamento como um valor. Imperativo tecnológico e ambiental. Organização para inovação. Foco no mercado. Alianças estratégicas e parcerias. Visão de futuro. Foco no consumidor. Descentralização. Busca de efetividade. Busca de qualidade de vida. Trabalho em equipe e liderança.
AMBIENTE RELATIVAMENTE ESTÁVEL MUDANÇAS LENTAS E PREVISÍVEIS HOMEM: RECURSO ORGANIZACIONAL	AMBIENTE RELATIVAMENTE ESTÁVEL MUDANÇAS LENTAS E PREVISÍVEIS HOMEM: RECURSO ORGANIZACIONAL	AMBIENTE DE ALTO GRAU DE INCERTEZA E INSTABILIDADE HOMEM: VISÃO CRÍTICA, CRIATIVO, QUESTIONADOR

DA DÉCADA DE 90 AO INÍCIO DO SÉCULO XXI

- Empresas globalizadas.
- Alto grau de competição.
- Quebra de paradigmas na gestão.
- Valores empresariais.
- Terceirização.
- "Outsourcing".
- Velocidade no lançamento produtos.
- Responsabilidade social.
- Descentralização acentuada.
- Flexibilidade.
- Foco no cliente, mercado e sociedade.
- Qualidade como *commodities*.
- Células de negócios.
- Valorização de projetos como método.
- Valorização de processos produtivos.
- Sinergias, não desperdício.
- Participação.
- Foco na estratégia.
- Evolução do marketing.
- Redução de custos.
- Eliminação de níveis hierárquicos.
- Valorização das pessoas.
- Diluição do poder.
- Importância da cultura.
- Responsabilidade social.

⇔

- Tecnologia da informação – do usuário final ao uso doméstico.
- Customização de produtos.
- Sociedade da informação.
- Sociedade do conhecimento.
- Rede mundial de informações.
- Tecnologias de comunicação on-line.
- Fusões e aquisições de grandes conglomerados.
- Redes integradoras de gestão e relacionamentos.
- Centros de excelência.
- Mudança radical de hábitos de trabalho e culturais.
- Revolução na educação.
- Adoção de conhecimentos de fora do campo da administração.
- Mudança de paradigmas sociais, culturais, científicos etc.
- Importância mais acentuada à ética.

AMBIENTE EM CONSTANTE MUTAÇÃO

HOMEM CONECTADO, MAIS AUTONOMIA, MAIOR LIBERDADE

HOMEM COMO ATOR DO DESENVOLVIMENTO

Fonte: Material desenvolvido pela equipe do projeto de reestruturação da Petrobras, 1994.

MUDANÇA ORGANIZACIONAL - *Soluções Genéricas para Projetos*

HOJE...

Renilda Ouro

ONDAS QUE CARACTERIZARAM AS TRANSFORMAÇÕES NO MUNDO DAS ORGANIZAÇÕES

1ª ONDA: REVOLUÇÃO AGRÍCOLA
Podemos nos organizar e produzir em parceria
com a natureza – Era Agrícola.

2ª ONDA: REVOLUÇÃO INDUSTRIAL
Reconhecemos uma distinção entre o ser humano
e a natureza e devemos competir para sobreviver – Era Industrial.

3ª ONDA: REVOLUÇÃO PÓS-INDUSTRIAL
Percebemos a nossa interdependência e queremos
cooperar – Era da Informação.

4ª ONDA: GLOBALIZAÇÃO
Visão sistêmica e unificada do todo. Percebemos a noção de unidade
e escolhemos co-criar – Era da Reeducação.

Fonte: *Leadership Review* – Amana-Key, baseado em Alvin Tofler.

MUDANÇA ORGANIZACIONAL - *Soluções Genéricas para Projetos*

A TRANSFORMAÇÃO DO *MANAGEMENT*

	A TRANSIÇÃO	A NECESSIDADE
PROPÓSITOS	As organizações se preparam para "exercer a cidadania", além de garantir propósitos.	Entendimento do que a organização tem na sua razão de ser: o que significa servir e ser servida. Compartilhamento com colaboradores.
VISÃO	As empresas passam a ver as metas de longo prazo num panorama de sustentabilidade.	Garantir compromisso com as gerações futuras.
REDE	Valores e princípios compartilhados aumentam a qualidade de conscientização que se reflete no que a empresa é.	Alinhamento de valores empresariais e individuais.
PREMISSA	A percepção da rede cada vez mais abrangente conecta e dá sentido ao que a empresa faz e ao que ela representa para o mundo.	Conscientização quanto à rede de interdependência que a empresa cria com outras empresas e com o ambiente.
PONTO DE VISTA	O sentido de identidade leva a empresa a entender o papel da diversidade.	A empresa contribui para a diminuição da pobreza e se torna agente da prosperidade.
CULTURA	A empresa delineia seu processo evolutivo baseada em uma visão de sustentabilidade,	A história da empresa e o seu presente possibilitam um futuro promissor

Renilda Ouro

A MIGRAÇÃO DO PAPEL DAS EMPRESAS

	2ª ONDA	3ª ONDA	4ª ONDA
PROPÓSITOS	Maximizar lucros.	Criar valor.	Atuar como servidor global.
VISÃO	Ganhar dinheiro.	Ganhar dinheiro e ajudar a resolver problemas sociais.	Deixar um legado de valor para o futuro.
REDE	Lucro, crescimento, controle.	Criação de valor, confiança, aprendizagem.	Responsabilidade pelo todo; serviço; realização humana; identidade.
PREMISSA	Donos do negócio / acionistas.	Acionistas, empresários, famílias, fornecedores, clientes, comunidades, governo.	Acionistas, famílias, fornecedores, clientes, comunidades, governo, ecossistemas, Gaia.
PONTO DE VISTA	Autopreservação: o próprio negócio como prioridade.	Cooperação: negócio como um modo de levar as pessoas a crescerem.	Unidade: negócio como um meio de promover ativamente a justiça social, econômica e a dignidade para todos.
CULTURA	Nacional e local, considerando visão de 5 a 10 anos no futuro.	Internacional; compartilha responsabilidade pelo bem-estar de comunidades locais, nacionais e globais, considerando décadas no futuro.	Global; compartilha liderança em assuntos locais, nacionais e globais, considerando gerações ou séculos no futuro.

"Seja lá o que você pode fazer, ou sonhar...comece. A ousadia sempre traz consigo genialidade, poder e mágica."
Goethe

MUDANÇA ORGANIZACIONAL - *Soluções Genéricas para Projetos*

"Estamos diante de uma realidade onde a tecnologia, com o pé no acelerador, puxa o econômico, o social e o cultural, ganhando vida quase própria, como se nós não a tivéssemos inventado. *Os avanços não são mais conhecidos como progresso, são chamados de mudança,* e com esse novo vocábulo não são tão desejados como já o foram. Chegamos à era dos clones com resquícios do mundo mecânico, a fome do mundo pré-mecânico, as doenças da era nuclear. No mundo da velocidade o tempo é cada vez menor; do *homem erectus* ao *homem-partido,* que embora coligado não resolveu questões herdadas e cria outras, é preciso encontrar o ponto em que ainda há possibilidade de reversão. Se a mágica de esticar o tempo ainda não foi feita, urge buscar transformações que sejam verdadeiras *soluções genéricas,* que rompam limitações, reestruturem visões de mundo e almejem construir uma sociedade mais digna para todos."

"Os dogmas vivem. Como, aliás, poderiam morrer sem se extinguirem as idéias que a eles correspondem? Depende de ti reavivar incenssantemente as chamas destas. Eu posso formar idéias sobre o que é necessário; se posso, por que me perturbar? O que há fora do meu intelecto absolutamente não existe em relação ao meu intelecto. Aprende esse princípio e está de pé. És capaz de reviver; vê de novo as coisas como as via; nisso consiste o reviver."

Marco Aurélio

5. QUAIS SÃO OS PRINCIPAIS MOTIVOS PELOS QUAIS AS ORGANIZAÇÕES MUDAM?

Pressões vindas do ambiente para dentro das organizações têm forçado uma grande variedade de mudanças, dentre as quais a existência de novas tecnologias, novos produtos, possibilidade de novos negócios etc.

A relação abaixo apresenta alguns dos mais comuns motivos para mudar:

- Evolução da economia global, quebrando fronteiras antes existentes.
- Aumento da pressão competitiva relacionada a preços e qualidade.
- Tecnologia disponível que pode ser agregada a novos produtos.
- Exigências da sociedade com relação a menores custos.
- Adequação a novas cadeias de negócios, agregando valor ao capital empregado.
- Necessidade de redução de desperdícios, num contexto de responsabilidade social.
- Demanda do mercado cada vez mais exigente e diferenciada.
- Defasagem nos sistemas de gestão, que não respondem às necessidades atuais.
- Oferta de tecnologias de informação em níveis avançados.
- Redução de prazos de intervalos para lançamento de novos produtos.
- Crescentes necessidades dos clientes geradas por possibilidades de benefícios antes inexistentes.
- Legislação para proteção do planeta e posicionamento empresarial cada vez mais ético.
- Alto índice de inovação de produtos, que gera a necessidade de acompanhamento dessa inovação no setor impactado.
- Necessidade, cada vez mais emergente, de reorganizar as atividades humanas, de forma mais sustentável, mais inclusiva.

QUESTÃO: Quais são os motivos que indicam mudanças na sua organização?

MUDANÇA ORGANIZACIONAL - *Soluções Genéricas para Projetos*

AOS PRIMEIROS SINTOMAS DE FADIGA, PERDA DE MUSCULATURA, AGILIDADE, INFLEXIBILIDADE, OU PERDA DE MERCADO, CLIENTES OU RENTABILIDADE, PENSE NA POSSIBILIDADE DE REALIZAR ALGUMAS MUDANÇAS NA SUA ORGANIZAÇÃO. ELAS AUXILIAM NA CORREÇÃO DA *PERFORMANCE* DESEJADA PELOS ACIONISTAS PRINCIPAIS.

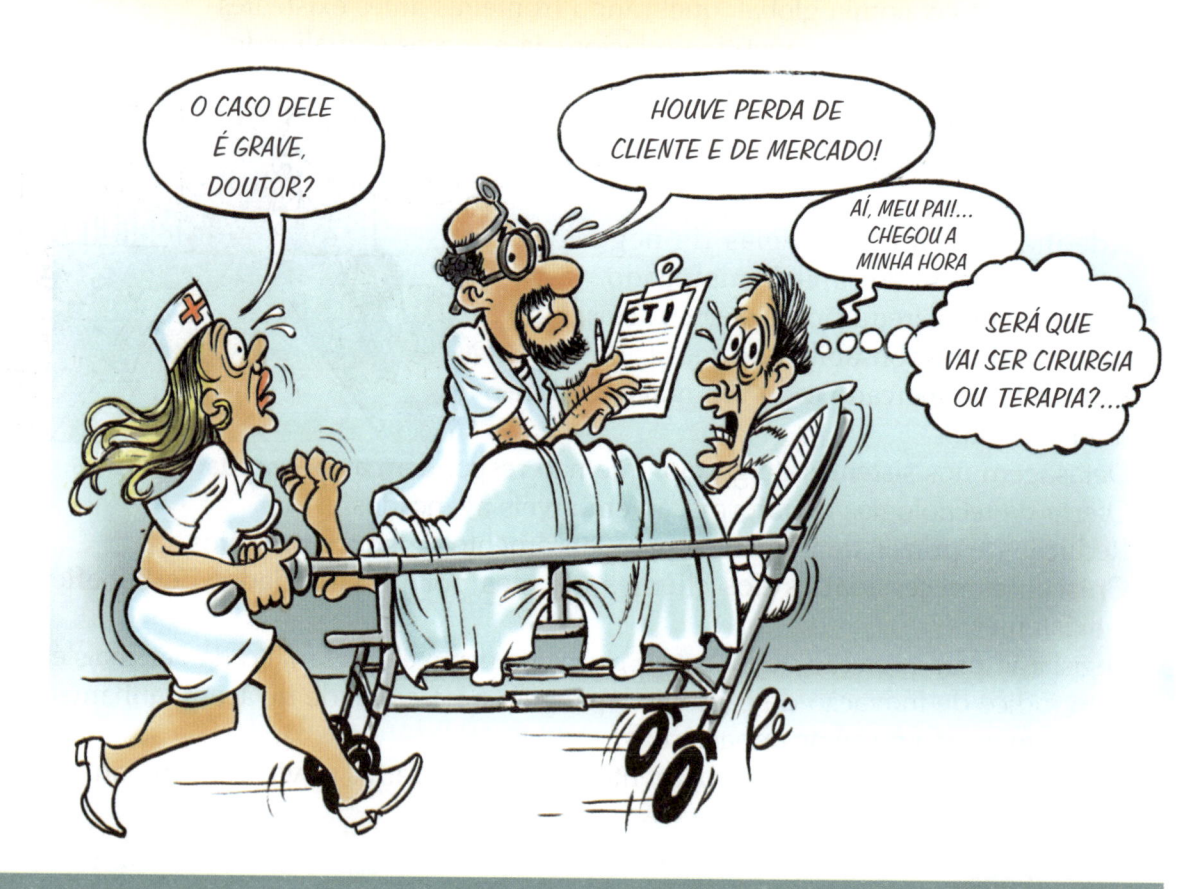

"Não há nada mais difícil de se dominar, não há nada mais perigoso de se conduzir ou mais incerto em seu sucesso do que tomar a liderança na introdução de uma nova ordem de coisas."

Maquiavel

6. QUE TIPO DE ORGANIZAÇÃO PODE SE BENEFICIAR DOS CONHECIMENTOS SOBRE GESTÃO DE MUDANÇAS?

Todas. Consolidadas as percepções sobre a necessidade de mudar, há que se aprofundar o conhecimento dos aspectos culturais da organização. A maioria das empresas tem o ímpeto de iniciar um processo de mudança a partir de suposições, sem considerar a realidade ampla que se apresenta, que inclui, num diagnóstico de o que mudar, aspectos não somente técnicos, mas precipuamente os comportamentais, que são aqueles que viabilizarão fazer acontecer as mudanças.

Mudar organizações significa levá-las de um ponto a outro para que, sob novas condições, novos resultados ocorram. O que então é relevante para avaliar em que grau as empresas estão dispostas a mudar?

A classificação a seguir, percebida através de experiências em processos de mudanças de várias organizações, pode trazer maior compreensão:

TIPOS DE ORGANIZAÇÕES	PROVOCATIVAS	PASSIVAS
	PROSPECTIVAS	REATIVAS
	PROATIVAS	DEFENSIVAS
	ANALÍTICAS	APÁTICAS

Essa classificação tem por objetivo organizar as diversas categorias de organizações segundo o traço cultural relacionado à maneira como elas se comportam diante do novo.

"Organização, para mim, não é em geral nada outro que o fluxo retido das causas e efeitos. Somente onde a natureza não obstruiu esse fluxo ele continua a fluir (em linha reta). Onde ela o obstruiu, ele retorna (em linha curva) para si mesmo. Portanto, nem toda sucessão de causa e efeito é excluída pelo conceito de organismo; esse conceito designa apenas uma sucessão que, encerrada no interior de certos limites, retorna para si mesma."

Schelling, Os Pensadores

MUDANÇA ORGANIZACIONAL - *Soluções Genéricas para Projetos*

AS CARACTERÍSTICAS QUE DIFERENCIAM AS ORGANIZAÇÕES

Organizações Prospectivas
- Inovadoras, influenciam o setor.
- Mudança como um valor.

Organizações Proativas
- Criativas, dentro dos parâmetros tradicionais do setor.
- Mudança como um valor.

Organizações Analíticas
- Adotam o novo somente após experiência de outras.
- Alguma facilidade para absorção de mudanças.

Organizações Reativas
- Potencial sub-utilizado, à espera que o ambiente lhe "dê as ordens".
- Dificuldades para aceitação de mudanças, mas sensíveis às suas estratégias.

Organizações Defensivas
- Sobrevivem, apesar dos poucos ganhos.
- Totalmente reativas às mudanças; fazê-las requer muito esforço.

Organizações Apáticas
- Não sustentam a pressão do mercado e sucumbem em pouco tempo.
- Não admitem agregar novos conhecimento ou mudanças.

QUESTÃO: Como sua organização, considerando a cultura presente, na sua maioria, se identifica?

7. QUE CARACTERÍSTICAS PODEM SER UTILIZADAS PARA AVALIAR A DISPOSIÇÃO DAS ORGANIZAÇÕES PARA MUDAR?

Partimos do princípio, tendo em vista a experiência em vários projetos de mudança, de que o traço cultural vinculado a como a organização lida com *o novo* está diretamente ligado à propriedade com que ela lidará com as mudanças.

PROSPECTIVAS, PROATIVAS E ANALÍTICAS: A CATEGORIA PROVOCATIVA

Num primeiro grupo encontramos: a organização *prospectiva*, que pode ser considerada aquela em que reside a capacidade de influenciar o setor onde se insere e o ambiente. Depois a *proativa*, aquela que, mesmo sem extrapolar os paradigmas do seu setor, é criativa. Por fim, a *analítica*, considerada a que, após a observação ambiental, adota com energia o que foi, à primeira vista, caracterizado com ceticismo. Nesse bloco estamos falando do conjunto de organizações com grandes *chances* de sobrevivência e prosperidade. E com aptidão para mudanças.

REATIVAS, DEFENSIVAS E APÁTICAS: A CATEGORIA PASSIVA

Num outro grupo encontram-se as organizações que poderiam ser caracterizadas como aquelas em "hibernação", ou passivas. Elas reagem, defendem-se, não agem. As organizações *reativas*, *defensivas* e *apáticas* têm um elevado potencial não utilizado; detêm energias suficientes para atuar de forma mais adequada aos tempos correntes mas, por escolha, muitas vezes inconsciente, mantêm-se à espera de que o ambiente dos negócios lhes dê as *ordens*, que são geralmente percebidas em tempo não muito hábil. Vivem para sobreviver, não ousam, esperam, justificam-se, não fazem absolutamente nada que não esteja nos padrões culturais, seguros e conhecidos. São empresas completamente despreparadas para mudar.

MUDANÇA ORGANIZACIONAL - Soluções Genéricas para Projetos

8. AS DIFICULDADES PARA MUDAR SÃO MAIORES NAS ORGANIZAÇÕES PÚBLICAS DO QUE NAS PRIVADAS?

Vincular dificuldades encontradas em processos de mudanças organizacionais à figura jurídica de uma empresa não é fator relevante. Empresas estatais ou privadas deparam-se com os mesmos desafios, assim como as organizações públicas. Apesar de estudiosos da administração considerarem que a grande diferença no *fazer ou não mudanças* reside na *presença do dono*, isso tem se mostrado relativo, ampliando o peso das variáveis comportamentais no sucesso das mudanças. E continua verdade que o aspecto político tem grande influência, mas com uma boa-nova: com o desenvolvimento de metodologias de administração de *stakeholders*, considerados todos aqueles que têm interesses no processo de mudança, isso ficou bastante *administrável*.

> COM A MUDANÇA QUERO MAIS 3 SECRETÁRIAS, AUMENTO DA VERBA DE GABINETE E MANICURE DE PLANTÃO.

> ESTOU LEVANTANDO A NECESSIDADE DE MUDANÇA.

"Tudo de novo, tudo eternamente, tudo encadeado, forçado: assim amastes o mundo; vós, os eternos, amai-o eternamente e sempre, e dizeis também à dor: "Passa, mas torna! Porque toda a alegria quer eternidade!"

Nietzsche

Renilda Ouro

ESTIGMAS E MUDANÇAS NAS ORGANIZAÇÕES PÚBLICAS

Um outro estigma relacionado às dificuldades de mudanças nas organizações públicas é considerar a qualidade de "não-demissão" de seus funcionários, argumento este que expõe esse tipo de organização à estagnação, pois a qualquer movimento de mudança essa premissa *"top of mind"* surge e já elimina o vigor inicial, trazendo à organização o desânimo, até mesmo antes das primeiras abordagens sobre as mudanças.

Mais recentemente o nosso país percebeu que, se não se adequasse à velocidade das mudanças que ocorrem no mundo, se colocaria cada vez mais distante do sonho da participação do bloco dos países evoluídos. Dessa forma, não se vê saída, a não ser *surfar* em grandes ondas de mudanças, vencendo barreiras reconhecidas e outras ainda não suscitadas. Crescer implica estar em sintonia com os grandes países e aberto às economias externas, caminhando na direção de ser um país atrativo para investimentos, podendo receber o aval de organismos internacionais e, principalmente, de ter um governo pronto para atender aos desafios internos de desenvolvimento e erradicação da pobreza, aliando-se às perspectivas de crescimento e melhoria da qualidade de vida da população.

Na direção desses aspectos e dos anseios da sociedade sobre a questão da transparência dos atos públicos, dentre outros fatores, a Lei de Responsabilidade Fiscal, mudança introduzida na administração direta, exige do administrador público não só responsabilidade sobre os seus atos envolvendo as finanças públicas, como também aumenta as determinações sobre a disponibilidade dessas informações.

Esse fato, por si só, já exige movimentos que motivam para outras mudanças, radicais e necessárias. É como se fosse uma regra aplicável à evolução dos tempos; ou as organizações se adaptam às novas modalidades ou estarão fadadas a entrar no caminho da extinção.

Assim, em todas as instâncias, as unidades de administração pública precisam adotar um novo modelo de gestão. É certo que muitas barreiras residem no aspecto cultural, onde, por exemplo, os processos com excesso de burocracia estão arraigados, impedindo que novos procedimentos sejam adotados. Esse entrave é até explicado pela história, mas hoje não é mais nem justificável e nem possível sua perpetuação.

POSTURAS FAVORÁVEIS ÀS MUDANÇAS NAS ORGANIZAÇÕES PÚBLICAS

A sociedade exige novas posturas, assim como a resolução dos problemas que residem nos aspectos culturais e de gestão do que é público, de modo a capacitar o país para o desenvolvimento econômico, social e cultural necessário.

As organizações públicas precisam ratificar a necessidade do desenvolvimento do pensamento e do agir estratégico, da definição clara dos papéis, do desempenho das tarefas com qualidade, sejam estratégicas, táticas ou operacionais. Precisam incentivar o dinamismo e a compreensão dos seus propósitos e do significado do trabalho de cada um, capacitando o corpo de funcionários e lideranças a enxergar o todo, pelo conhecimento do impacto das suas ações e decisões nos resultados da organização e na qualidade dos serviços prestados à população.

Compreender a missão da organização e o significado do "serviço público" é fundamental para a busca do alinhamento de visões organizacionais às visões individuais, no sentido de que se possa reconhecer a contribuição para o impacto positivo que a administração pública pode gerar na vida da sociedade como um todo.

Atribuir, ainda, as dificuldades de mudança ao fato da não-vulnerabilidade à demissão significa negar a sensibilidade, a criatividade, a competência e o comprometimento de cada funcionário, ou servidor, com a instituição da qual faz parte, negando a sua condição de realização pessoal, através da constituição do sucesso das organizações públicas. São muitos os desafios, mas eles somente serão sanados à medida que os problemas, suas causas e conseqüências, forem trazidos para "cima da mesa", e possam ser, um a um, esgotados nas suas alternativas de solução, sejam eles de fácil ou de difícil compreensão, sejam conseqüência histórica questionável e até abominável, sejam contextuais.

O que pode então condicionar a dificuldade das mudanças nas organizações públicas, além da vontade política, é a capacidade de envolver pessoas, identificar seus interesses, seus talentos, e ter fôlego para saber como motivá-las, compartilhando propósitos e informações, disseminando conhecimentos, estabelecendo metas conjuntas, cobrando por elas, ou seja, fazendo uso da sabedoria para a condução do corpo de colaboradores, explicitando a cada um a importância da sua tarefa, como é esperado dos autênticos líderes.

INFORMAÇÕES TÉCNICAS

O QUE VOCÊ PRECISA SABER SOBRE O PROCESSO DE MUDANÇAS

INFORMAÇÕES TÉCNICAS
O que é preciso saber sobre o processo de mudança

1. Como tornar o processo da mudança menos estressante?   57
2. É preciso fazer a preparação da empresa para mudar?   58
3. "Os problemas de hoje provêm das soluções de ontem". Isso quer dizer que as organizações precisam sempre aprender?   59
4. Existem alguns elementos que definem o sucesso ou o fracasso de uma organização?   61
5. Qual é o principal orientador da mudança?   63
6. Existem estratégias próprias, comprovadamente adequadas às mudanças?   65
7. Que variáveis devem ser observadas num processo de mudança?   66

1. COMO TORNAR O PROCESSO DA MUDANÇA MENOS ESTRESSANTE?

A utilização de pesquisas e a aplicação de indicadores que mostrem onde se encontram as maiores dificuldades para as mudanças são o primeiro passo para a constituição de um processo com possibilidades de sucesso, e tanto faz se são organizações públicas ou privadas. O que é fundamental é a obtenção de conhecimentos sobre a cultura da organização. Ampliadas as percepções, pois as dificuldades para implementação de mudanças não estão nos aspectos técnicos, e sim nos políticos e humanos envolvidos, há que se aprofundar o conhecimento da dimensão cultural e avaliar os esforços a serem feitos. O quanto é mais fácil ou mais difícil "fazer mudanças" é uma questão a ser colocada sob forma de equação: é preciso mapear e alinhar as diversas variáveis que intervêm nos processos, antes de proceder a movimentos que possam se caracterizar como grande ameaça, um grande estresse, vindo a aumentar resistências.

Há intervenções que podem ser escolhidas. Eis algumas que podem ser feitas, em menor ou maior grau e abrangência, considerado o tipo de organização:

- Sensibilização das pessoas, a partir da explicitação inicial das mudanças pretendidas e seus objetivos.
- Mapeamento estratégico, baseado nos pontos fortes, fraquezas, ameaças e oportunidades (modelo SWOT).
- Análise desses fatores, com foco na visão de futuro da organização e na definição de estratégias para alcançá-la.
- Mapeamento da cultura, de forma a se ter o indicativo das estratégias de transição e conhecimento do *gap* entre valores presentes e valores que sustentarão a organização do futuro.

QUESTÃO: Na sua organização, o quanto os aspectos políticos e humanos são considerados de forma a minimizar as ameaças às mudanças?

MUDANÇA ORGANIZACIONAL - *Soluções Genéricas para Projetos*

2. É PRECISO FAZER A PREPARAÇÃO DA EMPRESA PARA MUDAR?

Um projeto de mudança se difere dos demais projetos em função de trazer embutido na sua própria natureza aspectos emocionais em maior grau e freqüência do que outros. Lidar com mudança significa trabalhar com incertezas, inseguranças, comuns nos ambientes onde ela ocorre.

Não se precisa ir muito longe, se fizermos analogias com nossas vidas particulares, quando atropeladas por mudanças não esperadas: ameaça ou perda de um emprego, afastamento ou perda de pessoas que amamos, necessidade de restrição alimentar, aceitação de modelos diferentes dos nossos de ver a vida, e por aí vai. Mudanças significam perdas de referências, e por isso elas residem não só no nível do intelectual, mas carregam um forte caráter emocional que deve ser considerado durante todo o tempo.

As mudanças nas organizações só acontecem se as pessoas as fizerem acontecer; dependem integralmente delas. É comum que ao primeiro discurso sobre mudanças a maioria das pessoas, colaboradores, dentre eles gerentes, concordem com tudo: estratégias, finalidades, motivos etc.; eles não se vêem no processo e por isso não admitem a possibilidade de que no dia seguinte já têm que fazer algo diferente. Pode não ser no dia seguinte, mas na aproximação dessa data as resistências começam a aparecer.

NÃO QUERO ISSO NÃO, DÁ VÍRUS, VEM COM RATO...

Se alguém se dispuser a perguntar a um determinado grupo:

– Quem aqui resiste a mudanças?
  O número de concordância será muito baixo.

Se a pergunta for feita de uma outra forma:
– Quem concorda que a maioria das pessoas resiste a mudanças?
  As respostas se elevarão muito...

Se essas pessoas não são as mesmas, afinal sobre o que estamos falando?
É um caso a pensar...

3. "OS PROBLEMAS DE HOJE PROVÊM DAS SOLUÇÕES DE ONTEM." ISSO QUER DIZER QUE AS ORGANIZAÇÕES PRECISAM SEMPRE APRENDER?

A contribuição de Peter Senge, fundamentada nas *"cinco disciplinas"*, é vista como uma alternativa para enfrentar os desafios das transformações pelas quais as organizações precisam passar para fazer frente ao ambiente em constante mutação. Ele fala sobre organizações que aprendem e coloca como fundamentais para elas:

- Sistematização do pensamento sistêmico como forma de favorecer o raciocínio global.
- Reforço do crescimento coletivo em contrapartida à formação organizacional individualista.
- Alinhamento do perfil gerencial com o modelo de gestão que enfatiza a flexibilidade, a transparência, a agilidade e a socialização da informação.

Colocado aqui de forma muito resumida, seu esquema aponta para a necessidade de reforço de valores e de comportamentos, quando na adoção do modelo organizacional, inclusive quando a opção da empresa é organizar-se por unidade de negócio. Como fatores primordiais, *Senge* cita:

AS CINCO DISCIPLINAS DE PETER SENGE

- OBJETIVOS COMPARTILHADOS
- RACIOCÍNIO SISTÊMICO
- MAESTRIA PESSOAL
- APRENDIZAGEM EM EQUIPE
- MODELO MENTAL

> "Dar um novo passo; dizer uma nova palavra é o que as pessoas mais temem."
> *Dostoievski*

AS CINCO DISCIPLINAS DE PETER SENGE

A PRIMEIRA DISCIPLINA É A MAESTRIA PESSOAL, que, em resumo, significa aprender a expandir as capacidades pessoais para obter os resultados desejados e criar um ambiente empresarial que estimule todos os participantes a alcançar as metas definidas.

A SEGUNDA DISCIPLINA, CHAMADA DE MODELO MENTAL, consiste em refletir, esclarecer continuamente e melhorar a imagem que cada um tem do mundo, a fim de verificar como moldar atos e decisões.

A TERCEIRA DISCIPLINA, A VISÃO COMPARTILHADA, significa estimular o engajamento do grupo em relação ao futuro que se procura criar, e elaborar princípios e diretrizes que permitirão que esse futuro seja alcançado.

A QUARTA DISCIPLINA, O APRENDIZADO EM EQUIPE, significa a transformação das aptidões coletivas ligadas a pensamento e comunicação, de maneira a que grupos de pessoas possam desenvolver inteligência e capacidades maiores do que a soma dos talentos individuais.

E, FINALMENTE, A QUINTA DISCIPLINA, O PENSAMENTO SISTÊMICO, visto como uma forma de analisar e uma linguagem para descrever e compreender as forças e inter-relações que modelam o comportamento dos sistemas. É esta quinta disciplina que permite mudar os sistemas com maior eficácia e agir mais de acordo com os processos do mundo natural e econômico.

> O TEMA DA APRENDIZAGEM ORGANIZACIONAL ESTÁ EM DESTAQUE NA TEORIA DAS ORGANIZAÇÕES. ISSO SE DEVE ÀS CONSTANTES TRANSFORMAÇÕES QUE OCORREM NO MUNDO CONTEMPORÂNEO, GERANDO UMA NECESSIDADE DE MUDANÇA PERMANENTE. A APRENDIZAGEM ORGANIZACIONAL É VISTA COMO UMA ALTERNATIVA PARA ENFRENTAR TAIS DESAFIOS E POSSIBILITAR A EVOLUÇÃO DAS ORGANIZAÇÕES.

4. EXISTEM ALGUNS ELEMENTOS QUE DEFINEM O SUCESSO OU O FRACASSO DE UMA ORGANIZAÇÃO?

Sim, algumas pesquisas realizadas por diversos organismos nacionais e internacionais concluíram por alguns elementos, que estão representados nos gráficos a seguir. Lembre-se: seja qual for o processo de mudança, perceba as conexões que levam ao sucesso, e otimize-as.

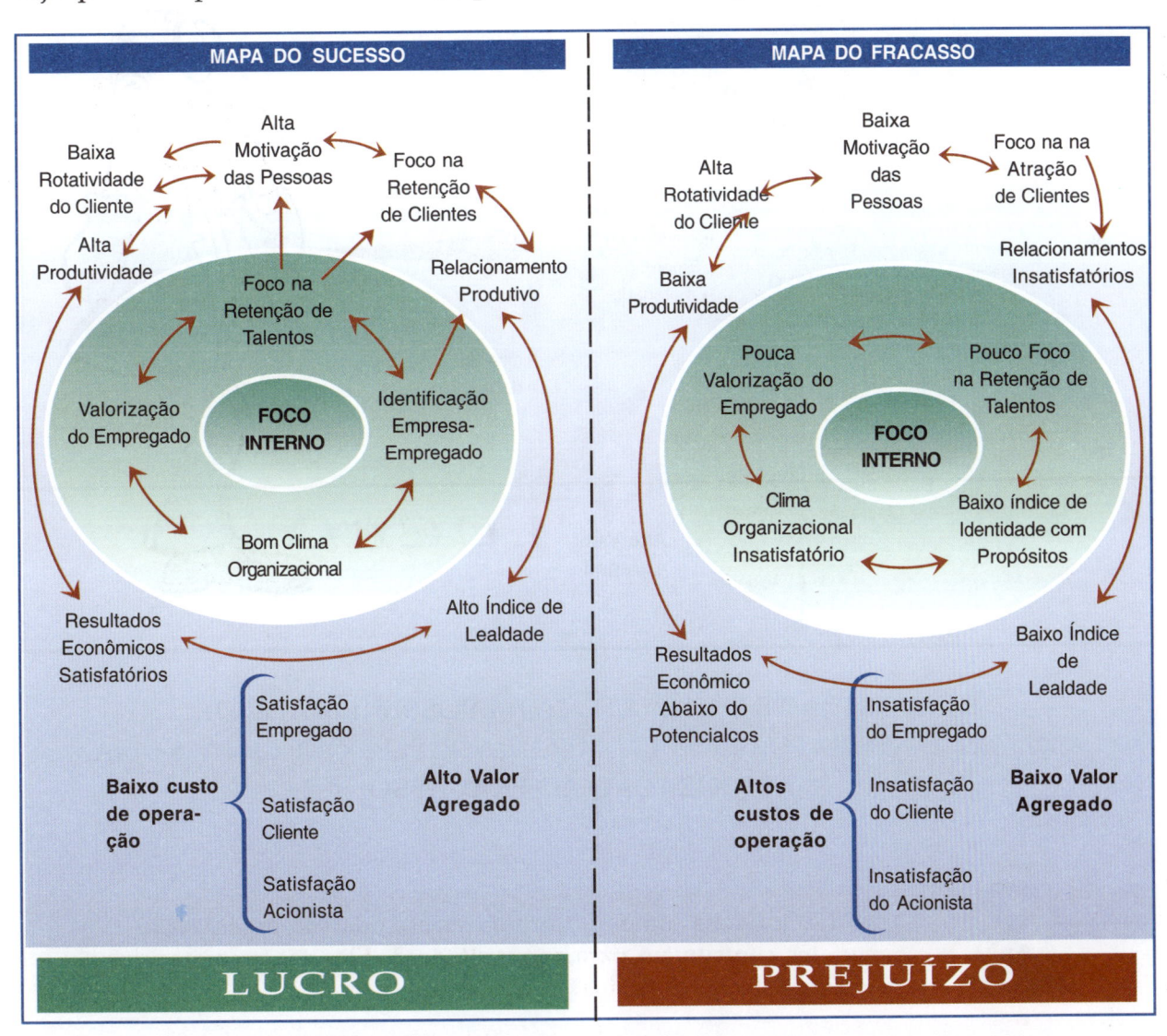

MAPA DO SUCESSO

- Baixa Rotatividade do Cliente
- Alta Motivação das Pessoas
- Foco na Retenção de Clientes
- Alta Produtividade
- Foco na Retenção de Talentos
- Relacionamento Produtivo
- Valorização do Empregado
- Identificação Empresa-Empregado
- **FOCO INTERNO**
- Bom Clima Organizacional
- Alto Índice de Lealdade
- Resultados Econômicos Satisfatórios

Baixo custo de operação:
- Satisfação Empregado
- Satisfação Cliente
- Satisfação Acionista

Alto Valor Agregado

LUCRO

MAPA DO FRACASSO

- Baixa Motivação das Pessoas
- Foco na Atração de Clientes
- Alta Rotatividade do Cliente
- Relacionamentos Insatisfatórios
- Baixa Produtividade
- Pouca Valorização do Empregado
- Pouco Foco na Retenção de Talentos
- **FOCO INTERNO**
- Clima Organizacional Insatisfatório
- Baixo índice de Identidade com Propósitos
- Resultados Econômico Abaixo do Potencialcos
- Baixo Índice de Lealdade

Altos custos de operação:
- Insatisfação do Empregado
- Insatisfação do Cliente
- Insatisfação do Acionista

Baixo Valor Agregado

PREJUÍZO

MUDANÇA ORGANIZACIONAL - *Soluções Genéricas para Projetos*

SEMPRE MONITORE OS ELEMENTOS QUE CONSTROEM O MAPA DE SUCESSO DA ORGANIZAÇÃO ENQUANTO DESENVOLVE SEU PROJETO DE MUDANÇA

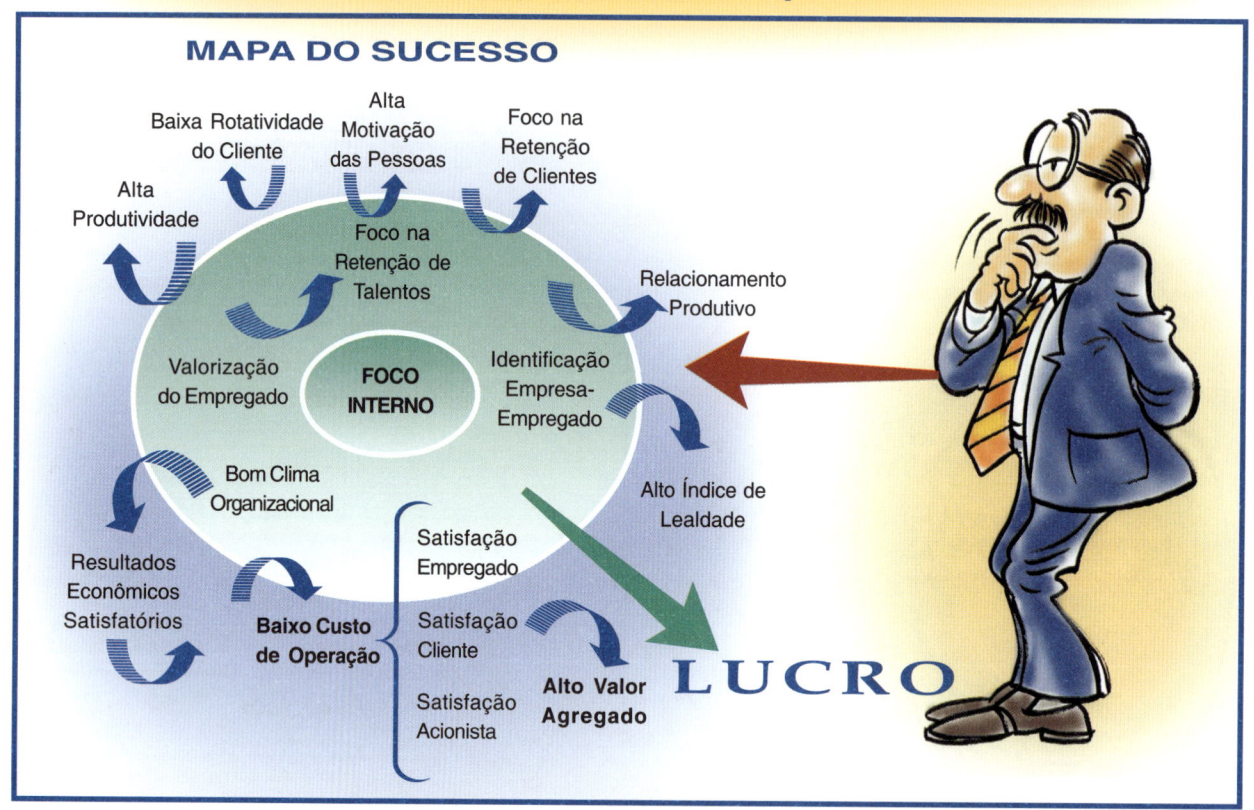

MAPA DO SUCESSO

- Alta Produtividade
- Baixa Rotatividade do Cliente
- Alta Motivação das Pessoas
- Foco na Retenção de Clientes
- Foco na Retenção de Talentos
- Relacionamento Produtivo
- Valorização do Empregado
- **FOCO INTERNO**
- Identificação Empresa-Empregado
- Alto Índice de Lealdade
- Bom Clima Organizacional
- Resultados Econômicos Satisfatórios
- **Baixo Custo de Operação**
- Satisfação Empregado
- Satisfação Cliente
- Satisfação Acionista
- **Alto Valor Agregado**

LUCRO

É IMPORTANTE ESTAR ATENTO À POSSIBILIDADE DE AMPLIAR ESSES FATORES E MINIMIZAR AQUELES QUE LEVAM UMA ORGANIZAÇÃO AO FRACASSO.

QUESTÃO: Quais são os *fatores de sucesso* da sua organização e como eles contribuem para os resultados? Eles são reconhecidos pelo corpo de funcionários?

5. QUAL É O PRINCIPAL ORIENTADOR DA MUDANÇA

Partindo-se do princípio da *preexistência* de clareza de propósitos, geralmente definidos na missão da empresa, evidentemente os objetivos da mudança estão relacionados a eles, e precisam ser explicitados em termos de uma *visão* a alcançar.

Atenção: muitas organizações deflagram o processo de mudança considerando que os seus objetivos já são conhecidos por todos ou não necessitam ser explicitados. Esse é o primeiro grande engano, e o primeiro passo para o surgimento dos primeiros impactos no ambiente: as resistências. Não só os decisores precisam conhecer os alicerces, os motivos e os objetivos da mudança; sendo um processo de construção coletiva, é necessário que seja do conhecimento de todos.

Em processos de mudança, é condição essencial que os objetivos sejam compartilhados, de modo que todos possam conhecer o que vai ser feito, como podem contribuir, como se vêem em situação futura. Dessa forma, ampliam-se as condições da criação de ambiente favorável, fundamentado em visões e ações coesas que passam a funcionar como grandes referências para todos os movimentos ao longo do processo de mudança.

QUESTÃO: Qual é a cultura da sua organização no que se refere ao comportamento de propósitos, objetivos e estratégias?

"VOCÊ PODE COMPRAR O TRABALHO DAS PESSOAS, MAS NÃO PODE COMPRAR O CORAÇÃO DELAS. E É NO CORAÇÃO QUE ESTÃO O SEU ENTUSIASMO, A SUA LEALDADE. PODE COMPRAR O SUOR DELAS, MAS NÃO PODE COMPRAR O CÉREBRO, E É LÁ QUE SE ENCONTRAM A CRIATIVIDADE E A ENGENHOSIDADE."

Stephen Covey

6. EXISTEM ESTRATÉGIAS PRÓPRIAS, COMPROVADAMENTE ADEQUADAS ÀS MUDANÇAS?

A estratégia é um elemento crítico de sucesso em processos de mudança. Dentre a maioria das experiências registradas sobre mudanças, algumas estratégias ficam muito evidentes quanto à sua importância. Elas são:

- Patrocínio, do topo da organização: envolvimento dos executivos-chave com o projeto.
- Comunicação: sistemática e eficaz, através de sinais consistentes e exemplos.
- Recursos financeiros: projetados segundo a necessidade das mudanças a serem realizadas, em todos os seus aspectos.
- Participação e engajamento do nível gerencial e envolvimento das áreas usuárias da mudança.
- Treinamento adequado, desde a constituição das equipes do projeto até a pós-implantação.
- Sinalização, através de mudanças pessoais perceptíveis, por parte dos gestores, quando abrange a mudança no estilo gerencial.
- Envolvimento total da equipe do projeto e lideranças, com competência na condução do processo.
- Reconhecimento pessoal dos esforços, por parte dos empregados, por gerentes e supervisores.
- Recompensas vinculadas à implementação.
- Organização do processo e suas etapas num modelo de "projeto", de forma a ser devidamente gerenciado.
- Escolha de um gerente do projeto, com competências técnicas, políticas e humanas reconhecidas.

QUESTÃO: O patrocínio existente no processo de mudança é de tamanho adequado aos desafios?

MUDANÇA ORGANIZACIONAL - *Soluções Genéricas para Projetos*

7. QUE VARIÁVEIS DEVEM SER OBSERVADAS NUM PROCESSO DE MUDANÇA?

O gráfico a seguir apresenta um resumo do que deve ser observado para chegar à definição de que variáveis são importantes num determinado projeto. A sua escolha dependerá sempre da natureza do projeto e das características da organização, considerados o modelo de gestão, o mercado onde atua, clientes, fornecedores, e toda a gama de *stakeholders*. As mudanças variam em relação à sua complexidade, mas vale a pena observar o gráfico com a finalidade de ampliar a visão e facilitar a decisão sobre o elenco de variáveis que deverão ser observadas no projeto. Ao proceder à análise, tenha em mente a visão que é aspirada pela organização.

Fonte: Baseado no modelo desenvolvido pela equipe do projeto de reestruturação da Petrobras.

PROPRIEDADES

A PREPARAÇÃO PARA A MUDANÇA

PROPRIEDADES
Elementos fundamentais na preparação da mudança

1. Em que consiste o gerenciamento de um projeto de mudança? — 69
2. Adotar como estratégia um projeto de mudança é suficiente para lidar com a gama de problemas comportamentais que circundam as mudanças? — 70
3. A preparação para mudar deve ser feita em que fase do projeto? — 71
4. As organizações costumam considerar os aspectos psicológicos das mudanças? — 73
5. Que ações devem ser tomadas na preparação para a mudança? — 75
6. Considerando a variedade de motivos para mudar, como apontar aqueles sobre os quais a mudança se sustenta? — 79
7. Quem tem a responsabilidade sobre o processo de mudança? — 83
8. Como lidar com as questões políticas existentes nos projetos de mudança? — 84
9. Por que muitos projetos de mudança não trazem ganhos efetivos? — 89
10. É necessário conhecer a dinâmica de funcionamento da organização para administrar mudanças? — 90
11. Como garantir que o projeto esteja conceituado para a busca das soluções que se deseja alcançar? — 99
12. Quais são os maiores ganhos que podem ser esperados com as mudanças? — 101

1. EM QUE CONSISTE O GERENCIAMENTO DE UM PROJETO DE MUDANÇA?

Pode-se conceituar como sendo a aplicação de conhecimentos, técnicas, habilidades e ferramentas voltados ao desenvolvimento de atividades que visam atingir determinados objetivos predefinidos, num determinado período de tempo, num projeto cujo escopo seja a mudança organizacional.

Gerenciar um projeto significa, primeiro, organizá-lo de forma estruturada, e, a partir disso, administrar os recursos necessários ao seu desenvolvimento, como prazos, custos, recursos humanos, riscos, etc. O gerenciamento desses recursos está detalhado em capítulo a seguir. Gerenciar um projeto é, em suma, utilizar os conhecimentos e as ferramentas disponíveis para alcançar os objetivos esperados, garantindo a otimização dos recursos nele empregados e minimizando os riscos de fracassos.

NOTA
A EXPRESSÃO **GESTÃO DA MUDANÇA** TAMBÉM É APLICADA COM O SIGNIFICADO DE ADMINISTRAÇÃO DE MUDANÇAS, E SE ELA FOR CONCEITUADA SOB A FORMA DE PROJETO, AS EXPRESSÕES **GERENCIAMENTO DE PROJETO DE MUDANÇA** E **GESTÃO DA MUDANÇA** PODEM SE SOBREPOR.

PROJETO É UM EMPREENDIMENTO ÚNICO, COM INÍCIO E FIM DETERMINADOS, QUE UTILIZA RECURSOS PARA ALCANÇAR ALGUM OBJETIVO PREDETERMINADO

2. ADOTAR COMO ESTRATÉGIA UM PROJETO DE MUDANÇA É SUFICIENTE PARA LIDAR COM A GAMA DE PROBLEMAS COMPORTAMENTAIS QUE CIRCUNDAM AS MUDANÇAS?

O gerenciamento de mudanças é uma combinação de esforços que perpassam os sistemas técnico, político e psicossocial das organizações, com grande ênfase neste último. Qualquer mudança cria uma desestabilização, e traz ameaças, já que obrigatoriamente velhas referências serão abandonadas, para dar lugar ao novo.

Um projeto de mudança significa a quebra de paradigmas, por mais desgaste que hoje esteja embutido na palavra. É sempre uma vivência psicológica que se caracteriza por um "*fim*" de uma dada situação, por uma transição, e uma situação desconhecida, nova, para a qual não se tem referências. Apesar da palavra mudança ser ainda definida como um reinício, esse conceito ainda não desloca, com facilidade, as tensões advindas do sentimento de abandono, perdas e inseguranças.

O fato é que as mudanças carregam em si alguns estigmas, bastante paradigmáticos, que as fazem ser vistas, pela maioria das pessoas, como meramente desestruturantes e não bem-vindas. Dentre eles sobressaem-se possibilidades de: desemprego; inadequação a novas competências; dissolução de equipes; perdas financeiras, de poder, *status* ou de autonomia; substituições de métodos de trabalho conhecidos; etc. Todas essas referências trazem o desconforto psicológico e fazem das mudanças algo a ser combatido, através de resistências. Falamos aqui de todos os níveis da organização!

Não é difícil se concluir sobre a necessidade de mudanças bem conduzidas, de forma a que se possa utilizar todo o conhecimento já existente sobre *como o ambiente se comporta*, e ainda minimizar gastos, energia e tempo, num processo que, se assim não for, é altamente desgastante.

> "Deus não vai me perguntar por que não fui Moisés. Ele vai me perguntar por que eu não fui Susya."
> *Rabino Susya*

3. A PREPARAÇÃO PARA MUDAR DEVE SER FEITA EM QUE FASE DO PROJETO?

Diríamos que ela deve anteceder ao próprio planejamento do projeto em si, constituindo-se numa etapa anterior, pois até mesmo a qualidade das informações a serem obtidas para o detalhamento do projeto dependerá dessa preparação inicial. Algumas premissas devem ser observadas, de forma a possibilitar a criação de uma plataforma segura para o projeto; pode-se pensar, inclusive, em dar tratamento específico a essa fase de preparação, conforme a natureza do projeto e cultura da empresa, pois é nela que se começa a criar o ambiente favorável à transição a ser feita. Algumas dicas podem ajudar nesse processo:

A. É PRECISO DESCONSTRUIR PARA DAR ESPAÇO AO NOVO.

Isso não quer dizer que o que foi feito pela organização até o momento seja invalidado, mas sim que muitos "paradigmas", dentre os quais alguns valores, crenças e até ortodoxias sobre "como as coisas devem funcionar", têm que ser deixados para trás. Se não se conseguir abandonar alguns modelos, principalmente mentais, pois são eles que geram o apego ao passado, o período de transição se estenderá mais do que o esperado, gerando um clima de muito caos e isso causa um grande desgaste, além dos custos financeiros e de tempo envolvidos.

B. É PRECISO REDOBRAR A ATENÇÃO NA ÉPOCA DE TRANSIÇÃO.

É nela que, mesmo se tendo conseguido abandonar o passado, as recaídas ocorrem. Uma estratégia para gerenciar esse período é a criação de um ambiente de aprendizagem coletiva, onde espaços são criados para trocas de experiências, apoio e práticas a serem adotadas, visando a instituição do novo. Vale a pena salientar que os problemas serão ainda os mesmos, corroborados por outros novos, gerados na fase de transição. Tal fato, por si só, justifica a necessidade de apoio mútuo, que, se não ocorrer, torna o ambiente suscetível ao desânimo ou desmotivação. A boa notícia é que, ao mesmo tempo, é um período onde a criatividade emerge com muita facilidade, e deve ser aproveitada em todo o seu potencial, tanto para a busca de novas soluções como para a introdução de novos "paradigmas" de gestão.

C. A TRANSIÇÃO É UM CAPÍTULO QUE MARCA UMA ESTRÉIA TRIUNFANTE.

Não é só de perdas e da administração delas que uma transição deve "viver". Ela pode ser dotada de muita energia positiva, que marque o seu caráter de renovação, de possibilidades antes não existentes. Conseguir criar um ambiente motivador, que permita deixar lamentos para trás, já é mais do que meio caminho nesse desafio. Investir na preparação dos grupos a serem afetados com as mudanças e na equipe gestora do projeto, é fator crítico para o sucesso.

D. "MANDA QUEM PODE E OBEDECE QUEM TEM JUÍZO". SERÁ?

Muitas organizações não valorizam os investimentos na "pré-mudança" e pagam um preço muito alto por isso. Por mais que a importância da preparação seja conhecimento já consolidado, muitos gestores a classificam como dispensável ou como despesa de caráter inócuo, imaginando que os colaboradores estão ali para "obedecer", e isso ocorrerá com relação às mudanças. Administrar as resistências oriundas desse descaso é muito mais dispendioso.

E. AS PESSOAS TÊM VISÕES, RITMO E VELOCIDADES DIFERENTES.

Inclusive variando na própria compreensão do que é comunicado; umas levam mais tempo do que outras para se posicionarem diante das mudanças. Esse fator deve ser considerado, pois se assim não for, corre-se o risco de admitir como resistência o processo analítico de alguns colaboradores. É preciso que os gestores da mudança aprendam a perceber fatores que têm influência nas estratégias a serem adotadas.

F. A MUDANÇA FAZ EMERGIR O LADO EMOCIONAL

Um outro estigma do mundo das organizações é que "as emoções devem ficar do lado de fora". Isso não é real: as pessoas são tão emocionais quanto racionais: é a natureza das questões com as quais lidam que faz com que um ou outro lado prevaleça, sendo também verdade que a maioria dos seres humanos têm o seu lado emocional muito mais acentuado (dentre outros exemplos, as guerras geradas pela religião estão aí para evidenciar isso!). Estar preparado para lidar com esse aspecto é outro fator de sucesso na fase de transição, inclusive porque é a medida da emoção que leva significado ao trabalho das pessoas, e pode transformar novas maneiras de agir e pensar em valores, consolidando as mudanças.

Renilda Ouro

4. AS ORGANIZAÇÕES COSTUMAM CONSIDERAR OS ASPECTOS PSICOLÓGICOS DAS MUDANÇAS?

Paradigmas, percepções, crenças, valores e comportamentos são elementos que têm grande influência nas mudanças, no seu aspecto psicológico, ao mesmo tempo em que são diretamente afetados por elas.

A fragilidade emocional que caracteriza os seres humanos, considerado seu aspecto emocional, tem sido a grande vilã nos processos de mudança: muito menos pela sua observação do que pela sua invalidação e exclusão. No momento em que se apresenta, parece ser muito menos ameaçador, e muito mais fácil, criar a ilusão da sua não-existência, do que confrontar a situação real e lidar com ela. Ainda que se tenha sido "treinado" para admitir o trabalho como algo exclusivamente racional, é preciso quebrar também esse paradigma, e buscar soluções que tenham coerência com os fatos reais, pois o que acontece, geralmente, é a aplicação de soluções que não guardam qualquer relação com as causas dos problemas apresentados. É esse medo do confronto, ou essa conotação de que "é algo que não faz parte da vida organizacional", que conduz a grandes erros estratégicos, a derrames de recursos financeiros e à ampliação da insegurança e instabilidade que se instalam no ambiente de trabalho.

De nada vale o investimento em "pacotes" que garantem a gestão dos processos de mudança, se a própria organização não se admitir no seu cunho emocional. E tudo que se fizer que não considere essa vertente com toda certeza guardará um quê elevado de desperdício de tempo e recursos financeiros, além dos custos atribuídos à perda da saúde organizacional, e até de alguns de seus colaboradores, o que é muito mais comum do que se tem tido notícia.

O PIOR CEGO É O QUE NÃO QUER VER.

MUDANÇA ORGANIZACIONAL - *Soluções Genéricas para Projetos*

DE "CARTAS A UM JOVEM POETA"

"Aquele que, tirado de seu quarto, sem preparação nem transição, se visse transportado para o cume de uma alta montanha, sentir-se-ia como que aniquilado por uma incerteza sem igual, pela impressão de estar entregue ao inominável. Julgaria estar caindo, arrastado pelos ares. Seu cérebro deveria inventar alguma mentira enorme para alcançar e esclarecer o estado de seus sentidos...

... Mas é preciso vivermos também isso... No fundo, só essa coragem nos é exigida: a de sermos corajosos em face do estranho, do maravilhoso e do inexplicável que se nos pode defrontar...

... Se imaginarmos a existência do indivíduo como um quarto mais ou menos amplo, veremos que a maioria não conhece senão um canto do seu quarto, um vão de janela, uma lista por onde passeiam o tempo todo, para assim possuir certa segurança...

... Como esquecer os mitos antigos que se encontram no começo de cada povo: os dos dragões que num momento supremo se transformam em princesas? Talvez todos os dragões de nossa vida sejam princesas que aguardam apenas o momento de nos ver um dia belos e corajosos...

... Lembra-se como esta vida, desde a infância, aspirava aos 'grandes'. Vejo-a abandonar agora o grande para chegar aos maiores. Eis por que não cessa de ser difícil, mas tampouco cessará de crescer..."

Rainer Maria Rilke

Renilda Ouro

5. QUE AÇÕES DEVEM SER TOMADAS NA PREPARAÇÃO PARA A MUDANÇA?

Considerando o que já foi dito, vale a pena lembrar que, quando se fala nas emoções e nos cuidados com as pessoas, a leitura também pode ser: pessoas e suas emoções, se traduz em:

- **Processos e seus "donos".**
- **Unidades estruturais e seus "guardiões".**
- **Tecnologia e seus "curadores".**
- **Sistemas e seus "pais".**
- **Projetos e sua "tribo".**
- **Cultura e seus "filhos".**

É preciso muita habilidade para compreender e lidar com a amplitude dos sentimentos que circundam a vida dentro das organizações. Na verdade, dá-se muito pouca importância ao valor das premissas que cada ser humano tem na sua cabeça, e no seu coração, e são elas que definitivamente conduzem nossas ações, e nossa vida, no ambiente que for, sem que, muitas vezes, sejam percebidas. Com a finalidade de criar um ambiente favorável ao acontecimento das mudanças, valem:

NÃO FAÇA COM QUE AS PESSOAS ENGULAM SUAS EMOÇÕES!

- Perceber o ambiente, suas mazelas e características.
- Manter as portas abertas para trocas, sugestões, *coaching* e *feedbacks*.
- Ampliar o conhecimento sobre a cultura, seus valores, crenças e ortodoxias.
- Valorizar os talentos invisíveis que têm oportunidade de se revelar em épocas de transição.
- Considerar o determinismo da lei de Murphy, e precaver-se com "planos B".
- Pensar, agir e jogar energia positiva no ambiente, durante todo o tempo.
- Ouvir bastante; comunicar-se exaustivamente; fazer "parcerias-arauto da mudança".

MUDANÇA ORGANIZACIONAL - *Soluções Genéricas para Projetos*

A PREPARAÇÃO PARA O PROJETO DE MUDANÇA É UM FATOR CRÍTICO DE SUCESSO, POIS SE NÃO FOR DEVIDAMENTE CONSIDERADA, CERTAMENTE MUITOS PERCALÇOS SERÃO ENCONTRADOS NO CAMINHO: MUITOS DELES DE DIFÍCIL TRANSPOSIÇÃO, OUTROS INTRANSPONÍVEIS.

A preparação da mudança inclui a definição de estratégias de sensibilização e comunicação intensiva e efetiva, pois os públicos-alvo da mudança devem e precisam saber o que vai mudar, por que, quando, como, quais são os impactos para as pessoas e para a gestão da empresa, quais as estratégias a serem adotadas, quais as perdas e os ganhos pessoais e coletivos...

> "Guarde-nos da nossa intimidade agora, enquanto estamos lado a lado neste cinturão sem fim que nos junta para o futuro e que, como o céu dos antigos, justificará o desastre desta hora."
>
> *Peter Goblen*

Renilda Ouro

É PRECISO CONSIDERAR OS VERDADEIROS GANHOS DA MUDANÇA

A capacidade de sobrevivência das organizações depende da sua capacidade de criar valor, tanto no que se refere ao desenvolvimento de competências emocionais, para que todos possam lidar com as mudanças, como da apuração da percepção de mercados, novos negócios, inovações e sua velocidade de adaptação ao ambiente externo. Na verdade, toda mudança deve ser motivada pela *criação de valor*.

SENHORES, APROVEITAMOS O ESPAÇO DA MUDANÇA PARA INSERIR ESSA CRENÇA: TODO TRABALHO DEVE CRIAR VALOR PARA A EMPRESA!

LÁ VEM ELE COM AS IDÉIAS QUE OUVIU NO MBA!

OBA! É A CHANCE DE EU MOSTRAR MEU PROJETO!

PREPARAR A ORGANIZAÇÃO PARA A MUDANÇA SIGNIFICA TAMBÉM CONSIDERAR A CRIAÇÃO DE VALOR QUE SERÁ GERADA, QUE RARAMENTE APARECE ENTRE AS PREMISSAS DA MUDANÇA.

MUDANÇA ORGANIZACIONAL - *Soluções Genéricas para Projetos*

ATINGIR A META ESTABELECIDA NÃO É O ÚNICO OBJETIVO DA MUDANÇA – A ORGANIZAÇÃO PODE NÃO TER CONSIDERADO O POTENCIAL QUE LEVARÁ AO SEU MAIOR GANHO: *A CRIAÇÃO DE VALOR PARA A ORGANIZAÇÃO.*

TODA MUDANÇA DEVE CRIAR VALOR...

VAMOS GANHAR MAIS MERCADO!

E ATUAR NA ÁSIA!

GERALMENTE AS MUDANÇAS SÃO DECIDIDAS PELOS ACIONISTAS PRINCIPAIS, QUE DEVEM CONSIDERAR OS EFEITOS DO PROCESSO DE MUDANÇA EM TODOS AQUELES QUE SERÃO IMPACTADOS:
- ACIONISTAS
- CLIENTES
- COLABORADORES E PARCEIROS
- FORNECEDORES
- REGULADORES
- SOCIEDADE
- ASSOCIAÇÕES DE CLASSE
- DEMAIS *STAKEHOLDERS*

"Devemos ver tudo o que tivermos a oportunidade de ver; por que, na vida nem todos têm uma chance e ninguém tem duas."
Sard Harker

6. CONSIDERANDO A VARIEDADE DE MOTIVOS PARA MUDAR, COMO APONTAR AQUELES SOBRE OS QUAIS A MUDANÇA SE SUSTENTA?

Podemos dar, como exemplo, uma rápida relação de motivos que sustentam a decisão de mudar, tomando como base mudanças ocasionadas por uma fusão ou aquisição de empresas, em função da variedade de condições e elementos de análise que suscitam.

BUSCA DE ECONOMIAS DE ESCALA E ESCOPO: advindas de possíveis reduções nos custos em função do aumento do nível de produção, maior racionalização do esforço de pesquisa e desenvolvimento, uso conjunto de insumos específicos não divisíveis e transferência de tecnologia e conhecimento.

EFEITOS ANTICOMPETITIVOS E BUSCA DO PODER DE MONOPÓLIO: a partir de ganhos com o aumento da concentração de mercado e da conseqüente redução da competição.

REDUÇÃO DO RISCO DE INSOLVÊNCIA: advindo do poder de caixa e crédito gerado pela fusão entre duas ou mais empresas.

RAZÕES GERENCIAIS: pelo aumento do bem-estar dos diretores das empresas, mesmo que a operação cause impacto negativo no valor de mercado de suas ações, com a substituição de gestores que não estejam sendo capazes de maximizar o valor de mercado de suas empresas.

CAPACIDADES ADICIONAIS E SINERGIAS OPERACIONAIS: em virtude do crescimento da demanda e da expectativa de aumento da riqueza dos acionistas, como resultado da fusão.

COMPENSAÇÕES E INCENTIVOS TRIBUTÁRIOS: gerados por créditos tributários, relativos a prejuízos acumulados por uma das empresas envolvidas, que poderão ser compensados em exercícios futuros pela outra empresa que venha apresentando lucros.

CUSTOS DE REPOSIÇÃO E VALORES DE MERCADO: situação existente quando os custos de reposição dos ativos de uma empresa forem maiores do que o seu valor de mercado.

MUDANÇA ORGANIZACIONAL - *Soluções Genéricas para Projetos*

A MUDANÇA FAZ SENTIDO QUANDO AGREGA VALOR E CRIA CONDIÇÕES PARA A PROSPERIDADE

Observa-se que a decisão empresarial com relação às mudanças, advindas de fusões ou aquisições, está baseada na agregação de valor das empresas envolvidas, numa perspectiva de maximizar a riqueza para os acionistas. As forças de mercado motivam os gestores na direção dessa decisão, e as empresas se engajarão no propósito de fusão e aquisição se ele atender às expectativas de criação de valor e se tiver como conseqüência, por exemplo, aumentos de rentabilidade, seja por maior poder no mercado, por sinergias criadas ou pela adoção de estilos de gestão mais agressivos, que levem a organização a um nível superior de desempenho.

Além de um patamar satisfatório de lucro para os acionistas, os gestores das empresas ainda tentarão: *maximizar sua utilidade*, pela manutenção e busca do aumento da produtividade, que em épocas de transição tende a cair; *reduzir o risco de perda de seus empregos; aumentar os seus salários e ampliar seu poder e a satisfação no trabalho*, em função dos novos desafios. É a busca da maximização da utilidade gerencial.

"Para manter a liderança. tenha sempre sua próxima idéia à disposição."
Rosabeth Kanter

QUESTÃO: O que a mudança agregará de efetivo valor à empresa?

Renilda Ouro

É PRECISO ESTAR CONSCIENTE SOBRE O QUE LEVA A AGREGAR VALOR

Empresas investem numa expectativa de ganhos cujos resultados sempre ficam aquém do seu potencial que, na maioria das vezes, também não é conhecido. Temos visto que, independentemente do processo que estudamos, é o aspecto humano que faz a diferença: um processo de distribuição inserido no negócio logística, por mais eficiente que seja, se não houver a compreensão, por parte das pessoas envolvidas, do "todo organizacional e do impacto que a ação de cada um causa nesse todo, agregado à verdadeira consciência sobre isso (que, enfim, é o que faz as mudanças acontecerem)", com certeza estaremos falando de mais um processo implementado muito abaixo do seu potencial. E a possibilidade de geração de valor é quase nula.

Dito isso, apontamos para a quebra do paradigma de que tecnologias e métodos eficientes aplicados, sejam eles relacionados a processos de produção ou a sistemas de distribuição, por si só não bastam. Um processo de melhoria empresarial requer a compreensão do contexto e de tudo aquilo que se passa na interação entre as partes do sistema organizacional, assim como a sensibilidade para inventariar os custos invisíveis que estão presentes: no desconhecimento das competências existentes e das necessárias; baixa motivação pela pouca compreensão da contribuição de cada atividade para o propósito empresarial; na baixa consciência sobre o papel dos empreendedores e lideranças no mercado competitivo. Vale ainda considerar a possibilidade de existência de níveis deficientes de compreensão sobre o negócio e seus fatores de sucesso; baixa sensibilidade relacionada à visão global da empresa e ao papel dos colaboradores para a satisfação de clientes, e, finalmente a pouca disposição para assumir desafios. Detectados tais fatores, é necessário que sejam sanados.

"Aqueles que sonham à noite no sombrio recesso de suas mentes acordam para descobrir que era tudo mera presunção; mas aqueles que sonham durante o dia são homens perigosos, pois eles podem sonhar de olhos abertos e tornar seus sonhos possíveis."

T.E. Lawrence da Arábia

MUDANÇA ORGANIZACIONAL - *Soluções Genéricas para Projetos*

A PRESENÇA DA EXPECTATIVA DE CRIAÇÃO DE VALOR PODE SER TAMBÉM VERIFICADA A PARTIR DA OBSERVAÇÃO DOS MOTIVOS QUE LEVAM A MUDAR, COMO AS GERADAS POR FUSÕES E AQUISIÇÕES.

EXEMPLO

VALOR ECONÔMICO AGREGADO

	VEA	UNIDADE A	UNIDADE B	UNIDADE C
INDICADORES DE RESULTADO	Receita / participação	Mercado / Tempo	Previsto / Realizado	Satisfação / Participação
INDICADORES CRÍTICOS DE DESEMPENHO				

Pode-se perceber que um dos fatores predominantes para a decisão de fusões e aquisições é a **expectativa de criação de valor,** partindo da premissa de que a nova empresa adquirida contribuirá para a ampliação dos resultados financeiros do negócio. Essas expectativas se realizarão à medida que o processo de mudança seja implementado, a partir do alinhamento da gestão, das estruturas vigentes, das definições estratégicas e sua administração, de forma a que os negócios não sejam impactados negativamente pelas nuanças diversas que acompanham as mudanças.

7. QUEM TEM A RESPONSABILIDADE SOBRE O PROCESSO DE MUDANÇA?

Um projeto de mudança envolve muitas pessoas, que podem ser classificadas de acordo com os diversos papéis a elas atribuídos, dentre os quais: patrocinador, gerente do projeto, equipe de desenvolvimento do projeto, equipe de implantação do projeto, gerentes de áreas e/ou funcionais, e outros vinculados à sua condução. Cada um desses envolvidos deve se conscientizar de que tem 100% de responsabilidade pelo seu sucesso ou fracasso, pois um projeto de mudança é uma construção essencialmente coletiva.

No entanto, cabe ao gerente do projeto a coordenação de todo o processo e a percepção das estratégias a serem aplicadas para garantir a sua fluidez. O gerente do projeto é um líder, e, como tal, deve espelhar tais características. É ele quem estará sempre de olho nas variáveis do projeto, trabalhando junto com a equipe, motivando a todos, garantindo que o foco seja mantido. Além disso, requer conhecimentos consolidados sobre os clientes do projeto e os impactos que serão gerados, assim como sobre outros *stakeholders*.

> **O PROJETO É UM PROCESSO INTERATIVO, QUE EXIGE A PRESENÇA DE CORPO E ALMA DO GERENTE DE PROJETOS E DA SUA EQUIPE.**

MUDANÇA ORGANIZACIONAL - *Soluções Genéricas para Projetos*

8. COMO LIDAR COM AS QUESTÕES POLÍTICAS EXISTENTES NOS PROJETOS DE MUDANÇA?

Já é fato sabido que os *stakeholders*, nome dado àqueles atores que podem influenciar os rumos do projeto, devem ser devidamente *mapeados e gerenciados*, de forma a que se possa conhecer e agir sobre suas expectativas.

No entanto, seu papel e influência nem sempre são compreendidos pela equipe do projeto, fato que condiciona o desenvolvimento e a implementação dos projetos de mudança. É preciso considerá-los como pontos-chave para o sucesso da mudança. Para tal, a equipe deve desenvolver estratégias para lidar com diferentes níveis de poder e mapear quais são as suas necessidades, expectativas e desejos e como cada um dos *stakeholders* poderá impactar o andamento do projeto e suas realizações.

O exemplo a seguir é uma sugestão de como se pode gerenciar essa variável. Considere sempre a cultura da sua organização e o ambiente onde ela atua, antes de iniciar o processo de administração dos *stakeholders*.

MANTENHA O EQUILÍBRIO NAS DIVERSAS FASES DO PROJETO, MINIMIZANDO AS POSSÍVEIS SURPRESAS QUE PODEM VIR A AFETÁ-LO. TIRE PROVEITO DO MÉTODO DE ADMINISTRAÇÃO DE *STAKEHOLDERS* REGISTRADO A SEGUIR.

Renilda Ouro

EXEMPLO DE ALGUMAS CATEGORIAS DE *STAKEHOLDERS*

STAKEHOLDERS	CRITÉRIOS DE SUCESSO	IMPACTO NO PROJETO
CATEGORIA 1 • Empreendedores/patrocinadores. • Investidores.	• Bom retorno do investimento.	• No seu andamento, na aprovação e na implantação.
• Clientes internos/externos • Consumidores.	Serviços/produtos com qualidade e mínimo custo.	• Muito alto. Sua aprovação é fator de sucesso.
• Fazedores de políticas. • Líderes e fazedores de opiniões. • Equipe.	• Resultado esperado alcançado. • Recompensas. • Reputação aumentada.	
CATEGORIA 2 • Membros da comunidade. • Grupos de interesses. • Fornecedores estratégicos. • Líderes de outras áreas. • Grupos políticos; alguns empregados/gerentes.	• Benefícios para a comunidade. • Poucas externalidades (efeitos externos à empresa). • Satisfação de interesses especiais.	• Alto. • Pode requerer esforços extras e recursos para satisfazer demandas e objetivos.
CATEGORIA 3 • "Oportunistas". • Alguns empregados/gerentes. • Ativistas. • Mídia.	• Oportunidade para autopromoção. • Oportunidade para divulgar idéias. • Oportunidade para algum lucro ou novo ganho.	• De baixo a alto Impacto e pode ser significativo se outros *stakeholders* forem influenciados por estes.

QUESTÃO: Quem são seus *stakeholders* e como você os classificaria?

MUDANÇA ORGANIZACIONAL - *Soluções Genéricas para Projetos*

GRADE DE SUCESSO DO PROJETO

EXEMPLO

IMPACTO NO PROJETO

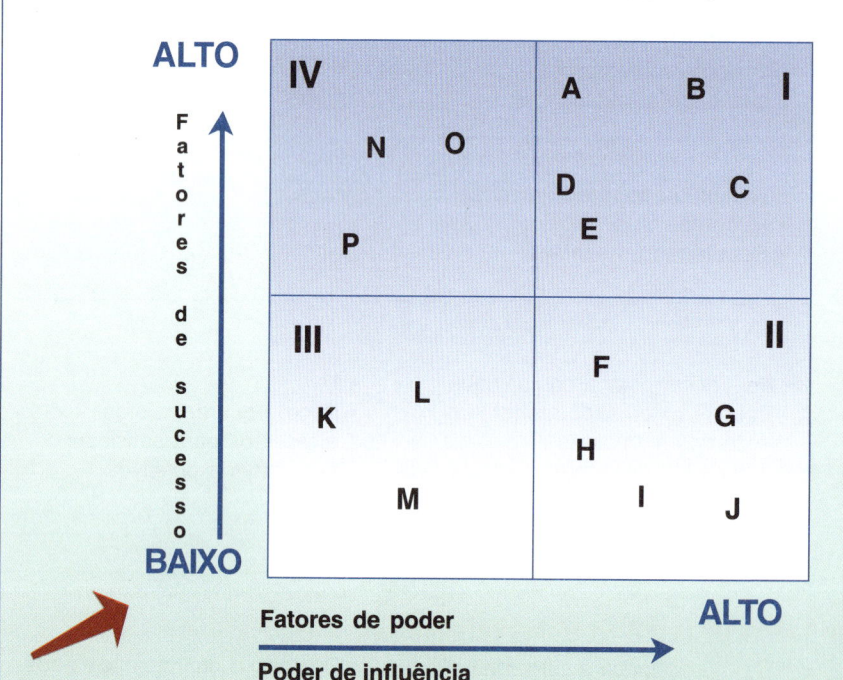

Fatores de sucesso (eixo vertical: BAIXO → ALTO)

Fatores de poder / Poder de influência (eixo horizontal: → ALTO)

Quadrante IV:
- N, O
- P

Quadrante I:
- A, B
- D, C
- E

Quadrante III:
- K, L
- M

Quadrante II:
- F
- G
- H
- I, J

Ranking do Projeto/ Potencialidade de Impacto

**Quadrante I
MAIORES IMPACTOS**

A - Empreendedores
B - Investidores/sponsor
C - Clientes
D - Equipe do projeto
E - Patrocinadores

**Quadrante II
IMPACTO POR INFLUÊNCIA**

F - Ativistas
G - Mídia
H - Líderes comunitários
I - Fornecedores
J - Grupos de interesses

**Quadrante III
IMPACTO POTENCIAL**

K - L - M – Alguns acionistas, colaboradores, alguns parceiros etc.

**Quadrante IV
IMPACTO NO DESENVOLVIMENTO**

N - O - P – Alguns acionistas, alguns clientes, usuario final etc.

Observação: Essa análise está condicionada ao conhecimento da realidade, que pode ser caracterizada apenas pelo conceito atribuído a cada categoria de *stakeholders*, conforme apresentado aqui. Ou seja, em determinados casos, a mídia, líderes comunitários e outros que compõem determinada categoria, se apresentam com um grau muito alto de influência num dado projeto e um grau baixo em outros. É a própria natureza do projeto que faz com que isso seja bastante variável.

Renilda Ouro

HABITUE-SE A SEMPRE ELABORAR UM MAPA DE SUCESSO DO PROJETO

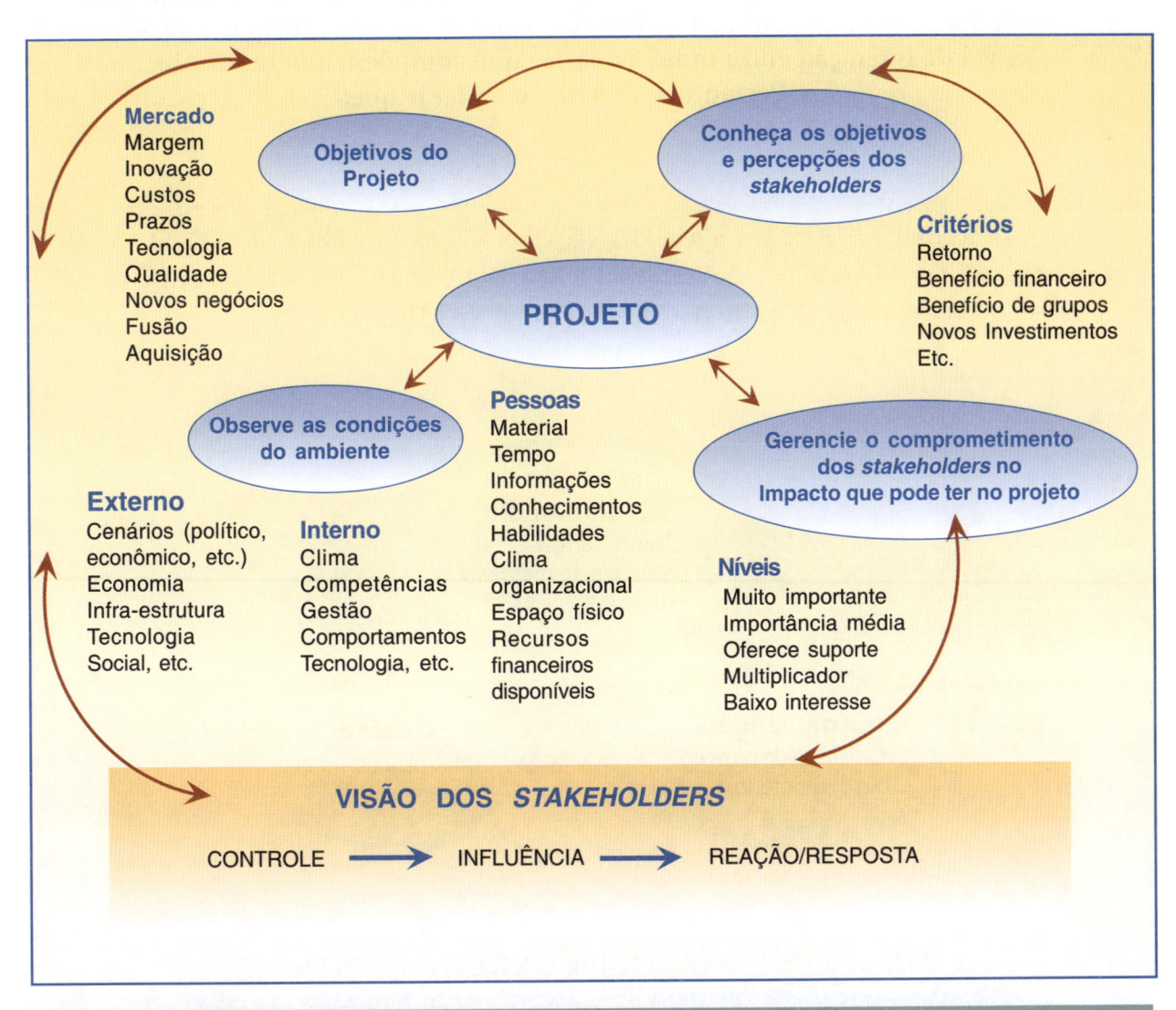

Mercado
Margem
Inovação
Custos
Prazos
Tecnologia
Qualidade
Novos negócios
Fusão
Aquisição

- Objetivos do Projeto
- Conheça os objetivos e percepções dos *stakeholders*

Critérios
Retorno
Benefício financeiro
Benefício de grupos
Novos Investimentos
Etc.

PROJETO

- Observe as condições do ambiente
- Gerencie o comprometimento dos *stakeholders* no Impacto que pode ter no projeto

Pessoas
Material
Tempo
Informações
Conhecimentos
Habilidades
Clima organizacional
Espaço físico
Recursos financeiros disponíveis

Externo
Cenários (político, econômico, etc.)
Economia
Infra-estrutura
Tecnologia
Social, etc.

Interno
Clima
Competências
Gestão
Comportamentos
Tecnologia, etc.

Níveis
Muito importante
Importância média
Oferece suporte
Multiplicador
Baixo interesse

VISÃO DOS STAKEHOLDERS

CONTROLE → INFLUÊNCIA → REAÇÃO/RESPOSTA

"Para quem sabe olhar, a luz pode se mostrar quando menos esperar, em qualquer lugar."

Jerry Garcia

MUDANÇA ORGANIZACIONAL - *Soluções Genéricas para Projetos*

CUIDADO!

Muitas vezes o distanciamento entre o escopo e a necessidade da mudança se dá em função do baixo grau de conhecimento sobre como o negócio funciona, ou sobre o nível de interação entre todas as partes que compõem a organização. Portanto, é preciso considerar que:

OS RESULTADOS DAS MUDANÇAS NÃO ACONTECEM COMO NUM PASSE DE MÁGICA... É PRECISO UMA BOA DOSE DE CONHECIMENTO DO NEGÓCIO E SUA DINÂMICA.

Estratégia de Posicionamento
Como a empresa se posiciona no mercado

Organização
Conjunto de papéis e competências

Gestão
Dinâmica de "fazer acontecer"

CONTAR COM UMA EQUIPE ONDE ALGUNS DE SEUS COMPONENTES TENHAM A *EXPERTISE* NO NEGÓCIO E NA SUA DINÂMICA É FATOR DE SUCESSO PARA ESSE GRANDE EMPREENDIMENTO QUE É A MUDANÇA.

9. POR QUE MUITOS PROJETOS DE MUDANÇA NÃO TRAZEM GANHOS EFETIVOS?

Muitas vezes algumas variáveis importantes são renegadas a segundo plano e isso afeta o desenvolvimento do projeto, pois muitas estratégias que deveriam ser definidas, e até subprojetos e ações, não o são. Além do que foi registrado até aqui um outro fator de fundamental importância está vinculado a maximizar a garantia do desenvolvimento de uma fórmula de sucesso na busca de soluções para as questões que compõem um projeto de mudança. Isso significa começar um projeto sempre com *o acordo sobre o que é preciso mudar*.

A equipe do projeto e aqueles que conceberam as mudanças normalmente têm seu próprio ponto de vista sobre as necessidades de mudança. Porém, é preciso prestar atenção a: sendo "um ponto de vista a vista de um só ponto", como diz Leonardo Boff, é fundamental agregar percepções que aproximem os problemas detectados, motivadores da mudança, de suas causas verdadeiras, de forma a minimizar gastos com investimentos que não terão qualquer impacto nos resultados do negócio, portanto, não alterarão o *status* atual. Esse é um dos motivos pelos quais muitos projetos de mudança não dão resultados. É como se déssemos a um paciente colírio ocular para tratar de problemas estomacais: não pode dar certo!

Programas desenvolvidos cujo escopo esteja desvinculado das verdadeiras necessidades causam muitos prejuízos, como a falta de credibilidade na mudança, a insegurança com relação à competência da empresa, resistências às mudanças verdadeiramente necessárias, isso sem considerar os custos relativos aos trabalhos desenvolvidos em vão. É um grande desperdício!

MUDANÇA ORGANIZACIONAL - *Soluções Genéricas para Projetos*

10. É NECESSÁRIO CONHECER A DINÂMICA DE FUNCIONAMENTO DA ORGANIZAÇÃO PARA ADMINISTRAR MUDANÇAS?

A compreensão da dinâmica da organização, e de seu negócio, é fator primordial para a obtenção de bons resultados nas mudanças. O desenvolvimento de uma visão integrativa da estratégia, gestão, organização e das pessoas nesse conjunto é uma espécie de competência durável, pois maximiza a própria compreensão do negócio e dos impactos das ações e decisões nos seus resultados. Considerar isso em termos de mudanças a serem efetuadas requer alguns conhecimentos que resumimos a seguir:

A ESTRUTURA E A GESTÃO

A rigidez das estruturas e do estilo de gestão estreita as possibilidades tanto de melhor desempenho quanto de inovação na organização, valorizando a manutenção do *fazer sempre igual ao que sempre foi feito*. Esse mesmo argumento é aplicável quando as decisões de negócio são baseadas nessas estruturas, de maneira autocrática, sem uma visão adequadamente abrangente, em função dos limites rígidos que muitas estruturas ainda impõem.

Os tradicionais conflitos ditos como de *interesse* entre algumas áreas da empresa – marketing e produção; logística e vendas etc. – são formatados por esse princípio, corroborado por indicadores que também valorizam "as partes" da organização, ao invés do seu todo. Os limites estruturais acabam condicionando o modelo mental racional, com o qual se pensa a organização. Lidar com essas questões antecipadamente às mudanças é uma condição sem a qual elas ficarão muito prejudicadas.

Renilda Ouro

A VISÃO DA GESTÃO NÃO PODE ACONTECER POR PARTES

A visão da gestão por partes inibe a visualização do grande processo que se dá dentro de uma organização. Para os líderes funcionais, "a sua alçada" termina onde a estrutura assim o diz; a partir dali, a responsabilidade se fragmenta, como uma referência ao mundo cartesiano, independente. Algumas empresas hoje em dia já fizeram o movimento no sentido de se organizarem por processos, o que minimiza essa condição; muitas, porém, ainda guardam correlação da gestão à organização funcional, criando com isso grandes conflitos e disfunções, principalmente no que se refere à compreensão das redes internas de relações.

O entendimento da estrutura organizativa como impositora de limites organizacionais corrobora as dificuldades dos movimentos, no sentido da concepção de que a estrutura, enquanto ferramenta que agrupa recursos físicos, humanos e financeiros, sob um comando determinado, nada mais é do que o conjunto desses recursos em arranjos organizados, ou seja, é verdadeiramente um conjunto de contratos existentes e firmados, implicitamente, entre as diversas partes da organização. A estrutura deve ser conceituada e vista como a facilitadora dos movimentos internos que realizam a gestão.

"Como pode uma parte conhecer o todo? O homem está relacionado a tudo o que conhece. E tudo é ao mesmo tempo causa e efeito, agindo e sofrendo a ação, mediato e imediato, todas as coisas mutuamente dependentes."

Blaise Pascal

MUDANÇA ORGANIZACIONAL - *Soluções Genéricas para Projetos*

A ESTRUTURA DEVE FACILITAR O ATENDIMENTO AO CLIENTE

Uma outra faceta pouco valorizada pelas organizações é a visão da estrutura como o canal para atendimento de mercados e clientes, em todos os seus níveis. A sua visão como arranjo interno, geralmente compreendendo a estrutura de poder advinda de acordos políticos internos, em muito tem prejudicado o desempenho das organizações, impedindo a agilidade, a fluidez e a eficácia no atendimento às necessidades e satisfação dos clientes.

Um aspecto de fundamental importância do conjunto *estratégia–gestão-organização e pessoas*, é a comunicação. A mudança do conceito de comunicação, de simples canal de ligação entre pessoas para o conceito de ferramenta de compartilhamento de significados para o alcance da "ação comum" deve ser valorizada, à medida que é o que garante o alinhamento da gestão, a *cola* necessária à identificação de todos com os propósitos da organização, no nível em que a *identidade* se faz presente.

Renilda Ouro

A COMUNICAÇÃO É A BASE PARA A APRENDIZAGEM ORGANIZACIONAL

A aprendizagem organizacional, elemento totalmente vinculado à comunicação, é outro aspecto a ser expandido no sentido de uma maior compreensão, passando a fazer parte da declaração de missão e visão institucionais, quando permeia o campo da chamada gestão do conhecimento. A revalorização do conhecimento como aquilo que efetivamente diferencia uma organização da outra, pois é o ativo não copiável, destacando-se de produtos e processos que podem ser copiados numa velocidade assustadora, é um dos fatores que podem vir a garantir o nível de competência individual e organizacional que é capaz de levar a organização à *maestria*, quando o *conhecimento estratégico* deixa de ser prerrogativa do topo e passa a circular no "sangue" da organização.

> "Em meio à nossa vida cotidiana, temos de encontrar o sumo que nutre nosso espírito criativo."
>
> *Sark*

A COMPREENSÃO DO NEGÓCIO DA EMPRESA É VITAL PARA A EXCELÊNCIA DO PROCESSO

A seguir, algumas definições que têm por propósito explicitar os elementos de uma organização.

A ESTRATÉGIA identifica como a empresa se posiciona no mercado, no seu setor, diante do conjunto de outras empresas que integram esse mercado.

O MODELO DE GESTÃO expressa a estratégia empresarial, através da dinâmica de funcionamento adotada, das redes de negócio e de relações. Deve-se ainda considerar a capacidade de inovação contínua, de forma a garantir a permanência da empresa no mercado. O modelo de gestão expressa a inteligência do negócio.

O MODELO ORGANIZATIVO, também chamado de *organização ou estrutura*, expressa a maneira como os recursos e informações se consolidam nos seus diversos níveis, construindo, gradual e permanentemente, uma identidade que possibilita a sua representação, através de competências, habilidades, conhecimentos, papéis e responsabilidades.

Consideradas estas definições, o modelo de negócios adotado deve observar as competências necessárias à excelência da *performance* empresarial, no que se refere a conhecimentos específicos e às funções necessárias à sua realização.

COMO AS MUDANÇAS IMPACTARÃO ESSES ELEMENTOS?

ESTRATÉGIA

ORGANIZAÇÃO　　　　GESTÃO

PESSOAS

A COMPREENSÃO DO NEGÓCIO DA EMPRESA

CONSIDERE QUE, POR SI SÓS, A ESTRATÉGIA, A GESTÃO E A ORGANIZAÇÃO NADA FAZEM... E SIM AS PESSOAS....

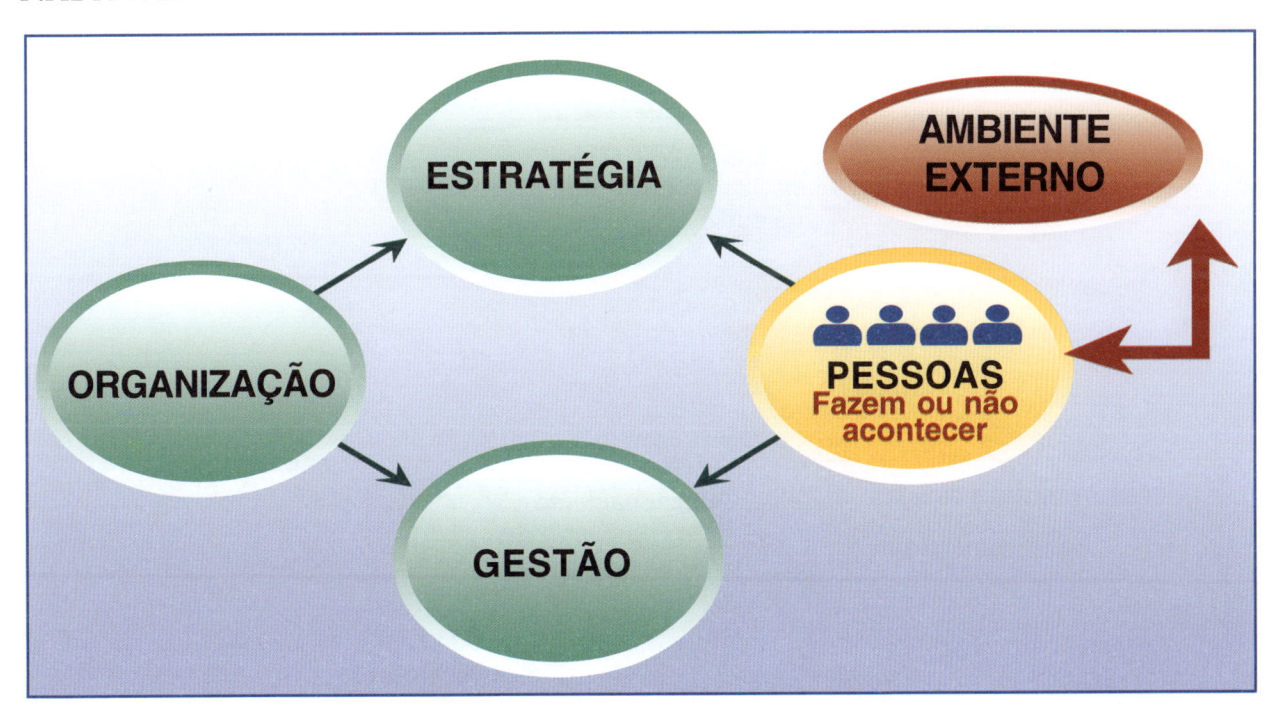

O sucesso de um empreendimento dependerá da integração e do dinamismo entre sua *estratégia*, sua *organização*, traduzida em termos de estrutura, e o modelo de *gestão* adotado, referenciais que condicionam a forma como as pessoas decidem e agem dentro de uma corporação. São eles que dão a moldura, que definem como as coisas acontecem no ambiente e como os negócios são conduzidos e realizados.

"De repente, como um diamante na terra, lá estava ela. A necessidade de um novo conceito de organização e um pequeno apoio para firmar o pé e tentar."
Dee Hock

MUDANÇA ORGANIZACIONAL - *Soluções Genéricas para Projetos*

A ESTRATÉGIA

A COMPREENSÃO DO NEGÓCIO DA EMPRESA

O entendimento da estratégia é essencial para definir o **caminho do desenvolvimento do negócio** no curto, médio e longo prazos. É a partir da sua definição que a organização se posiciona no mercado, escolhe o segmento onde vai atuar e como vai fazê-lo. Esse posicionamento é dado pelos principais *stakeholders*, os principais acionistas da organização.

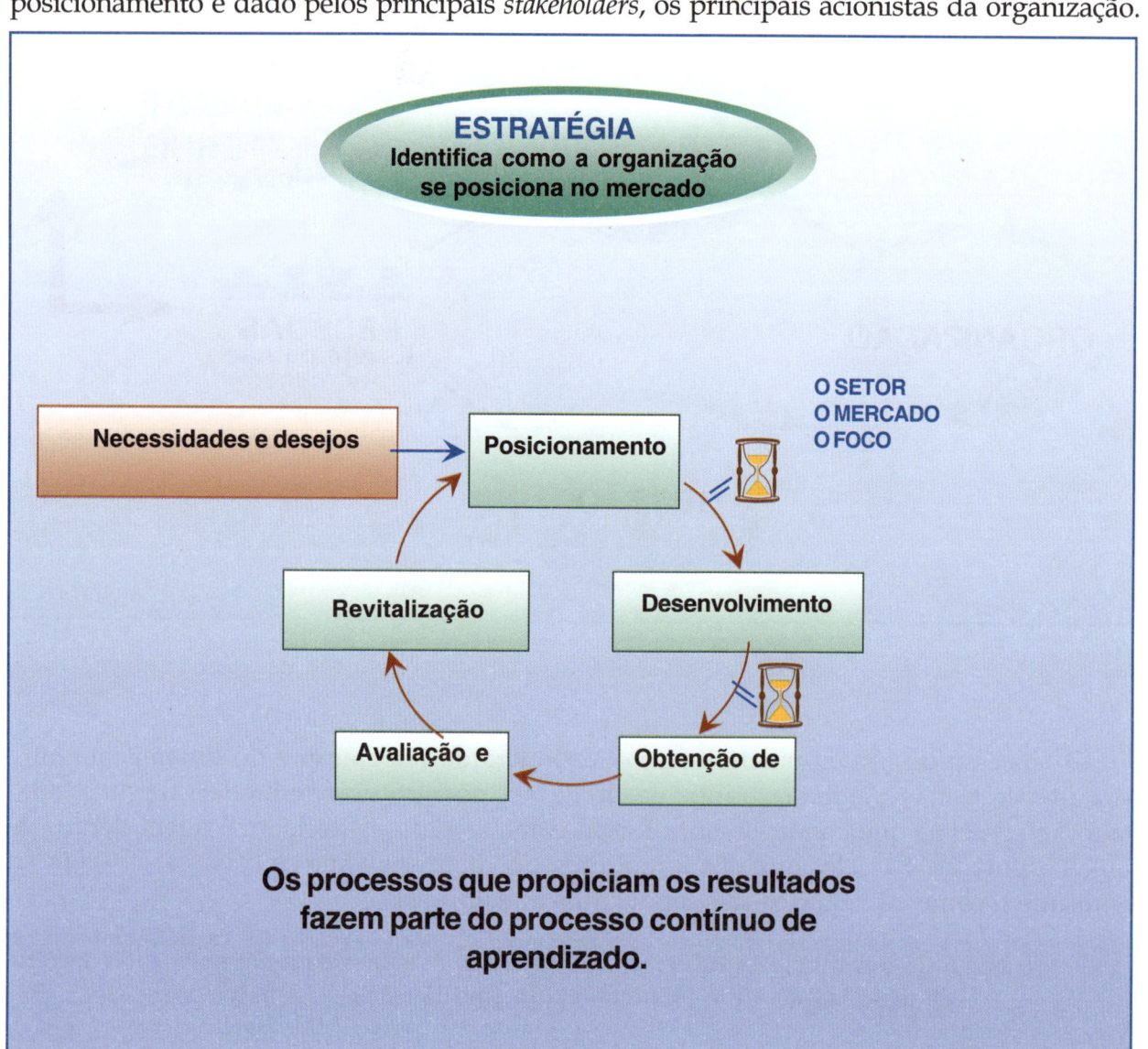

ESTRATÉGIA
Identifica como a organização se posiciona no mercado

Necessidades e desejos → Posicionamento

O SETOR
O MERCADO
O FOCO

Posicionamento → Desenvolvimento → Obtenção de → Avaliação e → Revitalização → Posicionamento

Os processos que propiciam os resultados fazem parte do processo contínuo de aprendizado.

Renilda Ouro

A GESTÃO
A COMPREENSÃO DO NEGÓCIO DA EMPRESA

O modelo de gestão é um conjunto de políticas, valores, comportamentos, relacionamentos e sistemas que garantem o alcance dos objetivos estratégicos; ele representa a gestão da organização, ou seja, o seu movimento, a sua dinâmica de funcionamento.

GESTÃO
Estabelece a dinâmica de funcionamento

Diagrama circular com quatro elementos: Modelo de Gestão → Relações externas → Ações Internas (horizontais e verticais) → Sistemas empresariais → (retorna a Modelo de Gestão).

Sistemas empresariais:
- Processo de Planejamento.
- Desdobramento de objetivos e metas.
- Acompanhamento de resultados.
- Sistema de remuneração
- Políticas de RH, comerciais, negócios, etc.
- Sistema de gestão de competências.
- Processo de comunicação
- Sistemas de informações – financeira, desempenho gerencial e execução.
- Sistema de medição e avaliação.
- Qualidade e controle.
- Inovação e novos negócios.
- Mecanismos de alocação de recursos.
- Gestão do conhecimento
- Processos vitais:
  - recrutamento,
  - seleção,
  - avaliação,
  - promoção,
  - capacitação, etc.

Modelo de Gestão:
- Visão, Missão e Valores.
- Compromissos com os atributos de satisfação dos *stakeholders*.
- Definição do negócio e seu escopo.

Relações externas:
- Articulações nos níveis: de Produtos, serviços, negócios, políticas, gestão e outras articulações com:
  - Clientes.
  - Sociedade em geral.
- Parceiros.
- Mercado.
- Associações.
- Sindicatos.
- Governo.
- Instituições financeiras
- Ongs, etc.

Ações Internas (horizontais e verticais):
- Equipes da estrutura, de projetos e sua rede de relacionamentos.
- Competências organizacionais e individuais mapeadas.
- Processos mapeados e conhecidos.
- Relações entre as diversas unidades – gestão de interfaces.
- Modelo de decisão e resolução de conflitos
- Coordenação no atendimento aos *stakeholders*.
- Comportamentos esperados.
- Estilo de liderança e práticas de grupo.

97

MUDANÇA ORGANIZACIONAL - *Soluções Genéricas para Projetos*

A ORGANIZAÇÃO
A COMPREENSÃO DO NEGÓCIO DA EMPRESA

A Organização suporta o desenvolvimento da estratégia escolhida, arrumando os recursos físicos, humanos e financeiros em conjuntos que possam representar adequadamente a gestão.

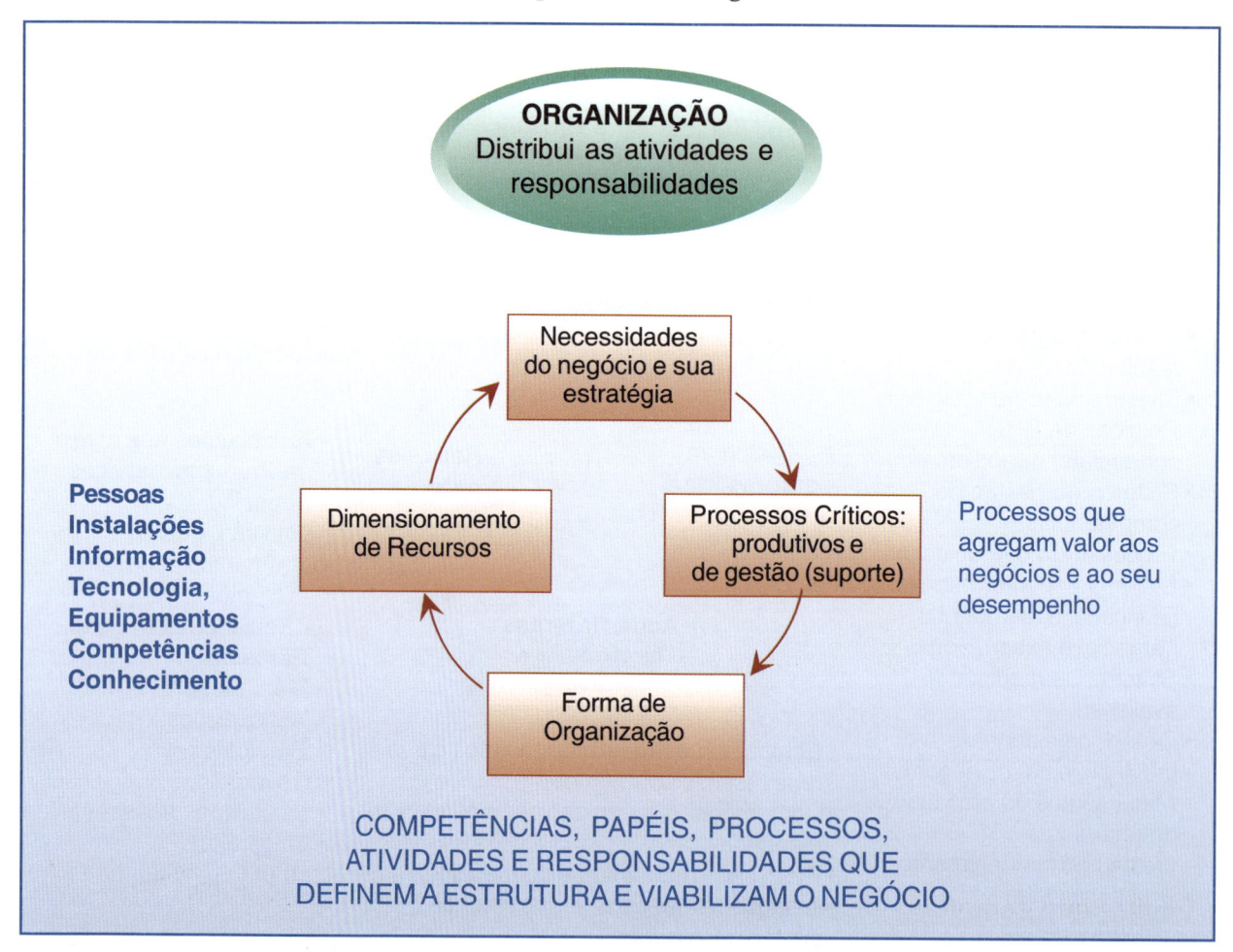

ORGANIZAÇÃO
Distribui as atividades e responsabilidades

- Necessidades do negócio e sua estratégia
- Processos Críticos: produtivos e de gestão (suporte)
- Forma de Organização
- Dimensionamento de Recursos

**Pessoas
Instalações
Informação
Tecnologia,
Equipamentos
Competências
Conhecimento**

Processos que agregam valor aos negócios e ao seu desempenho

COMPETÊNCIAS, PAPÉIS, PROCESSOS, ATIVIDADES E RESPONSABILIDADES QUE DEFINEM A ESTRUTURA E VIABILIZAM O NEGÓCIO

> "...Em redor de nós não há armadilhas e laços, nada que nos deva angustiar ou atormentar. Estamos colocados no meio da vida como no elemento que mais nos convém...Graças a um feliz mimetismo, se permanecermos calados, quase não poderemos ser distinguidos de tudo o que nos rodeia."
> *Rainer Maria Rilke*

Renilda Ouro

11. COMO GARANTIR QUE O PROJETO ESTEJA CONCEITUADO PARA A BUSCA DAS SOLUÇÕES QUE SE DESEJA ALCANÇAR?

Deve-se levantar um rol de questões que possibilitem buscar a consistência do projeto de mudança. Assim, para casos em que problemas sejam evidenciados ou casos em que se queria simplesmente uma melhoria na *performance* do negócio, algumas questões estratégicas devem ser discutidas, com o envolvimento de diferentes áreas da empresa. Sugere-se um pequeno ROTEIRO DE WORKSHOP, a ser complementado de acordo com a realidade da sua empresa, com a finalidade de ratificar e dar consistência às mudanças.

1. De onde vem a necessidade de fazer a mudança pretendida; qual sua origem?
2. Quais são as principais evidências que indicam a mudança? Existem problemas hoje observados? Em quais áreas?
3. Quais são as possíveis causas, visíveis de imediato e outras mais sutis?
4. Quais são as mudanças que poderão ser realizadas, as expectativas de criação de valor para a empresa e suas áreas de negócio?
5. Qual a visão de futuro após essas mudanças implantadas?
6. Como essas mudanças alterarão o negócio?
7. Qual o melhor momento para realizar essas mudanças?
8. Trazendo à tona experiências anteriores com projetos de mudança, que conhecimentos podem ser aplicados nessa nova situação?
9. Quais as suposições sobre as mudanças a serem feitas que garantem que os problemas-chave serão resolvidos?

> "O intelecto tem um olhar agudo para os métodos e os instrumentos, mas ele é cego para os fins e os valores."
>
> *Eistein*

MUDANÇA ORGANIZACIONAL - *Soluções Genéricas para Projetos*

UM PROCESSO DE MUDANÇA É ALGO MUITO COMPLEXO. É PRECISO DEBRUÇAR-SE SOBRE ELE PARA QUE SE TENHA A VERDADEIRA COMPREENSÃO DO QUE SIGNIFICA MUDAR, E COLETIVAMENTE!

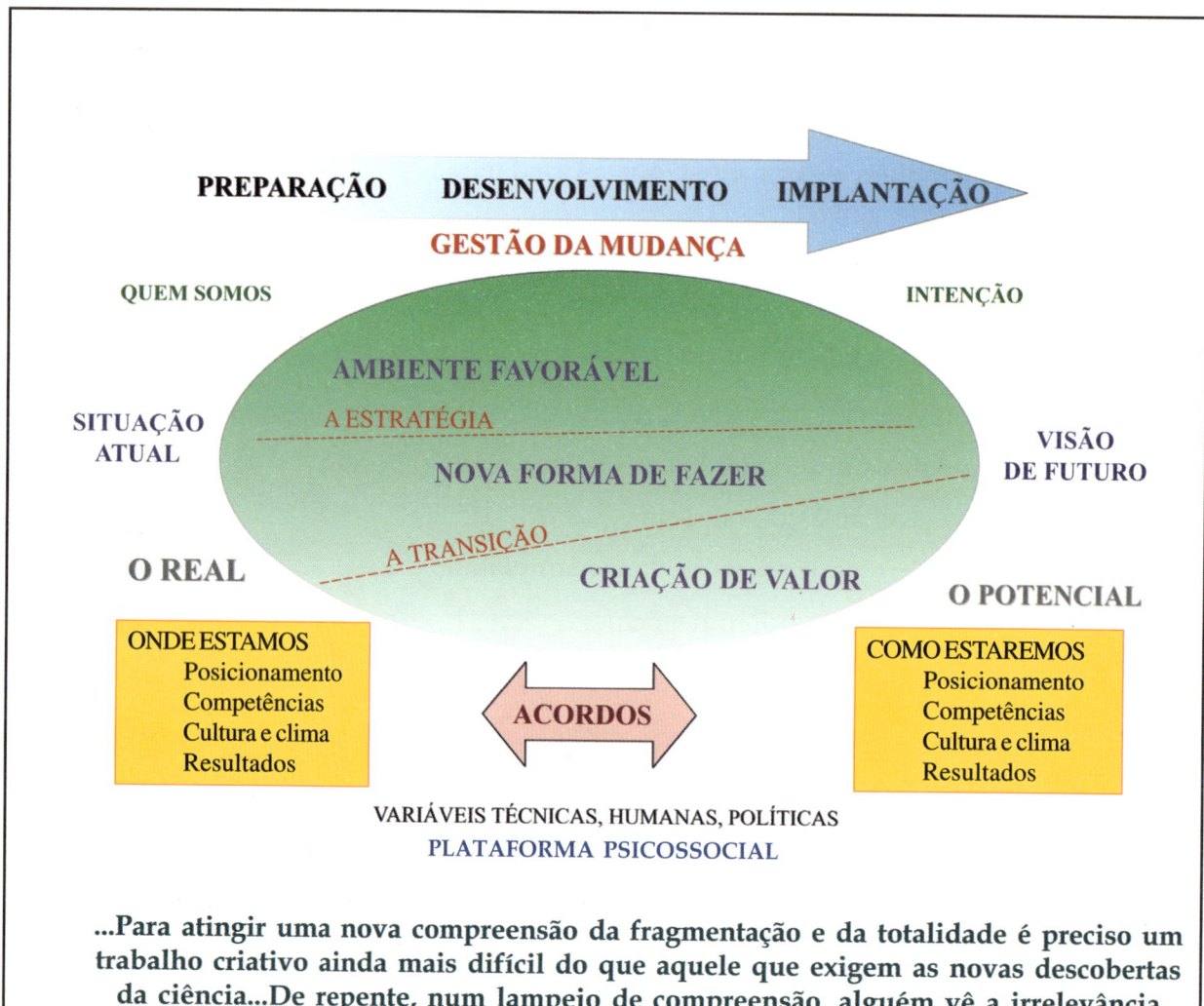

PREPARAÇÃO → DESENVOLVIMENTO → IMPLANTAÇÃO

GESTÃO DA MUDANÇA

QUEM SOMOS — INTENÇÃO

AMBIENTE FAVORÁVEL
A ESTRATÉGIA

SITUAÇÃO ATUAL — VISÃO DE FUTURO

NOVA FORMA DE FAZER

A TRANSIÇÃO

O REAL — CRIAÇÃO DE VALOR — O POTENCIAL

ONDE ESTAMOS
Posicionamento
Competências
Cultura e clima
Resultados

← ACORDOS →

COMO ESTAREMOS
Posicionamento
Competências
Cultura e clima
Resultados

VARIÁVEIS TÉCNICAS, HUMANAS, POLÍTICAS
PLATAFORMA PSICOSSOCIAL

...Para atingir uma nova compreensão da fragmentação e da totalidade é preciso um trabalho criativo ainda mais difícil do que aquele que exigem as novas descobertas da ciência...De repente, num lampejo de compreensão, alguém vê a irrelevância de toda a sua maneira de pensar...e descobre uma nova abordagem em que todos os elementos se encaixam numa nova ordem e numa nova estrutura."
David Bohn

Renilda Ouro

12. QUAIS SÃO OS MAIORES GANHOS QUE PODEM SER ESPERADOS COM AS MUDANÇAS?

Quando os primeiros sintomas da necessidade de mudar surgem, por trás dos mesmos existe alguma expectativa frustrada com relação a *resultados*. Ampliação do *market-share*, aumento da rentabilidade, do faturamento, da lucratividade, da produtividade, retenção e atração de clientes, novos negócios, tudo isso pode aparecer na base das mudanças que precisam ser feitas, como resultado delas.

Para tal, há necessidade de mudanças relacionadas ao desempenho interno, que tenham impacto em alguns desses fatores. Em essência são:

- Melhoria dos processos internos: redução de custos, comunicação, integração interna, melhoria de sistemas, alinhamento de fornecedores – internos e externos – e clientes internos, otimização de interfaces e da gestão, adequação de indicadores, melhoria de custos e sua apuração, agregação de novas competências, fusões de unidades, novas tecnologias, melhoria de serviços a clientes, entre outros.
- Mudança cultural: revisão de valores, adequação a novas realidades sociais, novos métodos de trabalho, novas competências comportamentais, adoção de perspectivas de responsabilidade social, dentre outros.
- Inovação: inserção de novos produtos ou segmentos no portfólio atual.

QUESTÃO: Que ganhos são esperados com a mudança? Liste-os.

MUDANÇA ORGANIZACIONAL - *Soluções Genéricas para Projetos*

Navegadores antigos tinham uma frase gloriosa: "Navegar é preciso, viver não é preciso".

Quero para mim o espírito desta frase, transformada a forma para a casar com o que eu sou: Viver não é necessário, o que é necessário é criar.

Não conto gozar a minha vida; nem em gozá-la penso. Só quero torná-la grande, ainda que para isso tenha de ser o meu corpo e a minha alma a lenha desse fogo.

Só quero torná-la de toda a humanidae; ainda que para isso tenha de a perder como minha. Cada vez mais assim penso. Cada vez mais ponho na essência anímica do meu sangue o propósito impessoal de engrandecer a pátria e contribuir para a evolução da humanidade.

É a forma que em mim tomou o misticismo da nossa Raça.

Fernando Pessoa

POSOLOGIA

COMO O PROJETO DEVE SER ADMINISTRADO

MUDANÇA ORGANIZACIONAL - *Soluções Genéricas para Projetos*

POSOLOGIA
Como o projeto deve ser administrado

1. Como construir e compartilhar a visão que se quer obter após a implantação das mudanças? — 105
2. Quais são as fases de um projeto de mudança? — 109
3. Como estruturar as diversas atividades que compõem o projeto de mudança? — 111
4. Como planejar o projeto de mudança? — 113
5. Qual o modelo de gerenciamento de projetos mais indicado para um projeto de mudança? — 115
6. Como garantir que o que foi planejado é o que realmente deverá ser feito? — 118
7. Será que um volume grande de informações pode prejudicar, mais do que ajudar?

Renilda Ouro

1. COMO CONSTRUIR E COMPARTILHAR A VISÃO QUE SE QUER OBTER APÓS A IMPLANTAÇÃO DAS MUDANÇAS?

É de muito valor partir-se para o empreendimento da mudança construindo uma *big picture* da situação futura, ou seja, de como estarão a empresa e seus colaboradores quando os resultados da mudança forem alcançados.

Para tal vale a pena investir num workshop, onde serão desenvolvidas dinâmicas e reflexões que levarão a construir, rever ou ratificar os seguintes pontos:

- Visão de futuro da organização, após as mudanças.
- Objetivos desdobrados da visão, relacionados às perspectivas do BSC*.
- Estratégias adequadas à realização dos objetivos e da visão.
- Priorização de objetivos, segundo critérios próprios de avaliação.
- Mapeamento de pontos para intervenção, a partir de análises de fatos e dados relacionados a "como a empresa vem se comportando para atingir esses objetivos".
- Definição de indicadores que possam medir a *performance* da empresa no que se refere às mudanças a serem efetivadas.
- Estabelecimento de metas de superação – referência interna ou *benchmarking*.
- Princípios e estratégias relevantes para satisfação dos clientes e dos *stakeholders*.
- Formatação de um plano de ação.

> "A onda é o mar-oceano manifestado, o mar-oceano que se realiza numa consciência pessoal. Há ondas que se esquecem de que são o mar-oceano manifestado. Entendem-se a si mesmas, independentes, sem referência ao mar-oceano. Há ondas que sabem que vêm do mar-oceano. São expressões do mar-oceano e voltam ao mar-oceano. Estas são felizes. Vivem a diferença. E a união na diferença."
> *Leonardo Boff*

*Balanced Scorecard.

MUDANÇA ORGANIZACIONAL - *Soluções Genéricas para Projetos*

A VISÃO irá descrever o que a organização aspira para o futuro; como ela estará quando os objetivos do projeto de mudança forem atingidos.

DESENVOLVENDO A VISÃO

A VISÃO É UM QUADRO DO SUCESSO FUTURO

QUESTÃO: Descreva como a organização pretende estar quando alcançar os objetivos da mudança.

Renilda Ouro

AS ESTRATÉGIAS SÃO OS MAPAS DA VISÃO

Visão
As estratégias devem definir o caminho para sua realização

Elas respondem à questão:

O que precisamos fazer para alcançar a VISÃO?

É preciso traçar as ESTRATÉGIAS que permitirão atingir a Visão de Futuro determinada. Isso requer o conhecimento da situação.

MUDANÇA ORGANIZACIONAL - *Soluções Genéricas para Projetos*

CONSIDERE

O FUTURO

- *Portfólio* de negócios, novos negócios e mercados → **FOCO**
- Novos Processos, aperfeiçoamentos dos existentes → **OTIMIZAÇÃO**
- *Estratégias*
  - Novas
  - Eliminadas
  - Reforçadas
  - Continuadas
  → **INOVAÇÃO**
- Adicionar valor à organização e à sociedade → **RESPONSABILIDADE**

"A equipe que ficou perfeita não começou perfeita – ela aprendeu a produzir resultados extraordinários."
Peter Senge

2. QUAIS SÃO AS FASES DE UM PROJETO DE MUDANÇA?

É indicado que o projeto de mudança seja visto como um novo empreendimento, e assim seja administrado. Pode-se classificá-lo segundo algumas fases:

- **Preparação** – onde são efetuadas todas as ações que têm por objetivo criar um ambiente favorável ao projeto, tanto no que se refere aos aspectos físicos, como aos técnicos e comportamentais.
- **Concepção** – onde são definidas as linhas mestras do projeto: propósitos, objetivos e valor a ser incorporado à organização.
- **Planejamento** – onde são determinadas as ações a serem empreendidas, considerando os recursos humanos, físicos, financeiros e tempo.
- **Desenvolvimento/implantação** – a fase efetiva de desdobramento dos planos em ações que vão, pouco a pouco, rearranjando a realidade atual, ou seja, iniciando a nova ordem que gerará a implementação final das mudanças.
- **Consolidação** – ponto a ser definido como o ponto de prontidão para a adoção das mudanças, a princípio com monitoramento, da nova realidade empresarial.

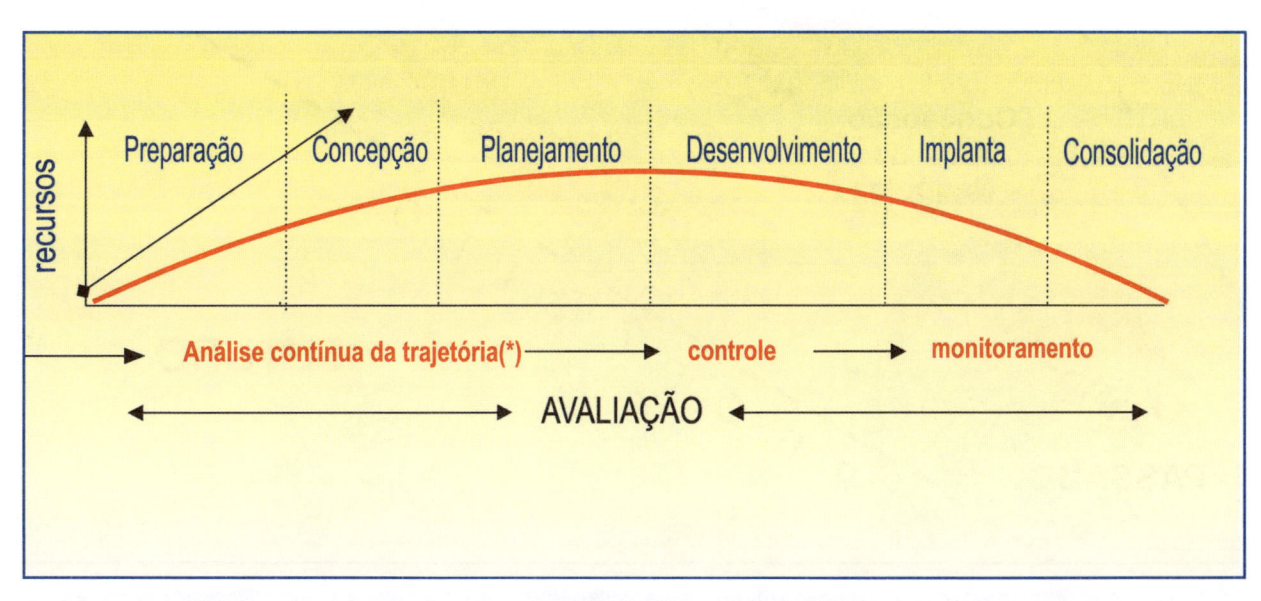

(*) Fixe algumas variáveis importantes e avalie o comportamento durante o decorrer do projeto. Defina ou redefina estratégias segundo o grau obtido na avaliação, de forma a manter o ambiente favorável às mudanças.

MUDANÇA ORGANIZACIONAL - *Soluções Genéricas para Projetos*

VISÃO DO PROCESSO DE MUDANÇA

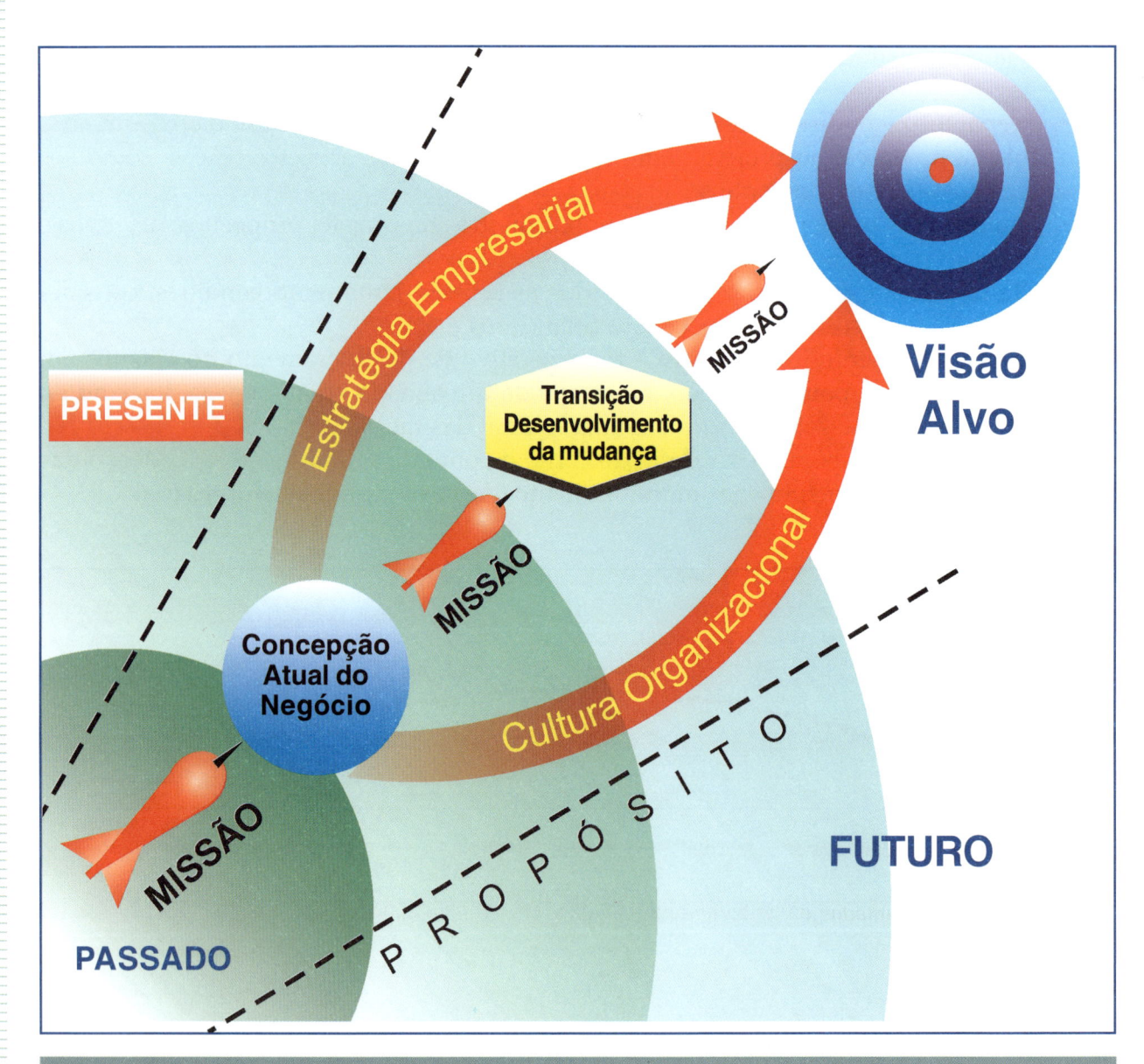

PRESENTE

Estratégia Empresarial

Transição Desenvolvimento da mudança

MISSÃO

Concepção Atual do Negócio

Cultura Organizacional

MISSÃO

Visão Alvo

PROPÓSITO

MISSÃO

PASSADO

FUTURO

"Há algumas coisas que é preciso crer para ver."
Ralph Hodgson

3. COMO ESTRUTURAR AS DIVERSAS ATIVIDADES QUE COMPÕEM O PROJETO DE MUDANÇA?

Várias atividades compõem um projeto de mudança. Para que elas sejam administráveis, sugere-se adaptar, do modelo usado pela engenharia para a estruturação de projetos, a Estrutura Analítica de Projeto, mais conhecida como EAP. Essa estrutura é uma ferramenta que organiza as diversas atividades do projeto de forma a que elas sejam administradas, nas suas diferentes fases, incluindo atividades, subprojetos e ações derivadas. O desenho a seguir exemplifica uma estrutura analítica de um projeto de mudança, onde cada módulo representa uma natureza de atividade ou subprojeto, com utilização de recursos, objetivos e metas distintos.

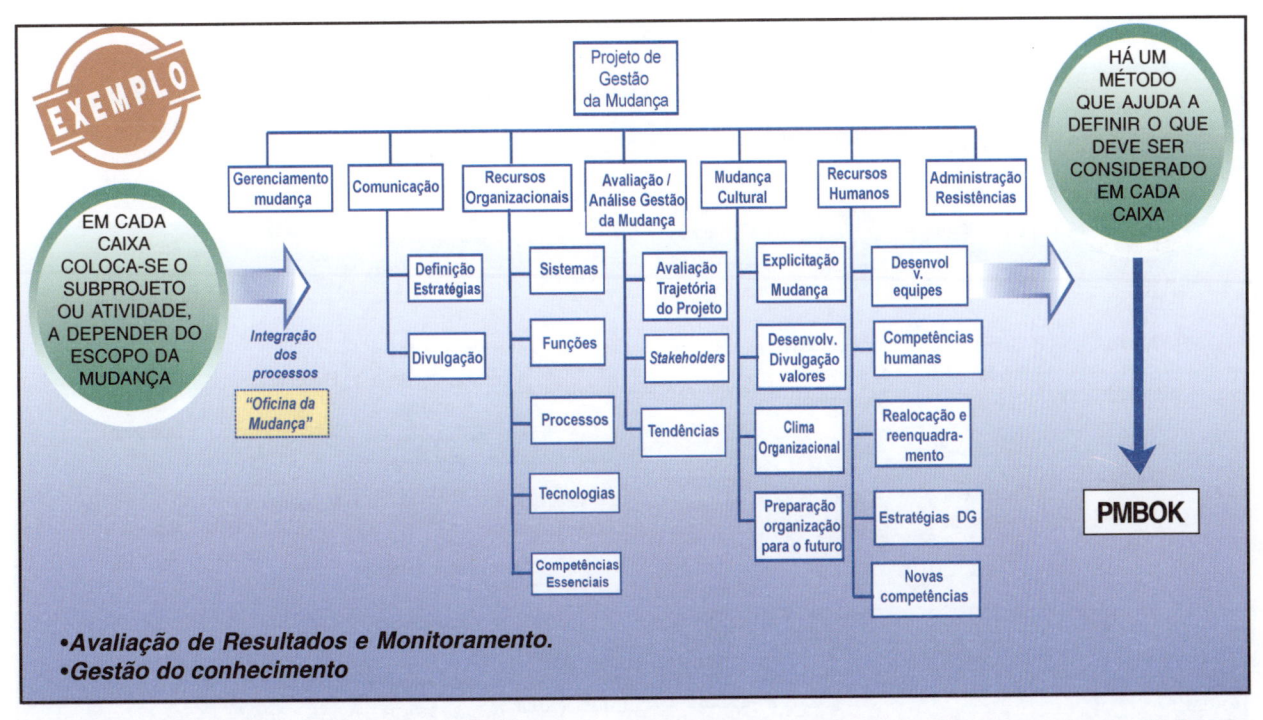

EXEMPLO

EM CADA CAIXA COLOCA-SE O SUBPROJETO OU ATIVIDADE, A DEPENDER DO ESCOPO DA MUDANÇA

Projeto de Gestão da Mudança

- Gerenciamento mudança
- Comunicação
  - Definição Estratégias
  - Divulgação
  - *Integração dos processos*
  - "Oficina da Mudança"
- Recursos Organizacionais
  - Sistemas
  - Funções
  - Processos
  - Tecnologias
  - Competências Essenciais
- Avaliação / Análise Gestão da Mudança
  - Avaliação Trajetória do Projeto
  - *Stakeholders*
  - Tendências
- Mudança Cultural
  - Explicitação Mudança
  - Desenvolv. Divulgação valores
  - Clima Organizacional
  - Preparação organização para o futuro
- Recursos Humanos
  - Desenvol. v. equipes
  - Competências humanas
  - Realocação e reenquadramento
  - Estratégias DG
  - Novas competências
- Administração Resistências

HÁ UM MÉTODO QUE AJUDA A DEFINIR O QUE DEVE SER CONSIDERADO EM CADA CAIXA → **PMBOK**

- *Avaliação de Resultados e Monitoramento.*
- *Gestão do conhecimento*

Cada atividade ou subprojeto requer administração própria e deve ser gerenciado de acordo com as *áreas de conhecimento* de projetos, que agrupam variáveis como escopo, prazos, custos, riscos e outros. A EAP facilita essa administração, pois permite que o conjunto do projeto seja dividido em partes que facilitam a sua monitoração.

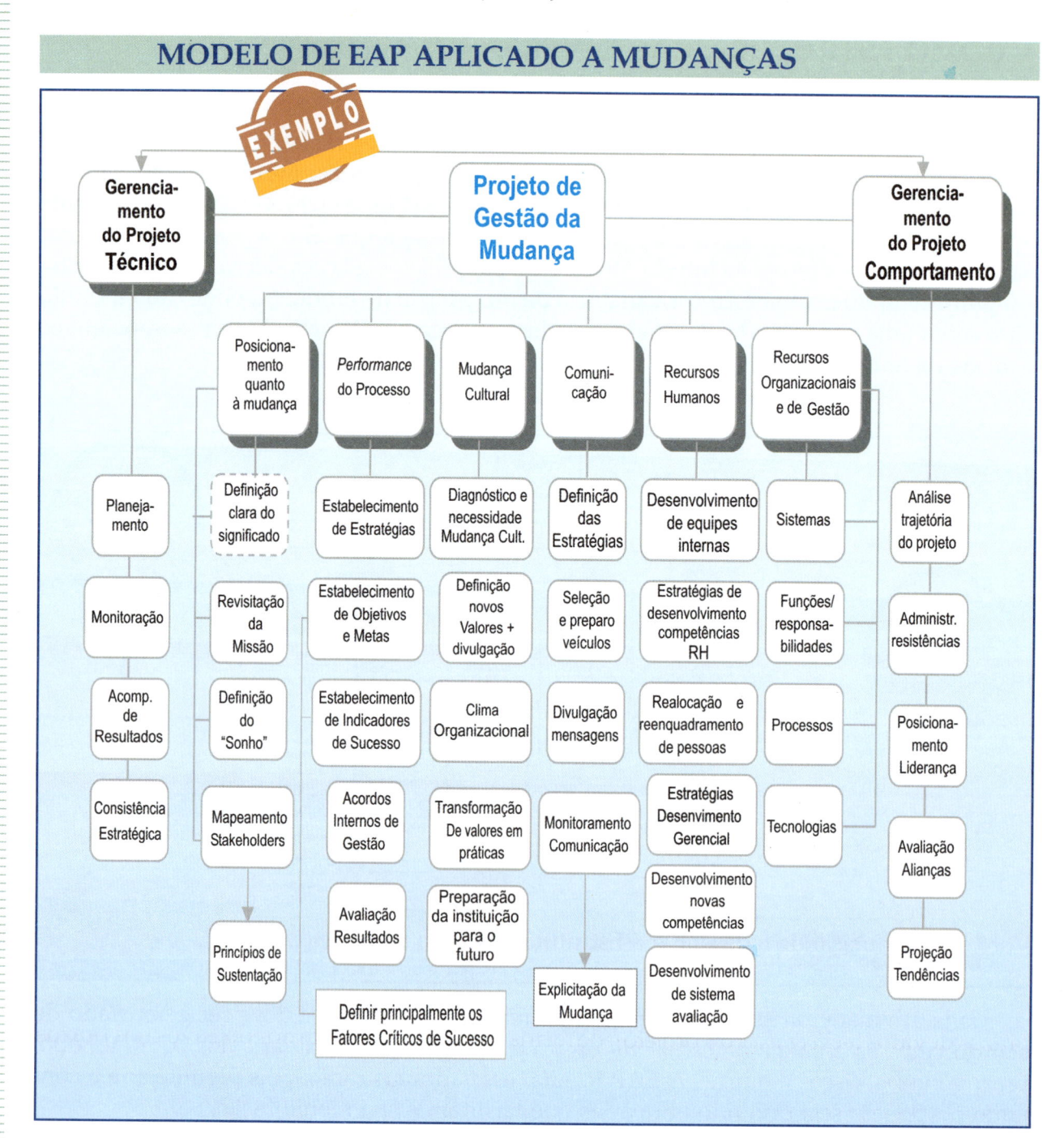

MUDANÇA ORGANIZACIONAL - *Soluções Genéricas para Projetos*

MODELO DE EAP APLICADO A MUDANÇAS

EXEMPLO

Projeto de Gestão da Mudança

- **Gerenciamento do Projeto Técnico**
  - Planejamento
  - Monitoração
  - Acomp. de Resultados
  - Consistência Estratégica

- **Posicionamento quanto à mudança**
  - Definição clara do significado
  - Revisitação da Missão
  - Definição do "Sonho"
  - Mapeamento Stakeholders
    - Princípios de Sustentação

- **Performance do Processo**
  - Estabelecimento de Estratégias
  - Estabelecimento de Objetivos e Metas
  - Estabelecimento de Indicadores de Sucesso
  - Acordos Internos de Gestão
  - Avaliação Resultados
    - Definir principalmente os Fatores Críticos de Sucesso

- **Mudança Cultural**
  - Diagnóstico e necessidade Mudança Cult.
  - Definição novos Valores + divulgação
  - Clima Organizacional
  - Transformação De valores em práticas
  - Preparação da instituição para o futuro

- **Comunicação**
  - Definição das Estratégias
  - Seleção e preparo veículos
  - Divulgação mensagens
  - Monitoramento Comunicação
    - Explicitação da Mudança

- **Recursos Humanos**
  - Desenvolvimento de equipes internas
  - Estratégias de desenvolvimento competências RH
  - Realocação e reenquadramento de pessoas
  - Estratégias Desenvimento Gerencial
  - Desenvolvimento novas competências
  - Desenvolvimento de sistema avaliação

- **Recursos Organizacionais e de Gestão**
  - Sistemas
  - Funções/responsabilidades
  - Processos
  - Tecnologias

- **Gerenciamento do Projeto Comportamento**
  - Análise trajetória do projeto
  - Administr. resistências
  - Posicionamento Liderança
  - Avaliação Alianças
  - Projeção Tendências

112

4. COMO PLANEJAR O PROJETO DE MUDANÇA?

Planejar o projeto de mudança significa arranjar, da melhor forma possível, as atividades a serem desenvolvidas. O planejamento do projeto não é algo para ser feito e dado por acabado. Monitorá-lo, visando à sua constante atualização, observar o progresso da equipe e acompanhar adequadamente o plano do projeto devem ser tarefas constantes da sua gerência. Um *software* de gerenciamento de projetos pode ser útil; há diversos padrões que ajudam a planejar, organizar e controlar projetos.

Organize o plano geral do projeto, passo a passo:

1º Passo – Determine os fatores condicionantes, ou seja, as condições precisas e reais para que o projeto seja desenvolvido e finalizado. Para tal, é necessário estar absolutamente claro quais são os seus objetivos, pois, sem isso, não se pode estimar absolutamente nada. Certifique-se de que a liderança/gerência do projeto e sua equipe estejam devidamente instituídas.

2º Passo – Providencie o inventário de todo o trabalho que deverá ser feito, sempre tendo por base a estimativa de tempo necessário, considerando um único membro da equipe. Faça uma reunião com toda a equipe para fazer essa estimativa. Determine as grandes tarefas – atividades e subprojetos – a serem executadas, de acordo com a sua natureza, dentro do escopo do seu projeto – Não há uma receita para isso; o ideal é usar o conhecimento sobre a organização e avaliar as melhores opções com relação ao que deverá ser trabalhado especificamente, considerando importância estratégica, abrangência, dificuldade, impacto, experiências anteriores na empresa, dentre outros fatores importantes para a realidade do projeto.

3º Passo – Considere as tarefas que gastarão muito tempo, e que possam ser difíceis; use o bom senso e a experiência para tal. Quebre essas tarefas, desdobrando-as em outras menores. Você estará começando a desenhar a Estrutura Analítica do Projeto.

4º Passo – Liste os "produtos" a serem entregues durante o decorrer do projeto, indicando os prazos devidos (*deliverables* do projeto), de forma a garantir o alcance dos objetivos nos prazos estabelecidos. Defina-os já considerando a EAP, mesmo que os objetivos ainda não estejam claros ou definidos no nível de detalhe desejável. O foco é o produto a entregar.

MUDANÇA ORGANIZACIONAL - *Soluções Genéricas para Projetos*

5º Passo – Identifique os recursos necessários a cada tarefa, considerando senso de urgência e custos: recursos humanos, físicos e financeiros. Faça uma avaliação de custo-benefício e modifique o que for necessário, em função disso. Aplique o método do tempo reverso, ou seja, estabeleça a data final primeiramente, recuando até obter a data que deverá ser considerada a inicial, observado o tempo que a tarefa exigirá (*bottom-up*).

6º Passo – Defina as interdependências entre tarefas, considerando que algumas são condicionantes de outras. Pense numa rede de precedência (PERT) para organizar o projeto. Procure definir os tempos mínimos e máximos para cada tarefa e se quiser, defina o caminho crítico, considerado aquele caracterizado entre a primeira e a última tarefa do projeto, na perspectiva dos tempos mínimos, e o arranjo das atividades no caminho que leva à conclusão do projeto. Complete a estrutura analítica do projeto, com seus subprojetos e atividades.

7º Passo – Determine o cronograma depois de estabelecer acordos internos com relação as datas de início e desenvolvimento. Defina junto aos executivos as épocas de avaliação, de forma a garantir o comprometimento e realinhar estratégias.

8º Passo – Detalhe o plano de comunicação inicial, garantindo a participação dos executivos nos eventos presenciais e sua credencial quando na utilização de outros instrumentos (jornais internos, mídia eletrônica etc.).

9º Passo – Antecipe a avaliação de riscos do projeto: faça um *brainstorming* junto com a equipe e procure mapear possíveis desafios. Considere, desde já, estratégias alternativas. Você deve estar preparado para aplicação de um "plano B".

5. QUAL O MODELO DE GERENCIAMENTO DE PROJETOS MAIS INDICADO PARA UM PROJETO DE MUDANÇA?

Já foi visto que o projeto pode ser estruturado utilizando-se a Estrutura Analítica de Projeto – EAP. A depender do seu nível de complexidade, podem ser escolhidos métodos de gerenciamento mais ou menos sofisticados. O modelo aqui adotado é o do PMBOK – *Project Management Body of Knowledge*. A partir da estruturação do projeto, numa estrutura analítica detalhada na medida das atividades ou subprojetos a serem desenvolvidos, a classificação por *área de conhecimento* objetiva o seu controle e monitoração, de forma a não comprometer os resultados finais. As atividades e/ou subprojetos considerados na estrutura analítica serão monitorados considerando as *áreas de conhecimento,* como definidas no PMBOK.

LEMBRE-SE: UMA BOA ESTRATÉGIA POSSIBILITA VENCER DESAFIOS IMAGINADOS COMO INTRANSPONÍVEIS

MUDANÇA ORGANIZACIONAL - *Soluções Genéricas para Projetos*

O MODELO DE GERENCIAMENTO DE PROJETOS DO PMBOK

A seguir encontram-se as áreas de conhecimento de projetos e a sua abrangência, ou seja, como são aplicadas no projeto, como sugerido pelo PMI. Esse modelo deverá estar condicionado à complexidade do projeto e é destinado para aplicação em cada uma das *caixinhas* definidas dentro da EAP.

ÁREA DE CONHECIMENTO	ABRANGÊNCIA
1• GERÊNCIA DE ESCOPO	Definição de "o que fazer" e sua organização na estrutura do projeto (EAP)
2• GERÊNCIA DE TEMPO	Cronograma, definição e estimativa de duração das atividades
3• GERÊNCIA DE CUSTO	Estimativa de uso de recursos; orçamentação
4• GERÊNCIA DE QUALIDADE	Definição, garantia e controle da qualidade
5• GERÊNCIA DE RECURSOS HUMANOS	Papéis e responsabilidades, sistema de recompensas; motivação da equipe
6• GERÊNCIA DE COMUNICAÇÕES	Plano de comunicação, disseminação, feedback
7• GERÊNCIA DE RISCOS	Minimização de riscos e maximização de eventos positivos
8• GERÊNCIA DE AQUISIÇÕES	Plano de aquisições de bens e serviços externos
9• GERÊNCIA DE INTEGRAÇÃO DE PROJETOS	Elaboração do plano do projeto; integração de todas as atividades; controle integrado

Renilda Ouro

CONHEÇA MAIS UM POUCO SOBRE O PMBOK

O PMBOK – *Project Management Body Of Knowledge* –, é um padrão definido na gerência de projetos, desenvolvido pelo Project Management Institute – PMI. O modelo tem sido amplamente aceito, inicialmente pela indústria e depois por outros setores do mercado, em função de demandas e da conseqüente adaptação das técnicas empregadas, de acordo com as diversas naturezas dos projetos. Sua utilização em projetos de mudança requer a devida customização, já que tradicionalmente ele foi desenvolvido para projetos de engenharia.

O propósito do PMBOK é disponibilizar conhecimentos tidos como relevantes para o gerenciamento de projetos, sendo aplicáveis para a maior parte dos projetos na maior parte do tempo. Tem como uma das vantagens promover a unificação da linguagem no que se refere à gestão de projetos, facilitando a comunicação entre todos os atores envolvidos. É importante que cada subprojeto ou atividade constante da EAP seja filtrado segundo cada uma dessas áreas de conhecimento de projetos, e seja gerenciado de acordo com as características que definem cada uma delas.

PUXA EU ACHEI QUE ERA UMA "CAIXA" CHEIA DE GERENTES DE PROJETOS PRA EU ESCOLHER!...

"Os frutos do esforço intelectual, conjuntamente com o esforço em si mesmo e em cooperação com a atividade criadora do artista, doam à vida conteúdo e significado."
Einstein

MUDANÇA ORGANIZACIONAL - *Soluções Genéricas para Projetos*

6. COMO GARANTIR QUE O QUE FOI PLANEJADO É O QUE REALMENTE DEVERÁ SER FEITO?

A maneira mais simples de checar e ratificar o que foi planejado é trabalhar a partir de algumas perguntas-chave que servem de plataforma de análise para se "bater o martelo" em cima do que está sendo formatado como plano do projeto. Depois de definidos os macrobjetivos da mudança e construída a visão de futuro, antes de partir para os desdobramentos, que serão feitos depois da aplicação das técnicas do *Balanced Scorecard*, é necessário aprofundar a investigação sobre o conteúdo do projeto. Para tal sugere-se utilizar o método mais simples possível: perguntas diretas que possibilitam fazer um *checklist* do escopo do projeto.

POR QUE?
O QUE?
COMO?
QUANDO?
ONDE?
QUEM?
QUANTO?
E SE..?

EU, HEIM! ESSE DOUTOR TEM SÍNDROME DE DETETIVE!...

QUESTÃO: Discuta e responda os quesitos constantes desse bloco a seguir.

Renilda Ouro

POR QUE FAZER A MUDANÇA?

Considerando todos os elementos que já foram elaborados como bases para o projeto, é necessário agora consolidá-los, de forma a que eles possam servir de diretrizes para as mudanças. É hora de ratificar os motivos e os objetivos da mudança junto à equipe do projeto e dos outros participantes. Portanto, esteja certo sobre:

- Principais razões para o projeto.
- Situação desejada após a implantação do projeto.
- Fatores críticos de sucesso.
- Objetivos que o projeto espera alcançar, de curto, médio e longo prazos.
- Indicadores para medição dos resultados.
- Principais desafios a serem solucionados.

O QUE É A MUDANÇA

É preciso prestar a atenção a alguns aspectos, para se ter a certeza do que será feito; observe:

- Mudanças que devem ser feitas
- Mapeamento do que ficará obsoleto a partir das mudanças.
- Novos parâmetros esperados.
- Requisitos e condicionantes para implementar o projeto.
- Constrangimento e desafios inerentes ao projeto.
- Produtos e subprodutos esperados.
- Outras mudanças complementares requeridas após o projeto.
- Impactos no desempenho atual: considerar clientes, processos internos, sistemas, resultados econômico-financeiros e pessoas, com referências aos níveis de competência necessários.

..CÁRCERE E PRISÃO SÃO SINÔNIMOS... POR QUE CARCEREIRO E PRISIONEIRO NÃO SÃO?

COMO SERÁ DESENVOLVIDA?

Considere a questão tática e estratégica, procurando definir como cada um dos itens a seguir será conceituado e desenvolvido:

- Estrutura administrativa do projeto.
- Aplicativos e sistemas a serem utilizados.
- Estratégias de comunicação e ferramental necessário.
- Plano de contratações e aquisições.
- Metodologia a ser aplicada às diversas fases do projeto.
- Definição da qualidade do que será produzido e bases para sua avaliação.
- Controle e acompanhamento do projeto.
- Estratégias para preparar e desenvolver a mudança.
- Acordos com *stakeholders*.
- Estratégias de implantação do projeto.

PROCURE OBSERVAR AS CONEXÕES EXISTENTES ENTRE VARIÁVEIS QUE POR VEZES PARECEM NÃO TER QUALQUER CONEXÃO – ESTABELEÇA E UTILIZE REDES DE RELAÇÕES COM FOCO NO PROJETO QUE ESTÁ SENDO DESENVOLVIDO.

"Nenhuma tarefa, executada corretamente, é realmente particular. É parte do trabalho do mundo."

Woodrow Wilson

QUANDO ACONTECERÁ?

Datas são importantes. É recomendável fazer uso do método de planejamento do projeto. Veja também "Como planejar um projeto de mudança".

- Épocas para conclusão das diversas fases do projeto e suas interseções.
- Marcos do projeto, ou seja, épocas em que serão feitas a avaliação, a análise da trajetória, a aplicação dos indicadores de ganhos, a análise da ambiência, dentre outros.
- Agenda de implementação.
- Agenda de comunicação, considerando as estratégias a serem utilizadas, as ferramentas, os conteúdos e os meios.
- Reuniões de tomada de decisões e alinhamentos.
- Primeiros resultados, evidenciados por ganhos de curto prazos e projeções de médio prazo.

ONDE SERÁ APLICADA?

A escolha das áreas é algo muito estratégico, portanto, requer decisões acertadas. Dela vai depender a maior ou menor facilidade de implantação das mudanças. Observe a possibilidade de definição de:

- Projeto piloto.
- Áreas geográficas específicas para implantação inicial.
- Unidades funcionais ou de negócios, para implantação inicial.
- Pólos de implantação.
- Prioridade de áreas considerando os impactos das mudanças.
- Prioridade pela facilidade de implementação.
- Prioridade pela pressão ambiental ou gerencial.
- Prioridade pela necessidade de mudança de performance imediata.

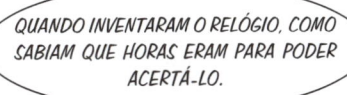

MUDANÇA ORGANIZACIONAL - *Soluções Genéricas para Projetos*

QUEM É QUEM NO PROCESSO DE MUDANÇA

Para garantir o sucesso do projeto é preciso definir a participação em vários níveis:

- Como os executivos, gerentes, supervisores, colaboradores e usuários participam do projeto?
- Quem são os patrocinadores, os padrinhos, a equipe do projeto, os usuários, os grupos afetados?
- Quem são os aliados e onde estão as resistências?
- Quem são os maiores impactados na organização e qual a sua participação?
- Quais são as expectativas dos *stakeholders* com relação à mudança?
- Quem são os formadores de opinião e multiplicadores?
- Quais são as lideranças "locais"?
- Que clientes, fornecedores e/ou parceiros serão afetados?

QUANTO CUSTARÁ?

É necessário verificar com muita atenção esse item, pois dele depende a qualidade no desenvolvimento do projeto.

- Orçamentação – físico-financeira.
- Instrumentos para acompanhamento e análises financeiras.
- Avaliação de custos vs. benefícios no decorrer do projeto.
- Consideração de riscos e retornos.
- Viabilidade de revisão dos planos.
- Determinação de prioridades no uso de recursos externos.
- Fatores de custos psicológicos e curvas de aprendizados.
- Disposição para "pagar o preço".
- Possibilidades de investimentos em recursos internos e externos e seus impactos nos resultados.

Renilda Ouro

E SE... NÃO ACONTECER COMO PREVISTO?

Desde o início considere que nada do que foi previsto irá acontecer. Para evitar grandes transtornos, pois não é muito comum as pessoas gostarem de lidar com o imprevisto, durante o planejamento e no decorrer do projeto:

- Proceda à avaliação de tendências com base em retrospectiva histórica, principalmente com relação à facilidade de implementação e alinhamento interno.
- Avalie a trajetória do projeto, de forma pontual, de acordo com marcos estabelecidos.
- Elabore planos de contingência.
- Tenha muita atenção a aspectos psicossociais.
- Administre os *stakeholders* durante todo o tempo.
- Defina premissas para desenvolvimento do projeto que servirão como apoio, mesmo em situação de contingência.
- Mantenha o direcionamento atento à concordância com a Visão de Futuro.

MUDANÇA ORGANIZACIONAL - *Soluções Genéricas para Projetos*

A TRANSIÇÃO DE UM ESTÁGIO A OUTRO É UM PROCESSO TÍPICO DE APRENDIZADO INDIVIDUAL E COLETIVO, EM QUE DEVE HAVER ENCORAJAMENTO PARA ADOÇÃO DE NOVOS COMPORTAMENTOS. É NECESSÁRIO CONSOLIDAR O PROCESSO, TRADUZINDO-O EM VISÃO DO FUTURO, FATORES DE SUCESSO, OBJETIVOS E ESTRATÉGIAS.

"Ser livre é ser virtuoso, sábio, justo e comedido, cuidadoso com o que é seu, abstinente do que é do outro e portanto magnânimo e corajoso...Ser o oposto disso é ser escravo... Uma nação incapaz de se governar e de se organizar, que se entregou à escravidão da própria avidez, está entregue, contra a vontade, a outros senhores e, queira ou não, é obrigada a servir."

John Milton

7. SERÁ QUE UM VOLUME GRANDE DE INFORMAÇÕES PODE PREJUDICAR, MAIS DO QUE AJUDAR?

É preciso ter sempre o cuidado de fazer a seleção adequada e saber a hora de dizer: "Basta, já é suficiente". Num projeto de mudança, é interessante ter algumas dicas e informações, sob a forma de lembrete, ou como um *check-list*. Desse modo fica mais fácil considerar o que é relevante para a natureza do projeto, para a cultura e para o ambiente organizacional. A relação a seguir resume muito do que já foi visto até agora.

- Consideração do impacto nos negócios atuais: clientes, fornecedores, parceiros etc.
- Consideração da cultura da organização e seu poder de absorção de mudanças.
- Efetivação de parcerias estratégicas para realização de ganhos de curto prazo – motivadores da mudança.
- Alinhamento total entre liderança, equipes, usuários e outros projetos.
- Mapeamento dos *stakeholders* nos aspectos relevantes para a mudança e criação de expectativas realísticas sobre os resultados do projeto.
- Efetivação e divulgação de resultados concretos do novo processo: metas de curto, médio e longo prazos.
- Explicitação da metodologia de gerenciamento considerando o senso de urgência real.
- Capacitação das pessoas-chave em aspectos técnicos e humanos, considerando a *organização psicossocial.*
- Incentivos financeiros e funcionais relacionados aos agentes da mudança.
- Preparação de todos os executivos e gerentes para suporte em todos os níveis.
- Mudanças de atitudes dos gerentes e executivos, que representem novos estilos de gestão, se isso fizer parte do escopo do projeto.
- Total compreensão dos propósitos e conhecimento da dinâmica da empresa.
- Definição de marcos de avaliação de ganhos, atingimento de metas e trajetória.
- Avaliação dos impactos das ações e decisões no todo da empresa;
- Obrigatoriedade de criação de valor e utilização de métricas que permitam avaliar a mudança e o que ela agregou.
- Observação do apresentado no capítulo INDICAÇÕES – A lógica da vida e algumas questões para as organizações.

MUDANÇA ORGANIZACIONAL - *Soluções Genéricas para Projetos*

VERIFIQUE SEMPRE EM QUE DOSES A MUDANÇA É INDICADA A VOCÊ. NÃO JOGUE SUA ENERGIA FORA!

> "Tal como toda ciência, a nova transdisciplinaridade jamais irá veicular certezas absolutas, mas através de um permanente questionamento do "real", levará à elaboração de um enfoque aberto, em permanente evolução, nutrindo-se de todos os conhecimentos humanos e recolocando o homem no centro das preocupações do homem."
>
> *Basarab Nicolescu*

COMPOSIÇÃO

O DESDOBRAMENTO DO PROJETO UTILIZANDO O BALANCED SCORECARD

MUDANÇA ORGANIZACIONAL - *Soluções Genéricas para Projetos*

COMPOSIÇÃO
O desdobramento do projeto utilizando o Balanced Scorecard

1. Como verificar a consistência entre as ações previstas pelo projeto e os resultados a serem alcançados? **129**
2. Quais os ganhos efetivos ao se utilizar a metodologia baseada no Balanced Scorecard? **131**
3. Pode-se dizer que um processo de mudança tem metabolismo próprio? **132**
4. Esse metabolismo por si só garante os ganhos esperados? **133**
5. Considerando o método BSC, como especificar *Resultado econômico-financeiro*? **137**
6. Considerando o método BSC, como especificar a perspectiva Clientes? **139**
7. Como especificar a perspectiva Processos Internos? **141**
8. Como especificar a perspectiva Aprendizagem e Crescimento das pessoas e da organização? **143**
9. Como considerar no projeto de mudança a perspectiva Responsabilidade Social? **145**

1. COMO VERIFICAR A CONSISTÊNCIA ENTRE AS AÇÕES PREVISTAS PELO PROJETO E OS RESULTADOS A SEREM ALCANÇADOS?

A organização não pode perder de vista os objetivos da mudança, sob pena de não realizar a visão de futuro que começa a ser construída. Dessa forma, é importante considerar o escopo das mudanças nas diversas perspectivas que caracterizam o método de definição de objetivos e seus desdobramentos, aqui empregado: o método denominado *Balanced Scorecard – BSC*.

Para verificar a consistência entre o que o projeto prevê e a realidade organizacional, pode ser produtivo avaliar as seguintes questões:

A. Considerando o escopo da mudança, quais os resultados e ganhos esperados após a implantação das ações, em termos quantitativos e qualitativos? Tenha por referência a visão de futuro já construída.

B. Tomando como base os ganhos esperados, a qual das perspectivas do método *Balanced Scorecard* eles se relacionam?
- Resultados econômico-financeiros.
- Clientes.
- Processos internos.
- Aprendizagem e crescimento da organização e das pessoas.
- Responsabilidade social.

C. Tendo ainda os ganhos esperados por base, que impacto eles terão e em qual (is) perspectiva(s)? Avalie, considerando o que se espera agregar em cada uma delas sempre à luz do que contribuem para a construção da visão de futuro da organização.

MAPEAR OS PONTOS DE INTERVENÇÃO DA MUDANÇA É CONDIÇÃO SINGULAR PARA O SUCESSO DOS SEUS RESULTADOS.

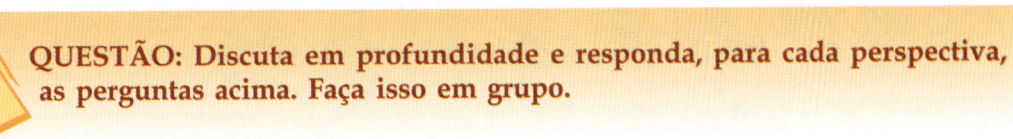

QUESTÃO: Discuta em profundidade e responda, para cada perspectiva, as perguntas acima. Faça isso em grupo.

MUDANÇA ORGANIZACIONAL - *Soluções Genéricas para Projetos*

A GESTÃO E AS PERSPECTIVAS DO BSC

VISÃO DE CLIENTES

VISÃO DE RESULTADOS

RESPONSABILIDADE SOCIAL

VISÃO DE PROCESSOS INTERNOS

VISÃO DE CRESCIMENTO

ESTRATÉGIA, GESTÃO, ORGANIZAÇÃO, PESSOAS...

Renilda Ouro

1. COMO VERIFICAR A CONSISTÊNCIA ENTRE AS AÇÕES PREVISTAS PELO PROJETO E OS RESULTADOS A SEREM ALCANÇADOS?

A organização não pode perder de vista os objetivos da mudança, sob pena de não realizar a visão de futuro que começa a ser construída. Dessa forma, é importante considerar o escopo das mudanças nas diversas perspectivas que caracterizam o método de definição de objetivos e seus desdobramentos, aqui empregado: o método denominado *Balanced Scorecard – BSC*.

Para verificar a consistência entre o que o projeto prevê e a realidade organizacional, pode ser produtivo avaliar as seguintes questões:

A. Considerando o escopo da mudança, quais os resultados e ganhos esperados após a implantação das ações, em termos quantitativos e qualitativos? Tenha por referência a visão de futuro já construída.

B. Tomando como base os ganhos esperados, a qual das perspectivas do método *Balanced Scorecard* eles se relacionam?
- Resultados econômico-financeiros.
- Clientes.
- Processos internos.
- Aprendizagem e crescimento da organização e das pessoas.
- Responsabilidade social.

C. Tendo ainda os ganhos esperados por base, que impacto eles terão e em qual (is) perspectiva(s)? Avalie, considerando o que se espera agregar em cada uma delas sempre à luz do que contribuem para a construção da visão de futuro da organização.

MAPEAR OS PONTOS DE INTERVENÇÃO DA MUDANÇA É CONDIÇÃO SINGULAR PARA O SUCESSO DOS SEUS RESULTADOS.

QUESTÃO: Discuta em profundidade e responda, para cada perspectiva, as perguntas acima. Faça isso em grupo.

MUDANÇA ORGANIZACIONAL - *Soluções Genéricas para Projetos*

A GESTÃO E AS PERSPECTIVAS DO BSC

VISÃO DE CLIENTES	**VISÃO DE RESULTADOS**

RESPONSABILIDADE SOCIAL

VISÃO DE PROCESSOS INTERNOS	**VISÃO DE CRESCIMENTO**

ESTRATÉGIA, GESTÃO, ORGANIZAÇÃO, PESSOAS...

Renilda Ouro

2. QUAIS OS GANHOS EFETIVOS AO SE UTILIZAR A METODOLOGIA BASEADA NO BSC?

A aplicação da metodologia baseada no modelo do *Balanced Scorecard* ajuda no processo de conhecimento dos pontos que podem estar interferindo na situação atual, e que estarão sujeitos a mudanças, como já foi visto. Além disso, o BSC ajuda na definição dos objetivos e seus desdobramentos, numa visão integrada, sem deixar nada do lado de fora, em função da sua ótica estruturada por perspectivas que se complementam.

Porém, vale a pena registrar que o BSC é aqui utilizado como um método de gestão, mais do que um sistema de medidas, como é a sua origem. Sua aplicação destina-se à definição de estratégias para *propósitos de curto, médio e longo prazos*. O seu foco é o alinhamento da organização, dos indivíduos e das iniciativas, de maneira tal que possam ser identificados pontos de intervenção que levem a empresa a reconhecer *o que deve ser feito e o que não deve*, a partir da avaliação dos impactos de ações em cada uma das perspectivas.

Para tal, toma-se como base a visão de futuro, ou seja, onde se quer chegar, traduzindo-a em objetivos desdobrados até o nível individual, se necessário, sintetizando todo o processo de mudança da empresa, e ainda facilitando sua comunicação. Assim, pode-se dizer que é essa visão que deflagrará o processo das mudanças a serem realizadas.

O METABOLISMO DOS PROCESSOS DE MUDANÇA DAR-SE-Á A PARTIR DO MAPEAMENTO E ANÁLISE DOS PRINCÍPIOS QUE CARACTERIZAM CADA UMA DAS PERSPECTIVAS.

MUDANÇA ORGANIZACIONAL - *Soluções Genéricas para Projetos*

3. PODE-SE DIZER QUE UM PROCESSO DE MUDANÇA TEM METABOLISMO PRÓPRIO?

Chamamos de metabolismo porque o projeto significa um conjunto de transformações de natureza quase molecular, no organismo empresarial. Para decidir aplicar o método BSC com segurança é importante conhecer sua potencialidade na gestão dos projetos de mudança. A figura abaixo mostra como uma intervenção numa perspectiva afeta a outra.

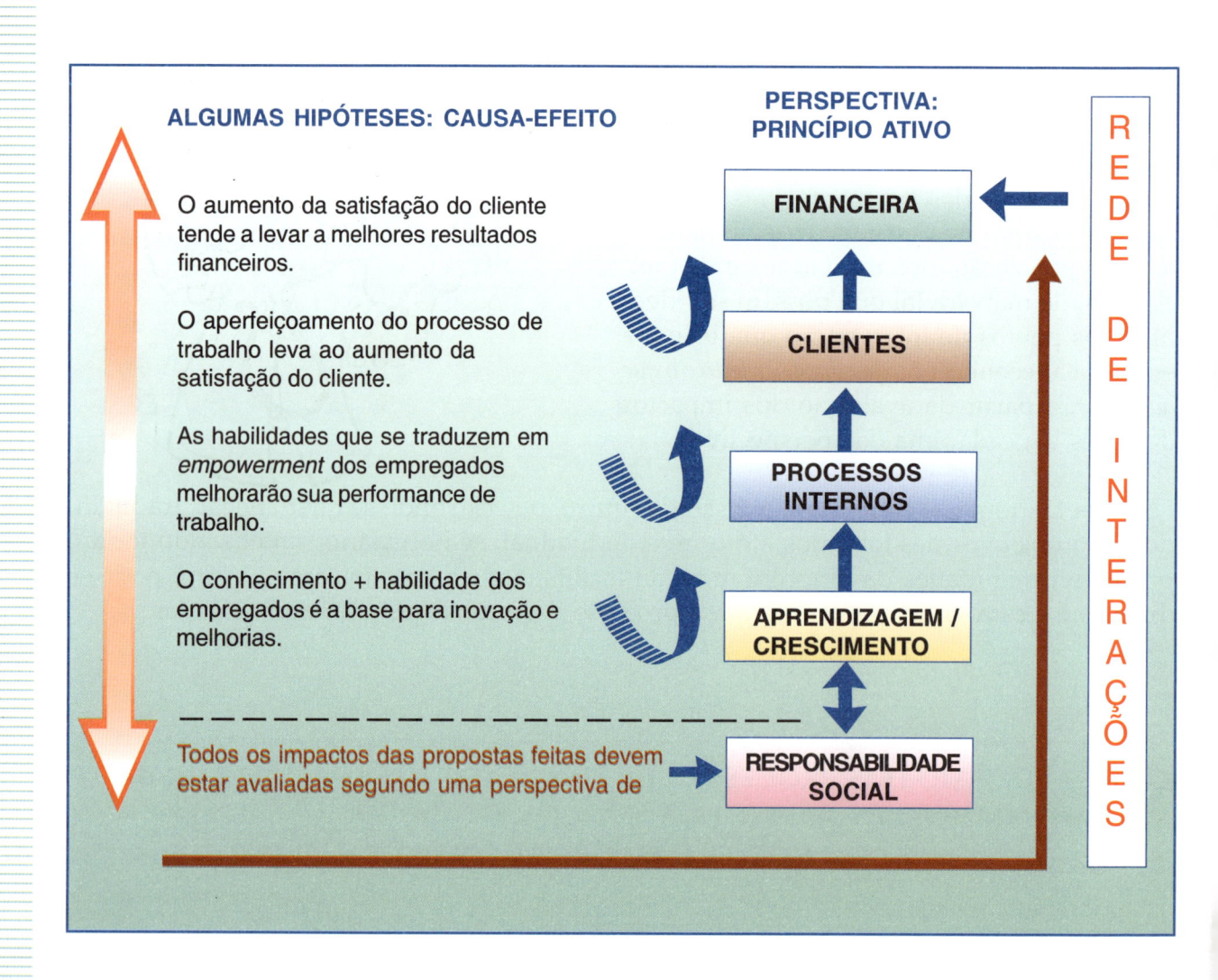

ALGUMAS HIPÓTESES: CAUSA-EFEITO

PERSPECTIVA: PRINCÍPIO ATIVO

- O aumento da satisfação do cliente tende a levar a melhores resultados financeiros. → **FINANCEIRA**

- O aperfeiçoamento do processo de trabalho leva ao aumento da satisfação do cliente. → **CLIENTES**

- As habilidades que se traduzem em *empowerment* dos empregados melhorarão sua performance de trabalho. → **PROCESSOS INTERNOS**

- O conhecimento + habilidade dos empregados é a base para inovação e melhorias. → **APRENDIZAGEM / CRESCIMENTO**

- Todos os impactos das propostas feitas devem estar avaliadas segundo uma perspectiva de → **RESPONSABILIDADE SOCIAL**

REDE DE INTERAÇÕES

4. ESSE METABOLISMO POR SI SÓ GARANTE OS GANHOS ESPERADOS?

Não, muito mais ainda se tem por analisar. Além de o projeto de mudança tomar emprestado da biologia as afirmações sobre a lógica da vida, da engenharia o modelo da EAP, da gestão empresarial o método BSC, da mesma forma ele se utiliza de ferramentas usadas para o planejamento estratégico, objetivando, com a sua aplicação, a efetivação da análise estratégica necessária ao processo de mudança.

Muitos fatores condicionam o desenvolvimento do projeto, relacionados às diversas perspectivas e seus desdobramentos: financeira, clientes, processos internos, inovação, aprendizagem e crescimento das pessoas e da organização, assim como a responsabilidade social. Minimizá-los faz parte das estratégias do projeto. A fim de estabelecer uma moldura inicial que auxilie na percepção sobre quais são esses fatores, a técnica *SWOT– strengths, weaknesses, opportunities, threats*, isto é, *forças, fraquezas, oportunidades e ameaças*, da análise estratégica, também é bem-vinda. As perguntas a seguir explicitam o modo de utilização dessa técnica:

A. Quais são as ameaças externas encontradas no cenário atual que podem interferir nos resultados esperados com as mudanças?
B. Quais são as oportunidades externas que podem facilitar a realização dessa visão?
C. Quais são as forças da organização?
D. Quais são as fraquezas da organização?

Essas questões tomam por referência as mudanças a serem realizadas, ou seja: considerando onde se pretende chegar, quais são as oportunidades e ameaças externas e as forças e fraquezas internas? Faça isso, lembrando-se de considerar os diversos focos da mudança, e seus públicos-alvo. Utilize fontes de referência para ajudar no processo.

CUIDADO, ÀS VEZES NOSSA PERCEPÇÃO DETURPA A REALIDADE!

MUDANÇA ORGANIZACIONAL - *Soluções Genéricas para Projetos*

ANÁLISE AMBIENTAL: ONDE ESTAMOS HOJE?

VISÃO FUTURA

PROCEDENDO À ANÁLISE ESTRATÉGICA

É indicado que essa análise seja feita em grupo, conduzida por um monitor, a partir de um processo de *brainstorming* com diversos participantes que representem as áreas-chave de acordo com a natureza e o escopo das mudanças. O *brainstorming* deve ser feito primeiro individualmente, depois consolidado a partir de um número predefinido de itens em cada um dos quadrantes do SWOT – usualmente de 3 a 5 itens.

Após listados e compilados com base na convergência de percepções, é hora de *definir as estratégias* a serem aplicadas para ampliar as oportunidades e forças, e minimizar as ameaças e fraquezas que foram apontadas no decorrer da análise, sempre relativa às mudanças pretendidas que objetivam construir a visão do futuro.

Ainda como parte do processo, reserve algum tempo para responder a seguinte questão: *que elementos trazem sucesso hoje à empresa e como foi a sua trajetória?* Essa pergunta pode trazer à tona fatos e conhecimentos importantes que, por vezes, são esquecidos quando se faz a opção de estruturar muito mecanicamente um processo de avaliação estratégica. Depois de consolidadas as questões, e definidas, em conjunto, as estratégias, é hora de retomar a visão integrada do BSC, e arrumar essas estratégias nas diversas perspectivas, indicando a que perspectiva cada estratégia se refere, ou seja, responder à questão: *que perspectiva as ações geradas por essa estratégia impactarão diretamente?*

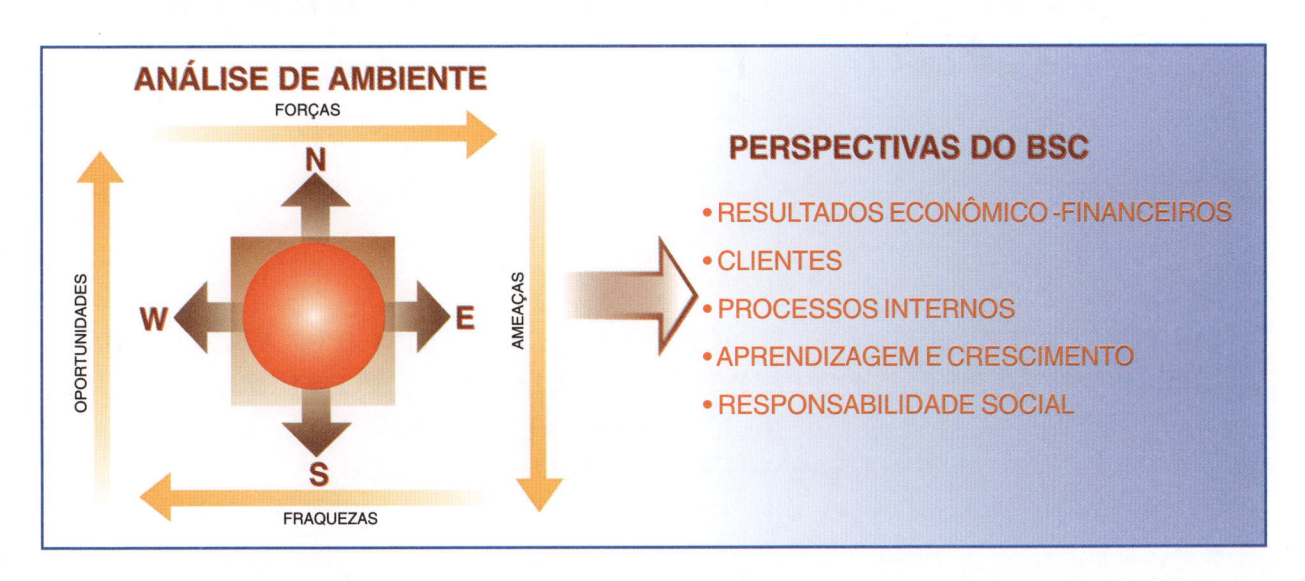

ANÁLISE DE AMBIENTE

FORÇAS — N
OPORTUNIDADES — W
AMEAÇAS — E
FRAQUEZAS — S

PERSPECTIVAS DO BSC

- RESULTADOS ECONÔMICO-FINANCEIROS
- CLIENTES
- PROCESSOS INTERNOS
- APRENDIZAGEM E CRESCIMENTO
- RESPONSABILIDADE SOCIAL

DEPOIS DE FEITA A ANÁLISE ESTRATÉGICA, É HORA DE RETOMAR AS PERSPECTIVAS DO BSC E DEFINIR OS OBJETIVOS VINCULADOS A ELAS.

Se eu isolar essa variável, qual será o seu impacto no resultado financeiro?

A APLICAÇÃO DO BSC AUXILIA NA DEFINIÇÃO DOS OBJETIVOS

AS PERSPECTIVAS DO BSC FUNCIONAM COMO PRINCÍPIO ATIVO, POIS OFERECEM À GESTÃO DO PROJETO DE MUDANÇA A POSSIBILIDADE DE VERIFICAÇÃO DO MOVIMENTO FEITO E SEUS IMPACTOS NAS DIVERSAS ÁREAS DA ORGANIZAÇÃO.

5. CONSIDERANDO O MÉTODO BSC, COMO ESPECIFICAR RESULTADO ECONÔMICO-FINANCEIRO?

Os tópicos a seguir sugerem dada classificação para o que se considera "econômico-financeiro". A empresa deve observar a sua realidade e definir adequadamente os indicadores que se referem a essa perspectiva. É importante, para tal, *definir operacionalmente* cada termo empregado, de forma a que todos saibam realmente qual é o conceito, qual a premissa que sustenta cada indicador e como eles estão relacionados aos objetivos da mudança.

- Retorno sobre o investimento/valor econômico agregado – decida sobre os critérios para o seu estabelecimento.
- Mix de receitas e seu valor agregado – decida o que está sendo considerado.
- Estrutura de negócios – observe o posicionamento da empresa no mercado, considerando o setor onde atua e a concorrência. Considere ainda o composto de marketing.
- Margem de lucratividade – procure trabalhar utilizando o conceito de valor agregado, de forma a conhecer as margens diferenciadas de cada um de seus produtos ou serviços.
- Estrutura de custos – tanto quanto possível, mantenha-se informado com relação aos custos de seus produtos e serviços, inclusive considerando alguns de seus maiores vilões: "os custos invisíveis".
- Relação endividamento/patrimônio, de forma a avaliar as oportunidades de negócios e o quanto está valendo a pena investir nesse ou em outro negócio.
- Níveis de investimento vs. retorno.

MUDANÇA ORGANIZACIONAL - *Soluções Genéricas para Projetos*

PROCESSO DE DEFINIÇÃO DE OBJETIVOS

LEMBRE-SE: O processo de definição de objetivos é um fator de sucesso para o desenvolvimento das mudanças. A maneira como é feito, compartilhado e divulgado, tem influência marcante no ambiente onde se passa a mudança. É fundamental que o motivo maior que gerou a mudança ou os motivos sejam *decodificados* sob a forma de objetivos, onde todas as pessoas possam enxergar seus níveis de contribuição, e se verem dentro do processo.

EXEMPLO

OBJETIVOS - nível estratégico

Na definição considerar:
- Visões corporativa e de unidades
- Desdobramentos futuros
- Expectativas dos *stakeholders*
- Impacto nos clientes
- Impactos no ambiente interno e externo
- Impacto nos fornecedores e parceiros
- Impactos relacionados ao fisco e reguladores
- Impactos relacionados à política

BASES PARA DEFINIÇÕES

Planejamento do Desempenho Esperado

Considerar:
- Definição de papéis, responsabilidades e expectativas de trabalho
- Existência de objetivos individuais
- Nessidades de alinhamentos
- Cultura
- Níveis de competências atuais e futuros Etc.

Gestão do Desempenho

- *Feedback* sobre as mudanças, no tempo
- Estratégia de aplicação de *Coaching*
- Revisão das expectativas e necessidades
- Redirecionamento de esforços

RECONHECIMENTO

Avaliação de Desempenho

- Resultados e desempenho Vs. expectativas e objetivos esperados

MONITORAÇÃO DOS RESULTADOS COM FOCO NOS OBJETIVOS

COACHING

6. CONSIDERANDO O MÉTODO BSC, COMO ESPECIFICAR A PERSPECTIVA CLIENTES?

Os tópicos a seguir sugerem certos indicadores que se referem à *performance* da organização na perspectiva dos clientes. Novamente vale lembrar a importância de definir operacionalmente cada um deles, de forma a se obter linguagem única e entendimento igual sobre o que se está considerando e como as mudanças a serem feitas terão impacto nessa perspectiva.

- Participação no mercado – mercado-alvo desejado Vs. alcançado.
- Satisfação dos clientes, considerando o grau de fidelização e outros indicadores relevantes.
- Adequação das estratégias de marketing, vendas e distribuição.
- Segmentação e posicionamento diante de concorrentes.
- Processo de atendimento a clientes, incluindo resolução de problemas.
- Aquisição e retenção de clientes.
- Lançamento de novos produtos e serviços; inovação.
- Atendimento aos "atributos" relacionados à satisfação dos clientes.

MUDANÇA ORGANIZACIONAL - *Soluções Genéricas para Projetos*

PARA TRABALHAR A PERSPECTIVA CLIENTES, UTILIZE ALGUMAS DICAS

COLOQUE-SE NO LUGAR DO SEU CLIENTE E LISTE O QUE ELE ESPERA DE VOCÊ E COMO HOJE ELE O VÊ.

FOCO NO CLIENTE OU FOCO DO CLIENTE...?

COMO PODEMOS NOS CERTIFICAR DO QUE O CLIENTE QUER?

TODOS OS COLABORADORES SABEM O QUANTO VALE O SEU TRABALHO PARA O CLIENTE?

AS ANÁLISES DE MELHORIA DOS PROCESSOS INTERNOS SEMPRE CONSIDERAM O IMPACTO NOS CLIENTES?

COMO O CLIENTE DEFINE QUALIDADE?

VOU ME COLOCAR NO LUGAR DO MEU CLIENTE E ME AVALIAR!

"Não há nenhuma parte da vida que não contenha lições. Enquanto você estiver vivo, existem lições a serem aprendidas."

Chèrie C. Scott

7. COMO ESPECIFICAR A PERSPECTIVA PROCESSOS INTERNOS?

Dentro de processos internos são considerados desde os processos de produção de produtos ou serviços até os processos de gestão, onde se incluem comunicação, avaliações, planejamento, inteligência de negócio, gestão do conhecimento, logística, comercial, gestão de competências e outros. Tudo isso dentro de uma moldura que visa avaliar o grau de compatibilidade desses processos com o negócio. Alguns indicadores são:

- Sistemas e tecnologias adotados/custos dos processos.
- Conhecimento dos processos de maior valor agregado (método Pareto).
- Qualidade e eficiência nos processos de maior valor agregado.
- Mapeamento e entendimento dos processos – conhecimento do impacto nos resultados.
- Qualidade das interfaces e de seus resultados.
- Aprimoramento contínuo e sistemático da relação cliente-fornecedor, internos e externos.
- Qualidade e pertinência das comunicações, internas e externas.

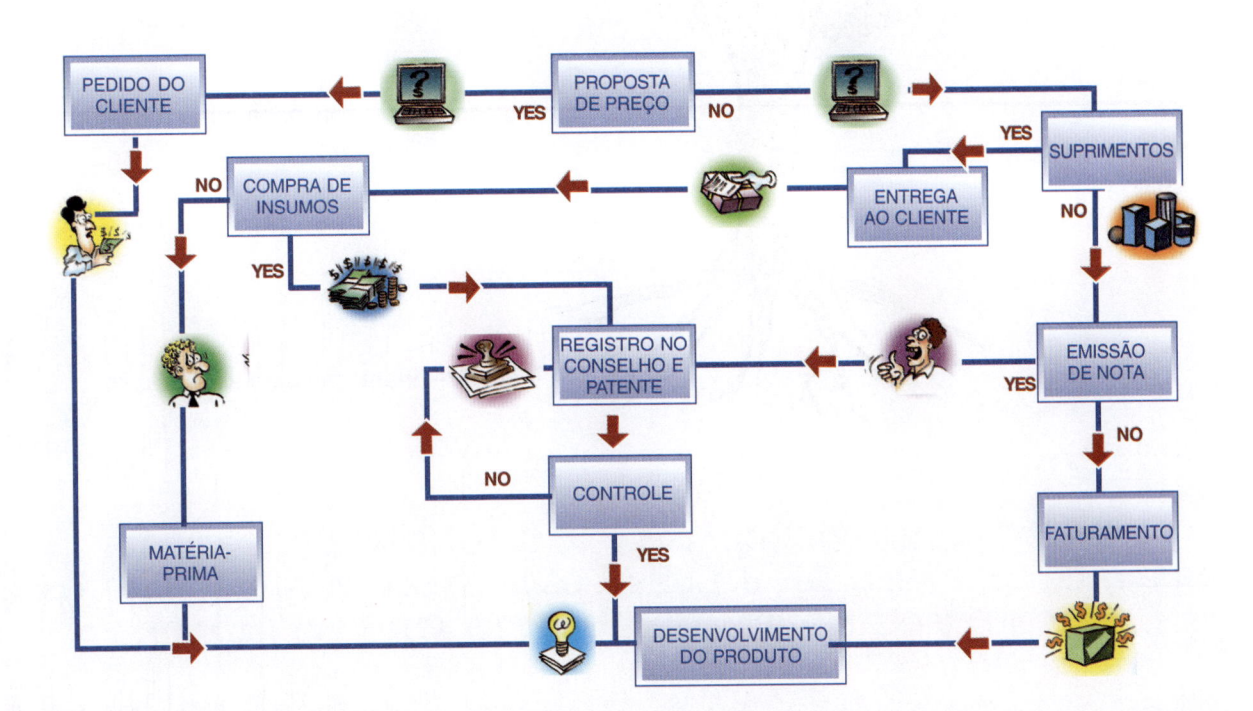

MUDANÇA ORGANIZACIONAL - *Soluções Genéricas para Projetos*

NA PERSPECTIVA APRENDIZAGEM E CRESCIMENTO APROFUNDE A ANÁLISE QUE SE REFERE ÀS COMPETÊNCIAS INDIVIDUAIS, NO QUE SE RELACIONA COM AS EXIGÊNCIAS QUE A MUDANÇA IRÁ GERAR.

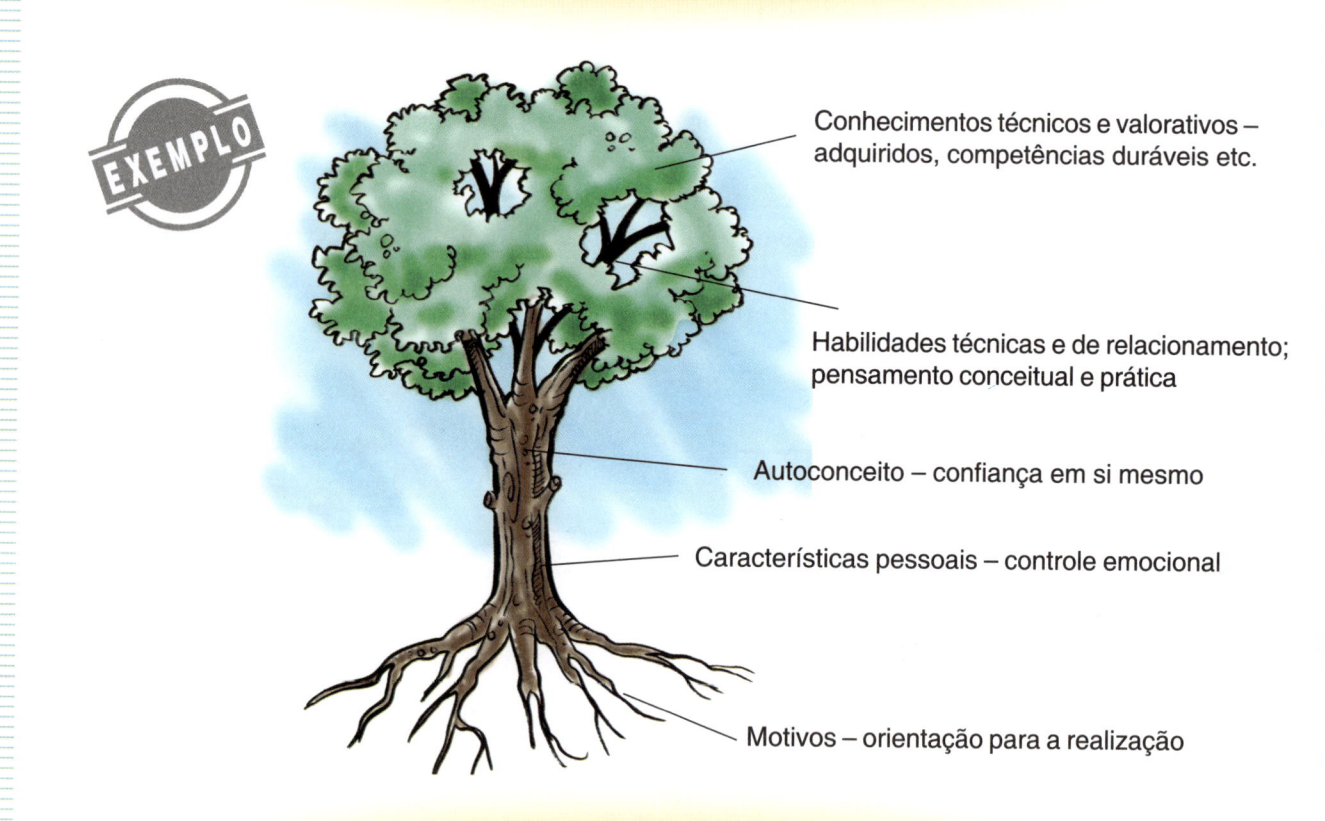

EXEMPLO

- Conhecimentos técnicos e valorativos – adquiridos, competências duráveis etc.
- Habilidades técnicas e de relacionamento; pensamento conceitual e prática
- Autoconceito – confiança em si mesmo
- Características pessoais – controle emocional
- Motivos – orientação para a realização

COMPETÊNCIAS INDIVIDUAIS SÃO CARACTERÍSTICAS PESSOAIS QUE VÃO DESDE ASPECTOS INTRÍNSECOS AO INDIVÍDUO ATÉ ASPECTOS PERCEPTÍVEIS E MODIFICÁVEIS COM RELATIVA FACILIDADE.

8. COMO ESPECIFICAR A PERSPECTIVA APRENDIZAGEM E CRESCIMENTO DAS PESSOAS E DA ORGANIZAÇÃO?

Lembre-se, não existe empresa excelente nas suas partes; é o todo que a caracteriza assim. Dessa forma, é muito importante agir para que haja real desenvolvimento, que só faz sentido se o "*todo evoluir*".

No contexto em que vivemos, a importância do intangível está cada vez mais diferenciando as organizações: é o capital intelectual, a inteligência competitiva, a capacidade de formar redes, a diferença atribuída às competências tanto organizacionais como individuais. Alguns indicadores estão aqui sugeridos:

- Relação entre o nível de competências existentes e as necessárias ao negócio da empresa.
- Percepção e explicitação do significado do trabalho e da contribuição de cada pessoa.
- Qualidade do ambiente organizacional; clima de satisfação interno.
- Motivação das pessoas e alinhamento de valores e visões individuais aos valores e visão organizacionais.
- Níveis de aplicação do conhecimento existente na empresa e na sua gestão.
- Grau de aproveitamento da "inteligência competitiva" e de inovação.
- Grau de constatação de redes de relacionamentos e negócios, internas e externas.
- Evolução tecnológica e do ambiente físico.
- Dinâmica de funcionamento da organização.

MUDANÇA ORGANIZACIONAL - *Soluções Genéricas para Projetos*

NA PERSPECTIVA APRENDIZAGEM E CRESCIMENTO APROFUNDE TAMBÉM A ANÁLISE QUE SE REFERE ÀS COMPETÊNCIAS ORGANIZACIONAIS, NO QUE SE RELACIONA ÀS EXIGÊNCIAS QUE A MUDANÇA VAI GERAR.

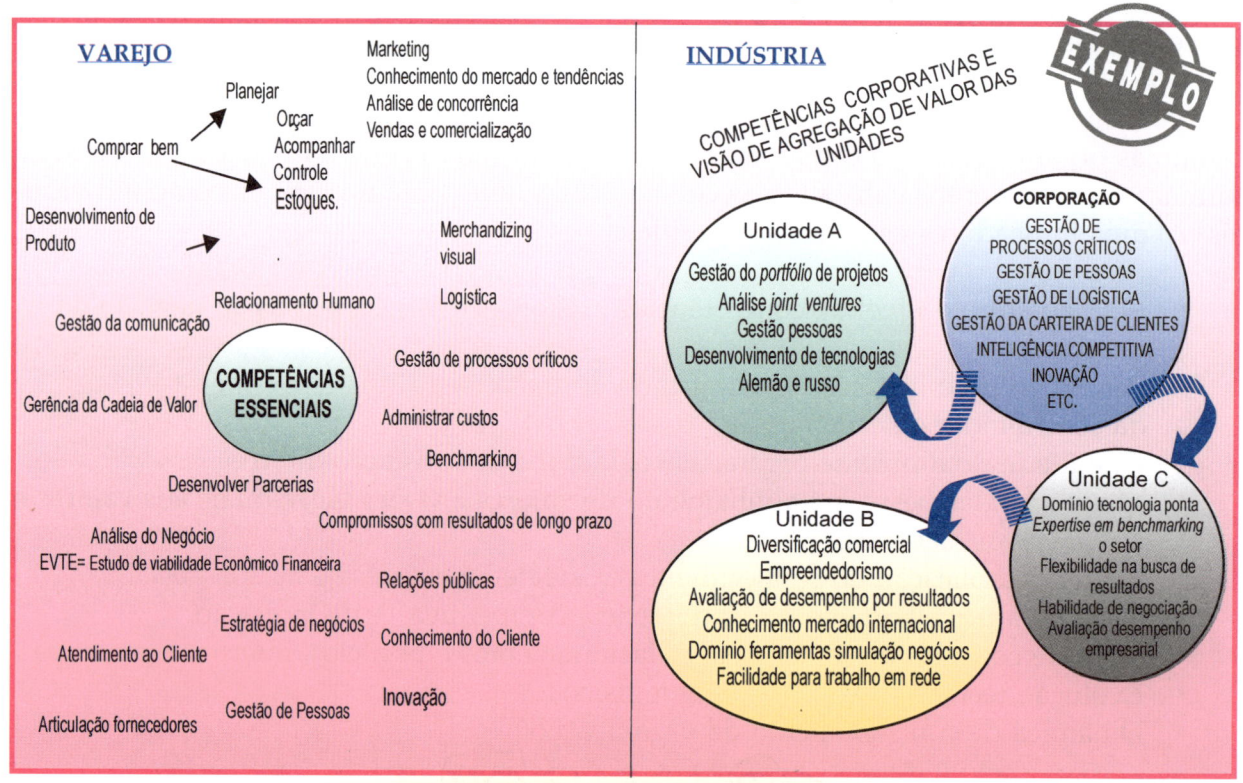

EXEMPLO

VAREJO

- Comprar bem → Planejar, Orçar, Acompanhar, Controle, Estoques.
- Desenvolvimento de Produto
- Marketing
- Conhecimento do mercado e tendências
- Análise de concorrência
- Vendas e comercialização
- Merchandising visual
- Logística
- Relacionamento Humano
- Gestão da comunicação
- Gestão de processos críticos
- Gerência da Cadeia de Valor
- **COMPETÊNCIAS ESSENCIAIS**
- Administrar custos
- Benchmarking
- Desenvolver Parcerias
- Compromissos com resultados de longo prazo
- Análise do Negócio
- EVTE = Estudo de viabilidade Econômico Financeira
- Relações públicas
- Estratégia de negócios
- Conhecimento do Cliente
- Atendimento ao Cliente
- Inovação
- Articulação fornecedores
- Gestão de Pessoas

INDÚSTRIA

COMPETÊNCIAS CORPORATIVAS E VISÃO DE AGREGAÇÃO DE VALOR DAS UNIDADES

Unidade A
- Gestão do *portfólio* de projetos
- Análise *joint ventures*
- Gestão pessoas
- Desenvolvimento de tecnologias
- Alemão e russo

CORPORAÇÃO
- GESTÃO DE PROCESSOS CRÍTICOS
- GESTÃO DE PESSOAS
- GESTÃO DE LOGÍSTICA
- GESTÃO DA CARTEIRA DE CLIENTES
- INTELIGÊNCIA COMPETITIVA
- INOVAÇÃO
- ETC.

Unidade B
- Diversificação comercial
- Empreendedorismo
- Avaliação de desempenho por resultados
- Conhecimento mercado internacional
- Domínio ferramentas simulação negócios
- Facilidade para trabalho em rede

Unidade C
- Domínio tecnologia ponta
- *Expertise em benchmarking* o setor
- Flexibilidade na busca de resultados
- Habilidade de negociação
- Avaliação desempenho empresarial

COMPETÊNCIAS ORGANIZACIONAIS SÃO CARACTERÍSTICAS INERENTES AO NEGÓCIO DA EMPRESA, NECESSÁRIAS PARA QUE OS OBJETIVOS SEJAM ATINGIDOS.

QUESTÃO: Quais são as competências essenciais da sua organização e como serão afetadas pela mudança?

9. COMO CONSIDERAR NO PROJETO DE MUDANÇA A PERSPECTIVA RESPONSABILIDADE SOCIAL?

A primeira referência ao tema responsabilidade social é encontrada num estudo publicado em 1953, nos Estados Unidos, e na sua origem trazia consigo um apelo à moral do homem. À primeira definição "as obrigações dos homens de negócio de adotar orientações, tomar decisões e seguir linhas de ação que sejam compatíveis com os fins e valores de nossa sociedade", mais recentemente foram agregadas outras:

"Responsabilidade social corporativa é o comprometimento permanente dos empresários de adotar um comportamento ético e contribuir para o desenvolvimento econômico, melhorando, simultaneamente, a qualidade de vida de seus empregados e de suas famílias, da comunidade local e da sociedade como um todo"[7] ou *"Trata-se do compromisso contínuo nos negócios pelo comportamento ético que contribua para o desenvolvimento econômico, social e ambiental, pressupondo a realização de decisões que sejam resultado da reflexão sobre seus impactos sobre a qualidade de vida atual e futura de todos que sejam afetados pela operação da empresa."*[8]

Como qualquer assunto relativamente novo na administração, a responsabilidade social precisa ser ainda muito estudada, preferencialmente por meio de abordagens inéditas e interdisciplinares, trazendo-a para dentro do modelo de gestão empresarial, de forma a ser considerada como uma estratégia do negócio da empresa.

"...Em redor de nós não há armadilhas e laços, nada que nos deva angustiar ou atormentar. Estamos colocados no meio da vida como no elemento que mais nos convém...Graças a um feliz mimetismo, se permanecermos calado, quase não poderemos ser distinguidos de tudo o que nos rodeia."
Rainer Maria Rilke

---
[7] Fernando Almeida, executivo do Conselho Empresarial Brasileiro para o Desenvolvimento Sustentável.
[8] Patricia Almeida Ashley.

MUDANÇA ORGANIZACIONAL - *Soluções Genéricas para Projetos*

LEMBRE-SE: NAS DOSAGENS ADEQUADAS OU INADEQUADAS, TODOS ESSES ELEMENTOS ESTÃO PRESENTES NO PROCESSO DE MUDANÇA

INFORMAÇÃO AOS USUÁRIOS

O QUE FAZ DIFERENÇA NUM PROJETO DE MUDANÇA

INFORMAÇÃO AOS USUÁRIOS
O que faz diferença projeto de mudança

1. Qual a importância da equipe do projeto de mudança?   **149**
2. Quais as principais características das equipes de projetos de mudança?   **151**
3. Que competências comportamentais as pessoas que compõem a equipe do projeto de mudança devem ter?   **153**
4. Que método utilizar para detectar que competências a equipe do projeto precisa desenvolver?   **167**
5. Como garantir acordos num projeto que envolve tanta gente?   **169**
6. Como considerar a questão dos valores organizacionais e individuais?   **173**
7. Como considerar os esforços que as empresas têm feito na capacitação de lideranças?   **175**
8. A visão mais moderna de gestão inclui valores e propósitos compartilhados?   **183**

Renilda Ouro

1. QUAL A IMPORTÂNCIA DA EQUIPE DO PROJETO DE MUDANÇA?

A equipe de mudança tem um papel de atuação direta e de interlocução muito importante no decorrer do projeto. Garantir que ela esteja munida de competências técnicas e comportamentais adequadas à gestão e operacionalização do projeto se faz preponderante; se assim não for, aconselha-se não iniciar o projeto, pois se corre o risco de comprometê-lo, criando-se respostas indesejáveis do próprio ambiente.

Qualquer processo de mudança significa desaprender algo que está presente, e possivelmente integrado à personalidade do indivíduo ou da organização. Se não existe grande motivação para adotar processos que levem à mudança, ela se torna algo muito doloroso, principalmente se é imprescindível fazê-la. Assim acontece com as pessoas, com a cultura, com as estruturas, com os modelos de gestão de qualquer organização.

A maior parte das mudanças envolve valores, atitudes, auto-imagens, e requer o *desaprendizado* de atuais respostas, acionadas por modelos mentais residentes. No nível individual, apesar da decisão de mudar, o processo é, por si só, inerentemente difícil: traz inseguranças, medos, ansiedades e sentimentos de "grandes ameaças". Nas organizações isso é multiplicado, pois é um processo coletivo.

Por isso tudo, pelas inseguranças geradas no ambiente, pela fragilidade do clima organizacional, a escolha cautelosa das pessoas que comporão a equipe de mudança é muito importante, pois são as suas visões que determinarão a qualidade do processo.

Vale considerar que, sob qualquer aspecto, aquilo que as pessoas pensam de si próprias e o que pensam sobre as outras pessoas determinam a maneira como elas vêem o mundo, e como elas são vistas. E isso é um detalhe importante para a escolha das pessoas que irão compor a equipe: visões de mundo positivas e visões de si próprias positivas têm grande influência nesse tipo de projeto.

É PRECISO CONSTRUIR UMA EQUIPE CAPAZ DE CONDUZIR AS MUDANÇAS.

> "Lembrar que nos tornamos um mundo de administradores e especialistas não é tão importante quanto lembrar que a natureza de nossa especialização passou a ser a criação e a administração de constantes, de uniformidade e de eficiência, enquanto a *necessidade é de compreensão e coordenação da variabilidade,* da complexidade e da efetividade: o próprio processo de mudança."
>
> *Dee Hock*

> "O mundo não está lá independente do nosso ato de observação; o que está 'lá' depende em parte do que a gente decida ver. A realidade é parcialmente criada por quem está olhando."
>
> *Heinz Pagels*

> "O próprio ser humano se encurralou num canto, onde está tremendo de medo. Chegamos a crer que para sobreviver, temos que controlar tudo; não podemos deixar o mundo entregue a si mesmo nem sequer por um instante. Com medo das pessoas, impomos sobre elas um controle impiedoso. Com medo da mudança, preferimos a mesquinhez dos nossos planos à surpresa da manifestação emergente. Lutamos para domar e conter as energias básicas da vida, em especial o desejo natural que as pessoas têm de associar-se, de criar, de contribuir."
>
> *M. Wheatley*

> "A menos que indivíduos, grupos e nações possam imaginar, construir e reconsiderar de uma maneira criativa novas formas de relacionamento com as complexas mudanças, as luzes apagar-se-ão. A não ser que o homem possa fazer novas e originais adaptações em seu ambiente, tão rápidas quanto sua ciência pode modificar o ambiente, nossa cultura perecerá. A aniquilação será o preço que pagaremos pela falta de criatividade."
>
> *Carl Rogers*

2. QUAIS AS PRINCIPAIS CARACTERÍSTICAS DAS EQUIPES DE PROJETOS DE MUDANÇA?

Um modelo bastante conhecido, que pode ser utilizado nas empresas para definir uma equipe "ideal", segundo a orientação para a tarefa, diz que algumas características devem estar presentes, de forma a que determinados papéis sejam exercidos. Assim, à cada membro da equipe atribui-se determinadas atribuições. Escolhemos esse modelo como ilustração, dentre outros que poderiam ser apresentados, cuja aplicação se dará a partir da análise do perfil que definirá onde cada pessoa se encontra no modelo. Esse método não é de uso muito comum nas organizações, mas vale aqui como um registro de papéis que não podem deixar de existir.

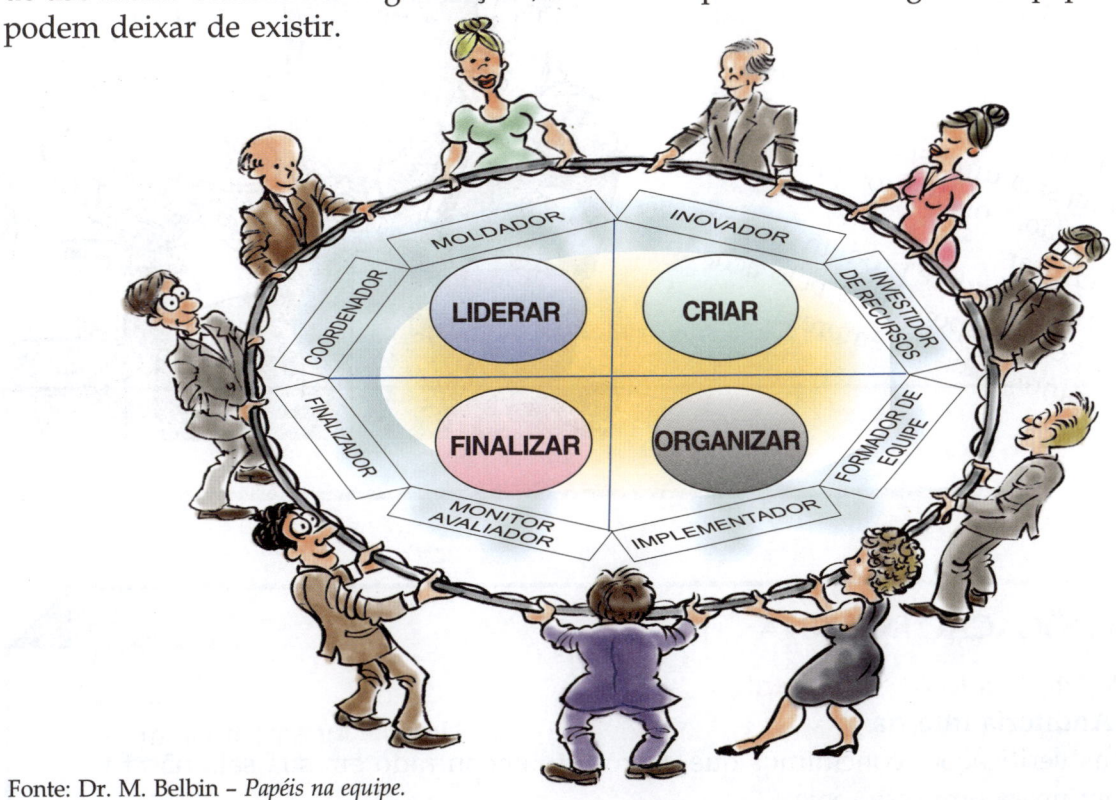

Fonte: Dr. M. Belbin – *Papéis na equipe*.

Além da importância às competências técnicas, e tão importantes quanto, são as competências comportamentais, pois é através delas que se criará o ambiente de confiança que as mudanças requerem pois, muito mais do que um processo técnico, mudança é um processo emocional, que ocorre sobre a plataforma psicossocial da empresa.

MUDANÇA ORGANIZACIONAL - *Soluções Genéricas para Projetos*

IT IS JUST A JOKE!

Uma pequena brincadeira tradicionalmente usada como exemplo em programas de treinamento, ilustra certa visão ainda hoje encontrada em algumas organizações. Uma breve leitura já nos traz alguns indicativos...

COMUNICAÇÃO INTERNA

De: **Auditoria interna**
Para: Departamento de suprimentos

Comunico que esta manhã encontrei em minha sala um bebê sem nenhuma identificação. Solicitamos providências para verificar:
1. Se o achado é produto da empresa;
2. Se os responsáveis pelo achado são empregados da empresa.

COMUNICAÇÃO INTERNA

De: Departamento de Suprimentos
Para: **Auditoria interna**

Após as verificações concluímos que o produto encontrado em sua sala não foi feito em nossa empresa, pois:
1. Em nossa empresa jamais foi feito um produto com amor e prazer.
2. Em nossa empresa nunca foi feito algo com pé e cabeça.
3. Em nossa empresa nunca se conseguiu fazer nenhuma tarefa em nove meses!

Renilda Ouro

3. QUE COMPETÊNCIAS COMPORTAMENTAIS AS PESSOAS QUE COMPÕEM A EQUIPE DO PROJETO DE MUDANÇA DEVEM TER?

Algumas competências comportamentais desejáveis nas equipes de projetos de mudança estão listadas aqui, como um referencial, pois, claro, esse registro não esgota tudo aquilo que é bem-vindo nelas! Mais adiante, algumas questões pertinentes a esse tópico aparecerão, pois nada se pode dizer ou fazer sobre mudanças sem que as pessoas estejam em primeiro lugar!

O que deve ser valorizado na equipe de um projeto de mudança:

- Senso de propósito comum.
- Capacidade de viver a diversidade, a adversidade e até a injustiça.
- Positividade nas suas ações e visão positiva do mundo.
- Sentimentos construtivos com relação a si e aos outros.
- Baixo nível de julgamento de outros, no campo pessoal.
- Alto grau de imunidade contra "*sentir-se vítima*".
- Energia presente, no olhar, na fala, nas atitudes.
- Alto grau de confiabilidade e respeito ao próximo.
- Honestidade e capacidade de multiplicar valores construtivos.
- "Colo grande", ouvidos atentos, paciência quase ilimitada.
- Iniciativa e alto grau de perceptividade do ambiente e das pessoas.
- Auto-estima elevada, de forma a nunca levar nada para o lado pessoal.
- Serenidade para lidar com medos, inseguranças, angústias e raiva.
- Autoconfiança e certeza de que "a vida tem suas próprias regras, que não são as nossas".
- Crenças com relação a que, ao final, tudo evoluirá.
- Bom relacionamento em todos os níveis.
- Parte de sua missão pessoal, vinculada ao desejo de transformação.

ISSO TUDO NÃO SIGNIFICA CHEGAR A SER SUPER- HOMEM, OU ANJO, MAS SIMPLESMENTE EXERCITAR CAPACIDADES QUE NOS SÃO OFERECIDAS DE GRAÇA, TODOS OS DIAS!

MUDANÇA ORGANIZACIONAL - *Soluções Genéricas para Projetos*

ATENÇÃO: CONHEÇA AS COMPÊTENCIAS INDIVIDUAIS DE CADA MEMBRO DA EQUIPE.

Renilda Ouro

PARA ADQUIRIR COMPETÊNCIAS COMPORTAMENTAIS:

RETIRE A PEDRA DO CAMINHO

DANCE NO COMPASSO DAS MUDANÇAS

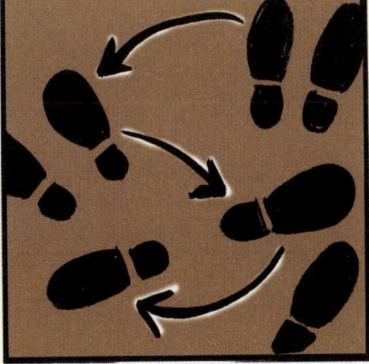

ENTRE NO RITMO DO CONHECIMENTO CADA VEZ MAIOR

AJUDE A CONSTRUIR UMA NOVA REALIDADE

CAIA NA REDE E APROVEITE

" ...O essencial é saber ver.
Saber ver sem estar a pensar,
Saber ver quando se vê,
E nem pensar quando se vê
Nem ver quando se pensa.

Mas isso (tristes de nós que trazemos a alma vestida!).
Isso exige um estudo profundo,
Uma aprendizagem de desaprender
E uma sequestração na liberdade daquele convento
De que os poetas dizem que as estrelas são as freiras eternas
E as flores as penitentes convictas de um só dia,
Mas onde afinal as estrelas não são senão estrelas
Nem as flores senão flores,
Sendo por isso que lhes chamamos estrelas e flores."

Fernando Pessoa

Renilda Ouro

RETIRE A PEDRA DO CAMINHO

Parece interessante trazer algumas teorias à tona quando entramos no mundo das relações. Uma analogia com o movimento dos átomos pode exemplificar algo relacionado a comportamentos: no mundo dos átomos observa-se que eles se manifestam como *partícula* numa dada realidade; numa outra, completamente distinta, eles se comportam como *onda;* é dito que há uma complementaridade de onda-partícula. Quando o átomo se manifesta como onda, em conjunto com outros átomos, ele nunca se manifesta como partícula e quando se mostra como partícula, comportamentos ondulatórios não são percebidos: são realidades distintas[8].

Os relacionamentos humanos trazem evidências de que o mesmo acontece. Quando se está muito bem num relacionamento e a harmonia está presente, não existe uma separação nítida entre *nós e o outro*; pode-se até ter os mesmos pensamentos e ao mesmo tempo. No entanto, quando nossas relações não estão favoráveis, fica evidente a separatividade e são evidenciadas as diferenças. No mundo organizacional essa dança também está presente. Culturas corporativas variam de estados otimistas e harmoniosos até estados de conflito, pressão e até depressão, e isso pode se dar num curto espaço de tempo, entre uma situação e outra. Tal fato tem muita influência sobre os trabalhos que precisam ser realizados em épocas de mudanças. Construir relacionamentos autênticos que consolidem o trabalho em equipe é um grande desafio para as corporações. Projetos de mudança são caracterizados por uma enorme gama de relações e é sua qualidade que garantirá que será dado o próximo passo.

As regras impostas no mundo visto como mecanicista não levam em consideração as possibilidades que fogem ao modelo que dirige nossas relações. Dessa forma, cria-se uma valorização da dominação, como se alguns indivíduos fossem capazes de ditar os pensamentos e ações em curso de todos os outros, dentro de um sistema que preconiza *scripts pre-determinados*. A cada momento em que as pessoas da equipe do projeto de mudança deixam de *cristalizar aquilo que supõem que deve acontecer*, outras possibilidades emergem, trazendo à tona o que é real naquela dada situação. Esse é o processo que evita frustrações, que garante que a motivação seja continuada e os propósitos sejam mantidos, sempre respeitando as variedades "extra-script" que se apresentam a todo momento.

[8] Bob Toben e Fred Wolf. Espaço, Tempo e Além

MUDANÇA ORGANIZACIONAL - *Soluções Genéricas para Projetos*

O QUE CAUSA A "SEPARATIVIDADE" QUE TRAZ A NEGATIVIDADE AO AMBIENTE DE TRABALHO? INCERTEZAS, DIZEM ALGUNS. APESAR DAS PESSOAS NÃO APARENTAREM TER REAÇÕES NEGATIVAS ÀS MUDANÇAS CONSTANTES QUE SE IMPÕEM, ELAS REAGEM AOS SEUS EFEITOS, IMAGINANDO QUE SERÃO OS MAIS PREDATÓRIOS POSSÍVEIS. A MANEIRA COMO ELAS PENSAM INFLUENCIA COMO ELAS VÃO PASSAR A AGIR DIANTE DOS NOVOS DESAFIOS. É ESSE O AMBIENTE QUE OS GESTORES DA MUDANÇA ENCONTRARÃO PORTANTO ELES DEVEM ESTAR PLENAMENTE PREPARADOS PARA TRANSFORMAR OS "PERIGOS" EM OPORTUNIDADES REAIS, POSSIBILITANDO A FLUÊNCIA DO PROCESSO DE MUDANÇA.

"São puras todas as emoções que aglutinam e elevam você;
É impura a emoção que pega apenas uma parte do seu ser, e assim o distorce."
Rainer Maria Rilke

Renilda Ouro

DANCE NO COMPASSO DAS MUDANÇAS

A necessidade de encontrar modelos de equipes adequados ao contexto e à velocidade das mudanças é assustadora; não há quem não já tenha vivido um processo de mudança que não se deparou com essa questão. A competência do trabalho da equipe influenciará o comportamento da organização e à medida que esse se baseia em premissas menos mecânicas e mais orgânicas, fazer frente aos desafios pode parecer mais animador.

Vale trazer á discussão a analogia com o fenômeno do jazz. No mundo musical costuma-se associar improviso à *jazz*: alguns estudiosos já exploram, a partir de metáforas, as conexões entre esse estilo musical e o que ocorre nas organizações, considerados a forma artística e o grau de improvisação. Num projeto de mudança a pertinência é evidente. Do estilo característico do jazz, com sua capacidade de alocar performances de forma muito dinâmica, sem qualquer coordenação explícita e cumprindo propósitos de grupo, ratifica-se a constatação de que a aplicação de modelos comportamentais propostos pela biologia é efetiva como alternativa para aplicação no campo, cada vez mais complexo, das organizações.

"Estou falando de um processo permanente de criar estados mentais instáveis dentro da organização. Estou falando na institucionalização da instabilidade através do livre fluir das idéias. Estou falando num empreendimento participativo de construção da realidade da empresa, de levar a empresa à *edge of chaos* e ajudá-la a entender que é aí, e só aí, que ela obtém a capacidade de se autoperpetuar."[9]

"Dançar quer dizer, acima de tudo
comunicar, unir-se, encontrar-se
Falar com o próximo
e sobre a profundidade do seu ser.
Dança é união,
de pessoa a pessoa
de pessoa com o universo
de pessoa com Deus."
Maurice Bejart

[9] Clemente Nobrega.

MUDANÇA ORGANIZACIONAL - *Soluções Genéricas para Projetos*

O fascínio do jazz, além da criatividade momento a momento, é a transparência para os ouvintes de alguma estrutura subjacente, fluida, não-densa; o processo criativo se dá a partir de elementos estruturais bastante significativos: *identidade no que é essencial e liberdade no que não é essencial.* **A marca do jazz e sua beleza decorrem exatamente da especificidade de cada performance, que no conjunto explicita uma combinação singular de liberdade e estrutura, pérolas para o alcance de nova compreensão sobre os elementos estruturantes de uma organização. A liberdade do jazz está naquilo que não distorce as convenções do estilo e a estrutura de cada composição.**

Mais do que utilizar a metáfora do jazz para alinhavar possibilidades de novas formas de estruturas organizacionais ou de equipes, queremos trazer à tona um pouco da angústia derivada da falência de modelos de gestão, e abrir novas perspectivas que possibilitem superar as dicotomias hoje existentes.

Renilda Ouro

ENTRE NO RITMO DO CONHECIMENTO CADA VEZ MAIOR

Não seria muito afirmar que a mais recente transição da gestão de recursos humanos por cargos e/ou funções para a gestão de pessoas por competências se dá, mesmo que sem conotação explícita, na direção de dotar as pessoas de *competências para agir e decidir num mundo com grande grau de improvisação*. Seria o caminho para a "improvisação competente", uma forma de escapulir do estigma de que tudo o que é "improvisado não é profissional"?

Não estamos advogando preparar as organizações para a retração do planejamento das mudanças, ou outro qualquer, mas sim que esse planejamento também deixe espaço para o desenvolvimento da capacidade de criar e agir, quando for preciso, sem que se procure exaurir em detalhes o plano ou que se mergulhe em estresse toda vez que o que vem ou está por vir não tenha sido programado. Está mais do que provado que não há método de planejamento capaz de suportar as necessárias *quebras de scripts*, comuns no *continuum planejado-realizado*.

Na analogia ao *jazz* a improvisação refere-se à simultaneidade do trabalho de composição e execução; é preciso assimilar a possibilidade do mesmo, considerando que tal prática levará as pessoas, as equipes e as organizações a:

1. Estimular o raciocínio estratégico em qualquer ponto da organização, numa visão do todo.
2. Acreditar no valor da alternância na atuação dos papéis desempenhados, de liderança a apoiador, capacitando todos para a compreensão do negócio.
3. Criar ambiente favorável à busca do significado de cada tarefa, como forma de eliminar o que não deve ser feito.
4. Assimilar a visão integrada dos processos, de forma a serem conhecidos os impactos das ações e decisões do que um faz em todas as outras partes.
5. Provocar a inovação contínua através do maior grau de autonomia e criatividade.
6. Estabelecer o trabalho e comunicação em rede de forma a tornar o sistema cada vez mais inteligente, a partir da sinergia entre as competências existentes.

MUDANÇA ORGANIZACIONAL - *Soluções Genéricas para Projetos*

É PRECISO CONSTRUIR UMA EQUIPE CAPAZ DE CONDUZIR AS MUDANÇAS

- Pessoas selecionadas
- Mudanças significativas de atitudes
- Alinhamento
- Acordos mínimos
- Competências técnicas e comportamentais
- Competências atuais x necessárias avaliadas
- Objetivos da mudança discutidos
- Regras do jogo e valores definidos
- Nenhuma dúvida sobre o "porquê mudar"
- Propósitos do trabalho e processos claros

"O homem é prisioneiro da sua forma de pensar e dos próprios estereótipos sobre si mesmo. Sua máquina de pensar, o cérebro, foi programada para um mundo que desapareceu. Esse velho mundo caracterizava-se pela necessidade de lidar com coisas: ferro, pedra, madeira. O novo mundo caracteriza-se pela necessidade de administrar a complexidade. A complexidade é a própria matéria do mundo de hoje. A ferramenta para lidar com a complexidade é a organização. Mas nossos conceitos de organização pertencem ao velho mundo, muito menos complexo, e não ao mundo de hoje, bem mais complexo. Ainda menos adequados são eles para lidar com a próxima época de complexidade, num mundo de explosiva mudança."

Stafford Beer

Renilda Ouro

AJUDE A CONSTRUIR UMA NOVA REALIDADE

O desconhecimento sobre as mudanças e seus resultados, atribuído ao pouco nível de informação, a invalidações, a apego à "zona de conforto", a ansiedades e até à culpa pelo sentimento de rompimento de paradigmas, aparece na ótica daqueles que vivem as mudanças, criando a lógica para mascarar a sua resistência, sempre na comparação com outras situações passadas ou desejadas, mesmo que completamente diferentes da realidade atual. É o pensamento em plena ação de construção da realidade!

Pessoas naturalmente otimistas são capazes de reverter a primeira impressão e certamente voltarão seus pensamentos para a questão: *como isso poderá funcionar da melhor maneira possível?* Nesse ponto a comunicação honesta e direta se torna o elemento de sustentabilidade das mudanças e o papel das equipes e da liderança dos processos fica evidente: pensar genuinamente de maneira otimista e comunicar isso, na expectativa de que venha a gerar as *mudanças necessárias de visão, sob a ótica dos colaboradores, buscando o verdadeiro sentido da comunicação: ação comum.*

O que ocorre dentro das organizações é um reflexo de tudo o que se passa fora delas. Se estivermos engatados no passado escolheremos ver o futuro como víamos o passado. Se formos capazes de alterar a nossa percepção sobre o momento presente alteraremos o futuro, e estaremos exercendo nosso poder de criação. A questão é: até onde podemos ir? Até que ponto podemos mudar o futuro alterando nossa percepção do agora? Ninguém sabe a resposta, mas com certeza é algo que deve merecer suficiente atenção e investimento, de forma a que as relações e organizações humanas possam caminhar com maior harmonia e dignidade, na busca de organizações saudáveis, que ajudarão a constituir sociedades saudáveis.

.

MUDANÇA ORGANIZACIONAL - *Soluções Genéricas para Projetos*

As organizações que são percebidas como máquinas constroem para si próprias estruturas rígidas, intransponíveis e como corolário trazem para dentro do ambiente organizacional as resistências. Da mesma forma, os canais de comunicação se restringem a essa estrutura, ignorando outras informações e relacionamentos significativos, criando ambiente favorável à desmotivação e à certa irresponsabilidade pelos propósitos institucionais. Conseqüentemente a participação não é vista como um valor, e instala-se o ressentimento, levando as organizações a um desempenho sem vida, carente de significado, carente de conexões de valor.

Renilda Ouro

CAIA NA REDE E APROVEITE

Fazemos parte de um mundo de conexões naturais onde tudo se relaciona a tudo. A todo momento fazemos conexões e se as praticamos conscientemente fortalecemos os *links*, conectando-nos com todos. Os avanços contínuos da tecnologia já possibilitam que redes de relacionamentos possam ser desenhadas com facilidade, constituindo-se em recursos capazes de transformar um mundo grande em pequeno.

Dentro da organização, indivíduos bem conectados podem cruzar as fronteiras tradicionais; as redes potenciais são maiores do que efetivamente podemos imaginar: apenas alguns atalhos são necessários para obtermos informações que podem fluir mais livre e diretamente.

Desenvolver projetos de mudança com base em redes de relacionamento e gestão, voltadas à sua operacionalização, ao seu acompanhamento e à troca de práticas e experiências, é uma possibilidade à qual não dá para dizer não. A tecnologia dispõe, para tal, de recursos a custos mínimos; a tendência das organizações é adotar a estrutura em rede, o que pode ratificar as vantagens do desenvolvimento e gerenciamento do projeto via redes colaborativas. Além de cumprirem todos os itens das iniciativas convencionais, os projetos que incorporam a idéia das redes possibilitam:

1. Criação de atmosfera de comunicação que motiva as pessoas envolvidas no projeto para ir além dos seus presentes horizontes.
2. Inovação na maneira de gerir o projeto, viabilizando a riqueza de informações que não seria possível sem a sua utilização.
3. Aplicação com rapidez das melhores práticas de gestão de mudanças e a disponibilização de soluções.
4. Consideração adequada das questões que surgem durante o decorrer do projeto, em vários pontos da organização.
6. Possibilidade de conhecimento e mapeamento de competências e de seu acionamento quando necessário ao projeto.
7. Redução de custos de desenvolvimento dos projetos.
8. Redução de desperdícios de recursos.

"..O dia é perfeitamente já de horas de trabalho.
Começa tudo a movimentar-se, a regularizar-se.
Com um grande prazer natural e direto percorro a alma
Todas as operações comerciais necessárias a um embarque de mercadorias.

A minha época é o carinho que levam todas as faturas,
E sinto que todas as cartas de todos os escritórios
Deviam estar endereçadas a mim.

Um conhecimento de bordo tem tanta individualidade,
E uma assinatura de comandante de navio é tão bela e moderna!
Rigor comercial do princípio e do fim das cartas:
Dear Sirs — Messieurs — Amigos e Srs.,
Yours faithfully - ...nos salutations empressées...
Tudo isto não é só humano e limpo, mas também belo,
E tem ao fim um destino marítimo, um vapor onde embarquem
As mercadorias de que as cartas e as faturas tratam.

Complexidade da vida! As faturas são feitas por gente
Que tem amores, ódios, paixões políticas, às vezes crimes —
E são tão bem escritas, tão alinhadas, tão independentes de tudo isso!

Há quem olhe para uma fatura e não sinta isto...
Eu é até às lágrimas que o sinto humanissimamente.
Venham dizer-me que não há poesia no comércio, nos escritórios!
Ora, ela entra por todos os poros...Neste ar marítimo respiro-a,..,
Porque as faturas e as cartas comerciais são o princípio da história
E os navios que levam as mercadorias pelo mar eterno são o fim..."

Álvaro de Campos, heterônimo de Fernando Pessoa.

4. QUE MÉTODO UTILIZAR PARA DETECTAR QUE COMPETÊNCIAS A EQUIPE DO PROJETO PRECISA DESENVOLVER?

A princípio a organização já detém algum conhecimento sobre as pessoas, suas habilidades e competências. Para o caso específico dos *projetos de mudança de grande porte*, que justifiquem tal estratégia, pode ser que seja preciso proceder a algum tipo de avaliação, conforme o descrito a seguir:

Etapa	IDENTIFICAÇÃO DAS COMPETÊNCIAS NECESSÁRIAS PARA A GESTÃO E DESENVOLVIMENTO DE PROJETO DE MUDANÇA DE GRANDE PORTE.

EXEMPLO

ETAPAS DO PROCESSO

1. Listar as competências organizacionais e individuais necessárias à equipe do projeto de mudança. Use o gráfico "Competências Básicas", para ajudar (ativar as idéias) nesse processo.

2. Proceder à avaliação da situação atual Vs.a necessidade detectada, considerando as habilidades e competências atuais das pessoas, vis-à-vis as necessidades.

3. Preparar programa de capacitação baseado no que se quer alcançar, definindo indicadores de acompanhamento e avaliação.

4. Capacitar pessoas e certificá-las, procedendo à disponibilização para a organização da competência ora alcançada (válido para a gestão via redes, principalmente).

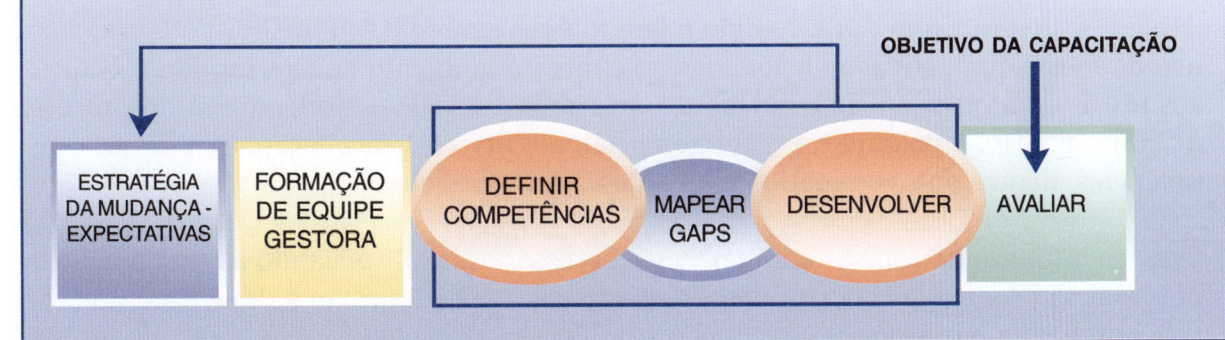

OBJETIVO DA CAPACITAÇÃO

ESTRATÉGIA DA MUDANÇA - EXPECTATIVAS → FORMAÇÃO DE EQUIPE GESTORA → DEFINIR COMPETÊNCIAS → MAPEAR GAPS → DESENVOLVER → AVALIAR

MUDANÇA ORGANIZACIONAL - *Soluções Genéricas para Projetos*

A CAPACITAÇÃO DEVE ESTAR ALINHADA ÀS ESTRATÉGIAS E AOS RESULTADOS ESPERADOS COM A MUDANÇA

FOCO: PROJETOS DE MUDANÇA DE GRANDE PORTE.

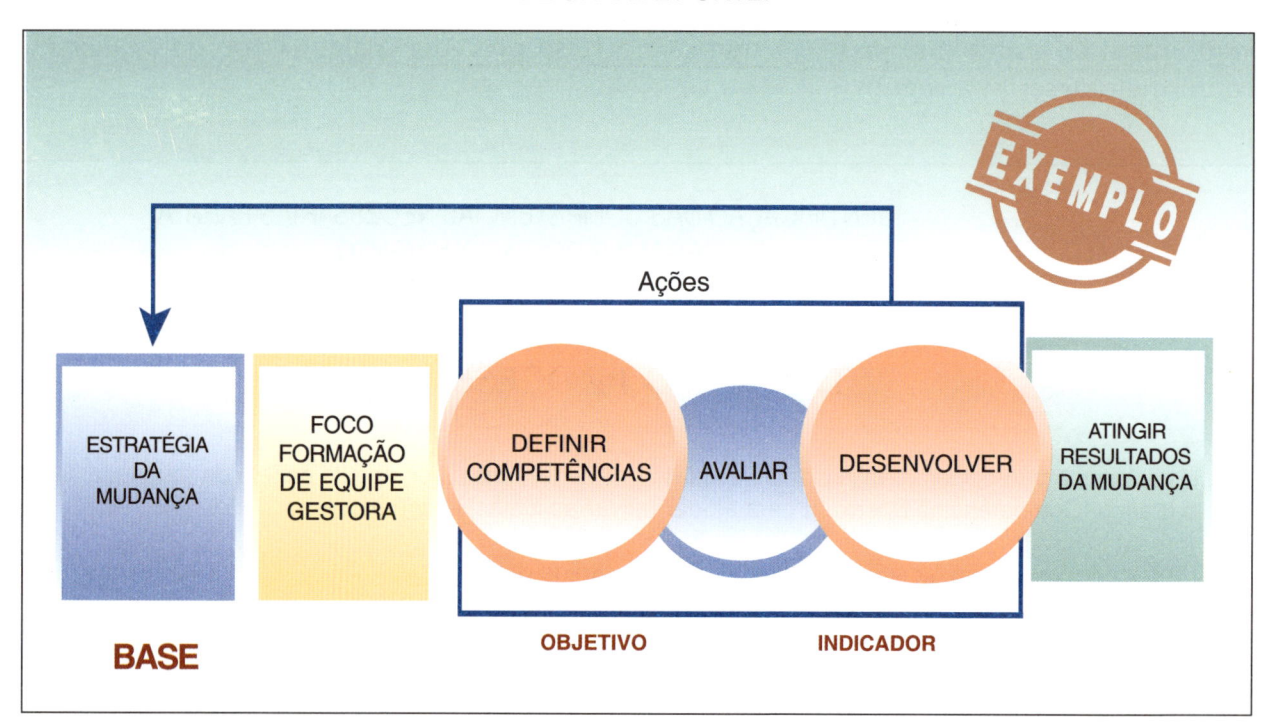

EXEMPLO

Ações: ESTRATÉGIA DA MUDANÇA → FOCO FORMAÇÃO DE EQUIPE GESTORA → DEFINIR COMPETÊNCIAS — AVALIAR — DESENVOLVER → ATINGIR RESULTADOS DA MUDANÇA

BASE | OBJETIVO | INDICADOR

1. *Defina* o melhor desempenho esperado da equipe durante o processo de mudança (competências requeridas).

2. *Avalie esse* desempenho durante todo o tempo e determine o seu melhor potencial. Faça uso de metas qualitativas relacionadas ao clima do ambiente onde a mudança ocorre, aos níveis de motivação, à facilidade de encontros e reuniões, ao feedback do processo de comunicação, à postura do nível gerencial, aos níveis de aceitação, às alianças e resistências, dentre outros julgados relevantes para o projeto.

3. *Desenvolva constantemente* as competências necessárias, multiplicando-as no ambiente, pois elas são competências "duráveis" que agregam valor à gestão e devem, como tal, "contaminar" a empresa.

Renilda Ouro

5. COMO GARANTIR ACORDOS NUM PROJETO QUE ENVOLVE TANTA GENTE?

Um dos perigos do tratamento de mudanças no nível técnico-operacional, sem uma estratégia forte voltada ao comportamental, é a manutenção do *status quo*, apesar do discurso interno constante da necessidade de mudar. Um outro grande perigo é a arrogância, peculiar a muitas empresas de sucesso e evidenciada na postura de alguns executivos, que em parte ajudam a construir "pontos cegos" que limitam a visão interna à "realidade percebida", que muitas vezes está muito longe do real. Esses fatos ganham lugar de destaque nas causas de insucesso das organizações.

Muito disso é proporcionado pela não-abertura ao diálogo essencial, principalmente quando não há o compartilhamento das estratégias e valores empresariais. Ainda hoje existem empresas que restringem o conhecimento das suas estratégias aos "donos", se empresa familiar, e aos principais executivos, se empresa não-familiar. A pergunta que surge é: como os colaboradores podem contribuir se não sabem avaliar se suas tarefas criam valor para o negócio, conforme esperado pelos acionistas e dirigentes? Organizações que assim agem são carentes de significado para as pessoas que lá trabalham.

Corroborando tais afirmações: Como os colaboradores podem dar o melhor de si e se realizarem pessoal e profissionalmente se não têm oportunidade de conhecer verdadeiramente o que constroem com o trabalho que fazem?

SABER O VALOR DO QUE SE FAZ DÁ SIGNIFICADO AO TRABALHO, MAIS AINDA, À VIDA DA PESSOA!

MUDANÇA ORGANIZACIONAL - *Soluções Genéricas para Projetos*

USE ESSE GRÁFICO PARA AJUDAR NO PROCESSO DE LISTAGEM DE COMPETÊNCIAS

CAPACIDADE – FAZER
Fazer
Orquestrar esforços coletivos
Orientar
Coordenar Grupos
Conhecer o técnico
Conhecer o negócio
Ter credibilidade
Ter acesso às lideranças
Tomar decisões
Liderar Grupos
Destruir o velho e construir o novo
Dar início a novos projetos
Alavancar resultados
Catalizar resultados

CAPACIDADE – FAZER
Gerar equilíbrio
Pesquisar
Estimular otimismo
Criar ordem e ritmo
Plantar
Motivar a si e outros

CAPACIDADE – FAZER
Conciliar
Não guardar mágoas
Não trazer para o "lado pessoal"
Sintetizar questões diversificadas
Despertar a consciência humana
Administrar potencial humano
Criar
Fazer descobertas

CAPACIDADE – TALENTOS
Administrar o tempo
Estudar, prospectar
Criar estratégias
Discernir
Abstrair
Analisar
Ser pontual
Negociar
Ser flexível
Transformar

CAPACIDADE – TALENTOS
Liderar
Decolar do zero
Ter visão clara
Apreender grandes conceitos
Distribuir energia equilibradamente
Ser inovador e criativo
Ser intuitivo
Visão sistêmica
Trabalhar em Equipe
Formar opiniões

CAPACIDADE – VALORES E ATITUDES
Transformação
Altruísmo
Imparcialidade
Dignidade
Afeição
Generosidade
Confiança
Equilíbrio
Exatidão

CHECKLIST

TALENTOS — **FORMAÇÃO ACADÊMICA** — **FAZER**

COMPETÊNCIAS BÁSICAS

CAPACIDADES — **CONHECIMENTOS**

VALORES E ATITUDES

CAPACIDADE – TALENTOS
Ajudar
Educar
Ser abrangente
Ser adaptável
Comunicar com clareza
Planejar
Fazer contato com a essência de tudo

CAPACIDADE – VALORES E ATITUDES
Senso de justiça
Independência-Interdependência
Dedicação
Mentalidade aberta

CAPACIDADE – VALORES E ATITUDES
Retidão de caráter
Leveza
Positividade
Equanimidade

Baseado em trabalho de grupo na Amana-Key.

Renilda Ouro

CONHECER COMO A TAREFA QUE SE FAZ CONTRIBUI PARA O NEGÓCIO É COMO FAZER UMA VIAGEM DO "EU AO NÓS"!

MUNDOS DISTINTOS...

QUESTÃO: Em que grau os empregados e gerentes da sua organização conhecem e compreendem o que se espera deles?

"Na verdade não há problema 'lá fora'. E se houvesse não haveria especialista 'lá fora' para resolvê-los. O problema está 'aqui dentro', na consciência do escritor e do leitor, em você e em mim. Está nas profundezas da consciência coletiva da espécie. Quando essa consciência começar a compreender e a atacar os falsos conceitos de organização da Era Industrial, aos quais nos agarramos; quando estiver disposta a se arriscar a perder o controle desses conceitos e a abraçar novas possibilidades; quando essas possibilidades cativarem um número suficiente de pessoas, novos padrões vão surgir e nós vamos descobrir que estamos na fronteira de possibilidades. No fundo, é com um conceito de organização e liderança errado e baseado numa metáfora falsa que precisamos lidar. Enquanto não se modificar a consciência que temos do aspecto relacional do mundo e de toda a vida que há nele, os problemas que esmagam os jovens e fazem chorar os adultos vão ficar progressivamente piores." *Dee Hock*

6. COMO CONSIDERAR A QUESTÃO DOS VALORES ORGANIZACIONAIS E INDIVIDUAIS?

Organizações existem para criar coisas melhores para a vida das pessoas, dos clientes, da sociedade. Criar esse tipo de emoção no grupo de uma organização significa permitir que todos aqueles que dela participam possam enxergar mais do que suas contribuições individuais: têm a oportunidade de conciliar suas visões e missões pessoais à missão e visão da organização para a qual prestam seus serviços. O mesmo é verdadeiro para os projetos de mudança.

Partindo-se do princípio de que existe inicialmente uma identificação do grupo empreendedor, e depois de todo o corpo funcional, de que a *organização realmente faz diferença*, pode-se dizer que se está no caminho da excelência na gestão; pode-se até admitir que esse tipo de organização tem *alma* e que as pessoas que dela participam estão lá por motivos maiores do que por interesses exclusivamente financeiros próprios ou pela razão de gerar lucros para os acionistas, que se reverteriam em ganhos maiores para si.

Portanto, toda vez que se decide levar à frente um projeto de mudança, é uma ótima oportunidade para também discutir outras questões que podem ser inseridas dentre as propostas correntes, que possam tornar o ambiente organizacional um reduto do exercício de valores construtivos que efetivamente tenham impacto na vida humana. Cada vez mais essas questões passam a ter importância, à medida que as receitas utilizadas até hoje nos trouxe ao contexto questionável em que nos encontramos.

> "O início de um hábito é como um fio invisível, mas a cada vez que o repetimos o ato reforça o fio, acrescenta-lhe outro filamento, até que se torna um enorme cabo, e nos prende de forma irremediável, no pensamento e na ação."
> *Orson Swett Marden*

CUIDADO COM OS PONTOS CEGOS...

"Toda empresa opera com um conjunto de hipóteses sobre si mesma, sobre a concorrência, sobre o funcionamento da indústria. Essas hipóteses estarão por detrás da estratégia escolhida."

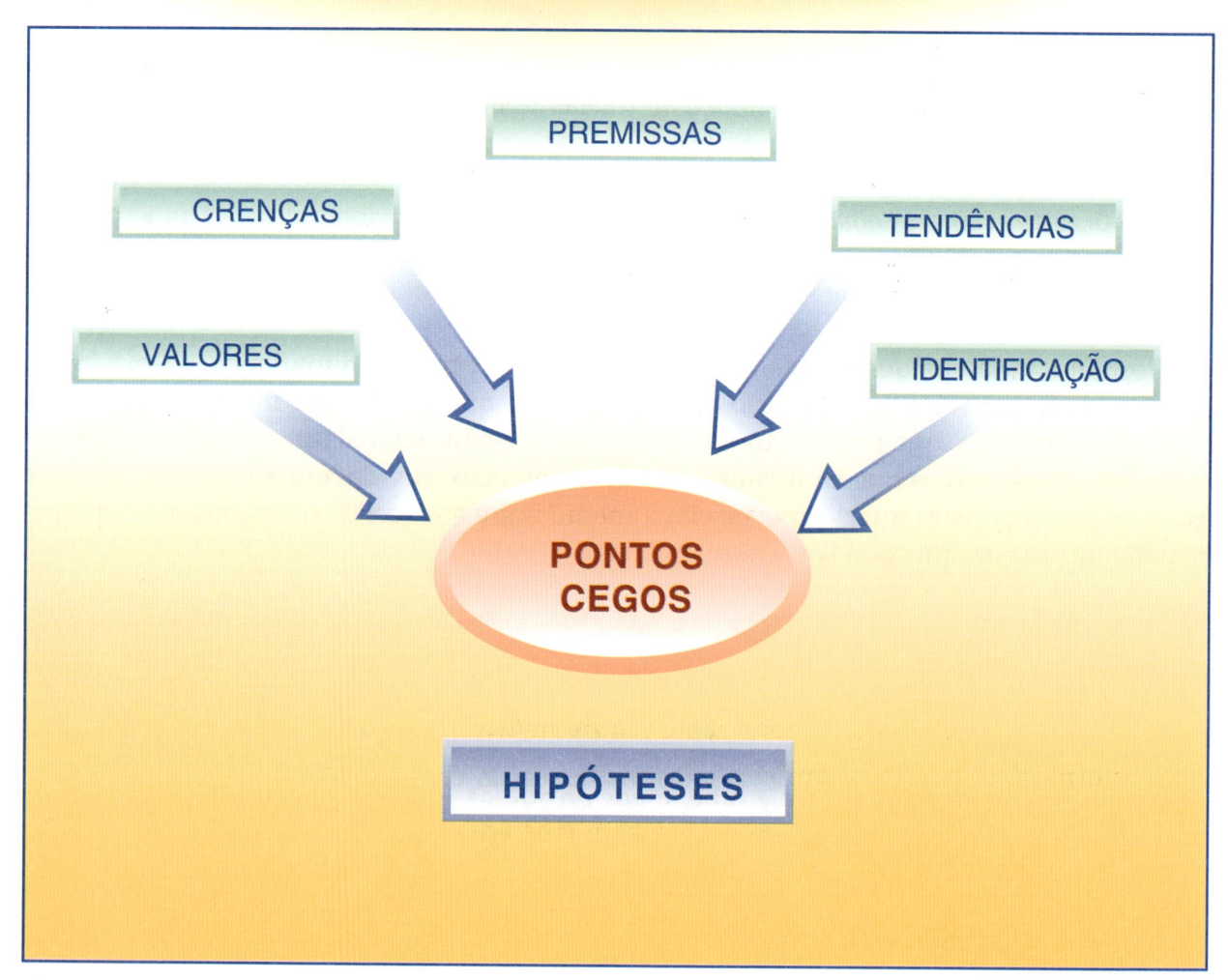

```
    CRENÇAS         PREMISSAS        TENDÊNCIAS
    VALORES                          IDENTIFICAÇÃO
              →  PONTOS CEGOS  ←
              
              HIPÓTESES
```

Fonte: notas de aula de Angela Rocha, Coppead – UFRJ.

7. COMO CONSIDERAR OS ESFORÇOS QUE AS EMPRESAS TÊM FEITO NA CAPACITAÇÃO DE LIDERANÇAS?

Considerada como uma alternativa para redefinição do mundo, a gestão torna-se uma poderosa ferramenta para encorajar o indivíduo no desenvolvimento e uso da sua capacidade de criação. A liderança então passa a ter muito mais a ver com a transmissão de uma visão construtivista e orientada à toda a coletividade do que com o foco no cumprimento de metas e busca de resultados que não têm impacto nenhum para a sociedade constituída.

Cumprir metas e alcançar resultados é fundamental, não é isso que se está questionando, mas sim o fato de somente isso ser dado como importante, somente isso ser comemorado, quando o que deveria ser relevado está muito mais vinculado ao que a empresa está de fato agregando à grande obra que o homem vem construindo durante o decorrer dos tempos. Assim, o papel da liderança deve ser visto como um processo de busca, criação e realização de propósitos coletivos, dentro de uma perspectiva de "fazer diferença", do estar plenamente vivo, do desenvolvimento da dimensão sagrada dos relacionamentos. Esse papel é de importância fundamental: cabe ao líder trabalhar para criar o ambiente de compartilhamento onde todas as pessoas vejam significado no trabalho que fazem. Ainda: o líder verdadeiro é aquele que forma outros líderes! Uma organização, então definida como um conjunto de pessoas que trabalham para cumprir determinado propósito, a partir de uma demanda social, deve acreditar profundamente que ela é importante e que a sua existência no meio social faz diferença. Se não houver essa crença, o seu desempenho certamente será questionável.

O desenvolvimento de competências que não abrangem essa dimensão pode se tornar efêmero. As transformações que são necessárias requerem mudanças no interior de cada ser humano, consideradas como a única maneira que permitirá compor um quadro revolucionário para as transformações que precisam ser feitas, na busca da construção de uma sociedade mais digna para todos.

COMO SE DÃO AS TRANSFORMAÇÕES?
COMEÇAM COM A TRANSFORMAÇÃO PESSOAL

MUDANÇA ORGANIZACIONAL - *Soluções Genéricas para Projetos*

AS EMPRESAS, NA SUA MAIORIA, SE ESTABELECEM DENTRO DO MUNDO DO RACIONAL, IGNORANDO AS EMOÇÕES QUE AFLORAM NO AMBIENTE DE TRABALHO. NO ENTANTO, O TRABALHO É UMA EXPERIÊNCIA INERENTEMENTE EMOCIONAL: A VIDA NAS ORGANIZAÇÕES É PARTE DA VIDA DOS SERES HUMANOS, DA SUA NATUREZA.

CRIAR A "SEPARAÇÃO" ENTRE O SER INDIVIDUAL E O SER PROFISSIONAL É O MESMO QUE DAR PERMISSÃO PARA PENSAR E NÃO PARA SENTIR.

SE OS SENTIMENTOS NÃO SÃO PERMITIDOS, COMO TRABALHAR NO NÍVEL DE EXIGÊNCIA PARA QUE AS PESSOAS DÊEM O MELHOR DE SI?

É PRECISO CRIAR CONDIÇÕES PARA QUE AS PESSOAS ESTEJAM PRESENTES, DE CORPO E ALMA!

Renilda Ouro

A LIDERANÇA NOS PROCESSOS DE MUDANÇA

Quando os principais líderes divergem com relação aos aspectos que, considerando a instabilidade do ambiente em época de mudança, requerem maior atenção, a probabilidade da proliferação dos sentimentos de insegurança e de ambiguidade que caracterizam o contexto é aumentada. E isso pode se apresentar na linguagem que usam, verbal ou corporal, nas mensagens explícitas e nos comportamentos, gerando descréditos e até reforçando os medos já instalados, peculiares a esses processos. O alinhamento das lideranças é fundamental: o ambiente requer referências, pois em épocas de transição elas se tornam bastante fluidas.

Se preciso for, deve-se investir tempo no alinhamento do nível executivo, de forma a serem estabelecidos alguns valores e premissas que nortearão os comportamentos no processo de mudança, na direção de um estilo quase único de enxergá-lo, assim como os seus benefícios, as suas perdas e desafios. Ter a consciência de que a atuação das lideranças é uma forma poderosíssima de multiplicação de valores e atitudes, da nova cultura que será impregnada na organização, é ter cuidado com os detalhes que podem ter preço muito alto. Esse alinhamento garante o reforço do sucesso na implementação das mudanças, afinal, o líder participa ativamente desse processo e pode colocar em risco a sua eficácia!

MUDANÇA ORGANIZACIONAL - *Soluções Genéricas para Projetos*

O LÍDER PARTICIPA O TEMPO TODO: ELE NÃO É UM MERO HOMOLOGADOR DA MUDANÇA

Um outro fator de sucesso no projeto é a absorção pelas lideranças da importância da mudança, do seu valor e do atingimento de novos patamares. Muitos líderes delegam a condução do processo de mudança a equipes de técnicos e adotam o papel de homologador. É válido lembrar que muitas vezes a equipe a que é atribuída a operacionalização das mudanças fará a sua própria interpretação, se não houver o alinhamento necessário, e embutirá às mesmas o seu juízo de valor. Se a equipe não participou ativamente dos diálogos sobre as premissas relativas às mudanças, se ela não internalizou a visão e as estratégias no nível adequado, o processo corre um sério perigo. Não só por isso, mas muito mais ainda pela pouca credibilidade sobre a importância das mudanças, pois se consideradas realmente fundamentais, o escalão de topo estaria muito mais envolvido, o que por si só já minimizaria os riscos de desalinhamento.

É necessário estabelecer os níveis de participação técnica, estratégica e política das lideranças, em conjunto com as equipe do projeto, pois é a separação entre líderes e liderados que provoca a ruptura de sistemas promissores. Vale também ressalvar que a diferença entre líderes e seguidores é inexpressiva, se considerarmos a utilidade desses papéis, como cita Dee Hock: "Não há momento em que o nosso conhecimento, julgamento e sabedoria tenham maior utilidade e aplicação do que os de outra pessoa – e outro momento em que o conhecimento, julgamento e sabedoria de outra pessoa tenham maior utilidade e aplicação do que os nossos".

O líder tem ainda papel muito importante: o de "coaching". Ele deve treinar sistematicamente sua equipe para que essa competência seja, cada vez mais, desenvolvida nos diversos pontos e níveis da organização.

Renilda Ouro

O QUE É O *COACHING*

O termo inglês *coach* tem origem no mundo dos esportes e designa o papel de preparador, de treinador e como é mais comum no nosso país, de "técnico". Papel com muita propriedade usado no *feedback* de avaliações 360 graus, o *coaching* vem se mostrando eficaz em diversas condições.

A base do *coaching*, como ferramenta de utilização na gestão, parte da necessidade da ampliação de competências para o atingimento de determinado resultado. A abordagem do *coaching* engloba os aspectos técnico e comportamental e objetiva a realização de algum resultado predefinido, que pode se referir tanto ao alcance de metas, à melhoria das relações no ambiente do trabalho, quanto ao apoio à realização pessoal. O *coaching* integra todas essas possibilidades e é eficaz à medida que favorece o planejamento das mudanças pessoais, otimiza o processo de escolha de novas maneiras de pensar e agir e ajuda a desenvolver competências consideradas necessárias. Resumindo: o *coaching* é um tipo de relacionamento onde uma pessoa se compromete a apoiar a outra no atingimento de algum resultado. Algumas organizações utilizam o termo *mentoring*, empregado como uma variação, mas sem nenhuma característica essencial que marque a diferença.

"A sabedoria não nos é dada; temos de descobri-la sozinhos, depois de fazer uma jornada que ninguém pode fazer por nós ou nos poupar de fazer!"
Marcel Proust

NOTA: A escolha do profissional de *coaching* deve ser bastante criteriosa, pois a formação específica não é garantia da competência necessária para o exercício de tal função.

MUDANÇA ORGANIZACIONAL - *Soluções Genéricas para Projetos*

ALGUNS DOS PAPÉIS DOS LÍDERES

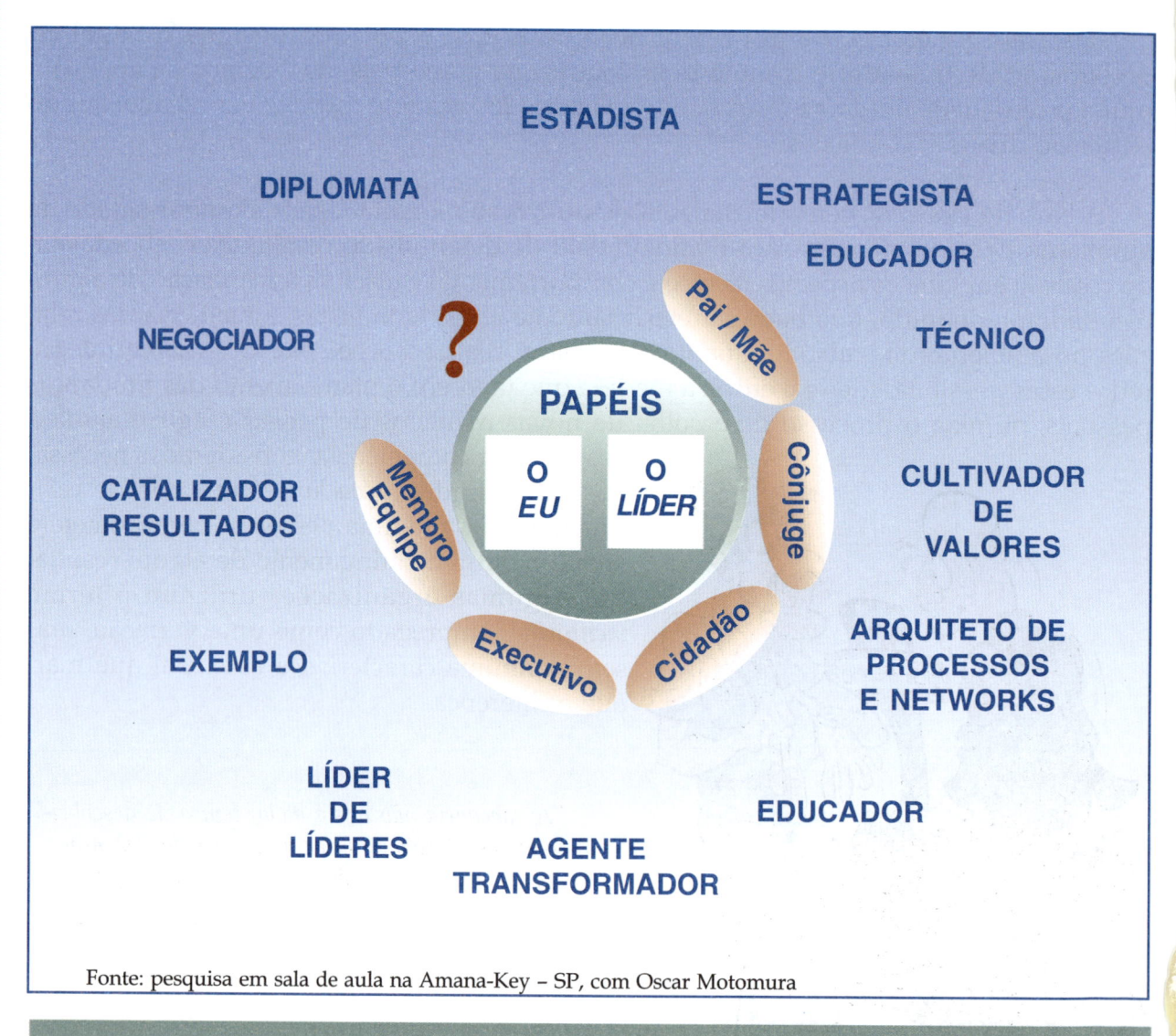

ESTADISTA

DIPLOMATA

ESTRATEGISTA

EDUCADOR

NEGOCIADOR

Pai / Mãe

TÉCNICO

PAPÉIS

O EU   O LÍDER

Cônjuge

CULTIVADOR DE VALORES

CATALIZADOR RESULTADOS

Membro Equipe

EXEMPLO

Executivo   Cidadão

ARQUITETO DE PROCESSOS E NETWORKS

LÍDER DE LÍDERES

AGENTE TRANSFORMADOR

EDUCADOR

Fonte: pesquisa em sala de aula na Amana-Key – SP, com Oscar Motomura

> "Sua vida é sua mensagem. A liderança pelo exemplo pessoal não é apenas a mais dominante forma de liderança, mas também a única duradoura; nenhuma imagem é capaz de sustentar um padrão não verdadeiro; se ela esconde o obscuro, o tempo e as circunstâncias o romperão!"
>
> *Keshavan Nair*

Renilda Ouro

ATITUDES QUE FACILITAM A GESTÃO DAS MUDANÇAS

A partir do momento em que os líderes assumem a mudança como relevante, o seu dia-a-dia deverá estar baseado na promoção da nova cultura, de forma a transmitir a todos os comportamentos exigidos para que a transição seja feita. Mesmo que isso pareça algo sutil, fazer a apologia da mudança, evidenciada pela explicitação da sua aprovação, já garante a qualidade do ambiente e ajuda a criar a sintonia adequada aos movimentos que pouco a pouco tomam conta do antigo, sobrepujando-se a este.

Muitos executivos assim não o fazem por não perceberem a importância de seu papel e o impacto de suas decisões e ações no cotidiano da organização. Estar consciente da atenção que deve dar aos processos de mudança pode gerar a eliminação das inconsistências em relação à mesma. A busca do equilíbrio entre fazer acontecer o dia-a-dia e o que acontece na vertente das mudanças é uma habilidade a ser desenvolvida com a adoção do *coaching*, ou mesmo com a introdução de técnicas semelhantes; isso facilita a compreensão sobre aqueles aspectos pouco desenvolvidos na liderança, quando vista sob o ângulo funcional ou psicossocial.

Por muitas vezes, os líderes com especialização específica em certas áreas da organização não possuem as competências necessárias para a condução de um processo de mudança. Apesar de não demonstrarem, por vezes eles têm dificuldades de lidar com fatores de motivação, com a organização do processo de mudança numa perspectiva geral, dentre outros. E a prática do coaching poderá agregar novas competências a esses líderes, reforçando a cultura de facilitação para a realização dos propósitos corporativos e minimizando a tendência de eles trazerem o foco das mudanças sempre para as suas áreas funcionais, de acordo com sua visão exclusiva, como se o resto da organização não tivesse a mesma importância.

QUESTÕES: Como sua empresa trata a necessidade de aperfeiçoamento das lideranças? Discuta e descubra novas possibilidades.

LEMBRE-SE: A LIDERANÇA É FATOR DE SUCESSO NOS PROJETOS DE MUDANÇA!

Os líderes de uma organização sustentável precisam estar comprometidos com valores construtivos, exercê-los e desta forma comunicá-los ao grupo. Estes líderes precisam adotar concepções éticas que os impedirão de entrar para ganhar num jogo onde muitos perdem, assumindo como pressuposto um jogo em que todos ganhem. Precisam ter a humildade de quem aprende o tempo todo, e a certeza de que estar na liderança é a grande oportunidade para mostrarem quem são, num contínuo e grande momento da verdade.

Precisam desembaçar a visão para olhar o mundo com olhos de descoberta; precisam exercitar a capacidade de inovação e romper as barreiras impostas pelo tempo, que mantém as organizações num mesmo lugar. Precisam desafiar este tempo de agora, privilegiando decisões que tenham impacto positivo no amanhã, quando o que é feito hoje fará parte da história.

Acima de tudo, é preciso que os líderes tenham a capacidade de observar sua própria sombra*, acessando o que está dentro dela, enfrentando vaidades e medos que alimentam os egos, aprendendo a dirigir-lhes o comportamento. Urge a descoberta de caminhos que levem também à busca do rompimento das sombras coletivas, que colocam as organizações humanas em perigo.

---

* Segundo definição da psicologia, sombra se refere a um lado obscuro da personalidade que o ego reprime ou não reconhece, querendo preservar a auto-estima pessoal; é um aspecto inconsciente ou escondido e tanto pode ser *bom* quanto mau.

Renilda Ouro

8. A VISÃO MAIS MODERNA DE GESTÃO INCLUI VALORES E PROPÓSITOS COMPARTILHADOS?

Considerar os problemas das empresas eminentemente técnicos levou a que as organizações de hoje se encontrem carentes das "emoções", do comprometimento efetivo, de alma. Aqueles que lidam com estratégia normalmente vêm de uma formação técnica, viciada na busca de soluções técnicas, nas fórmulas matemáticas, em teorias de decisão.

As próprias escolas de administração pouco enfatizam o conhecimento que essencializa o *management*, agregando a ele aspectos relevantes do comportamento humano, da antropologia, sociologia, psicologia e psicanálise, física quântica, biologia e outras ciências que podem em muito contribuir para a busca de maior compreensão sobre gestão e seus resultados, a partir da observação de como a vida funciona, de como o ambiente reage, de como as energias se cruzam criando campos propícios às realizações. Certamente chegamos ao problema dos valores, quando acreditamos que o desafio de hoje passa a ser o de criar dentro das organizações:

- Sentido de propósito, claro e compartilhado, que dê significado à vida das pessoas que para elas contribuem.

- Explicitação de valores institucionais, de forma que cada indivíduo tenha a oportunidade de procurar aquelas organizações onde possam exercer suas missões de vida.

- Sentimento de liberdade, de forma que as pessoas envolvidas numa organização possam fazer uso da criatividade para agregar valor ao grupo e ao negócio.

- Busca do exercício contínuo da identidade, "cola" que une indivíduos na busca das transformações necessárias e na sua identificação com a construção de algo dentro do espectro de valores positivos.

UMA DAS MAIS REVOLUCIONÁRIAS DESCOBERTAS DO NOSSO TEMPO É QUE A CERTEZA NÃO SE ESGOTA NO CAMPO DAS CIÊNCIAS. DA ÓTICA DA COMPLEXIDADE PODE-SE PARTIR PARA A BUSCA DE UMA NOVA PERCEPÇÃO DE MUNDO: A PERCEPÇÃO SISTÊMICA, AO INVÉS DA REDUCIONISTA.

A GRANDEZA QUE RESIDE NO FATO DE QUE MUITO ESTÁ PARA SER DESCOBERTO, É UM ELEMENTO MOTIVADOR, PARA AQUELES QUE DESEJAM MUDANÇAS NA DIREÇÃO DE UM MUNDO MELHOR. TUDO ESTÁ AINDA PARA SER FEITO.

ESSA É A GERAÇÃO DOS SUPER-HERÓIS, CRESCEMOS COM ELES, CONVIVEMOS COM ELES!

Renilda Ouro

DO HOMEM AO SUPER-HERÓI

No final da década de 60 assistíamos em preto-e-branco à mais recente série da TV: *Perdidos no Espaço*. Para aqueles que quisessem assistir a cores, a opção de mercado, somente acessível aos mais abastados, era adquirir uma tela plástica adaptável ao tubo da televisão: agora ela podia ser vista em tons de vermelho, azul e amarelo, em largas listras que tornavam o espetáculo em camadas coloridas. O mundo do progresso residia na fantasia de alguns visionários e, dentro das organizações, começavam a ser requeridos substitutos para os "chefes"; era preciso também reinventá-los. Cursinhos de "Chefia e Liderança" se introduziam, à medida que se começava a perceber que autoridade por si só não bastava e super-heróis entravam em cena, nas revistas em quadrinhos, em seriados na TV. Dentre Batman e Super-homem, as opções já poderiam ser feitas.

Algumas décadas depois, poucas se considerarmos os 10 mil anos de história da civilização e os quase 100 bilhões de seres humanos que já passaram pelo planeta, continuamos não mais apreciando a fantasia de *Perdidos no Espaço*, mas definitivamente parece que assim nos encontramos, dentre mudanças no conceito de "o que é morte", às possibilidades de conectar o mundo todo num mesmo espaço de tempo. De discussões sobre a viabilidade da reprodução humana via celular (de célula, não de telefone!), da pergunta da criança à sua mãe viciada em computador: *"Mãe, eu fui baixado da Internet"*? A questão que nos vem é: Quem são os super-homens que levaram o mundo a essas transformações? Quem são os super-homens a quem atribuímos as possibilidades de melhorar nossas organizações, transformar ações em resultados, criar um clima de cooperação favorável à realização?

MUDANÇA ORGANIZACIONAL - *Soluções Genéricas para Projetos*

Um mundo baseado em modelos inspirados em máquinas, cujo funcionamento é dado pela rigidez das peças, cada uma no seu lugar, segundo o modelo de Newton, está repleto de limitações, que se impõem, contaminando perspectivas de conexão com outras possibilidades, como nos faz ver os estudos da física quântica. O sentido de solidez do mundo dado pelo paradigma cartesiano está ultrapassado. Desestruturá-lo requer desenvolver novos referenciais, e essa busca parece estar diretamente relacionada à reeducação para uma nova e mais completa visão de mundo.

"As pessoas precisam acreditar que podem mudar o mundo. Se deixarem de ter fé nisso, não restará nada além da alienação."
Bono Vox, vocalista do U2

Renilda Ouro

ESTRUTURAS HIGH-TECH, COMPORTAMENTO LOW-TECH

Estamos ainda no tempo das organizações que adquirem uma tela plástica para que a vida lá dentro seja vista mais colorida; ainda não se chegou à era da tecnologia a cores próprias. Nem líderes que substituam suas gravatas ou jeans de fábrica por capas de látex, conseguirão fazer as verdadeiras transformações, se não adotarem um novo conceito relativo a formas de planejar e agir, ao mesmo tempo em que valorizem a improvisação do mundo complexo, as formas de organizar o trabalho, as relações e, principalmente, a busca de resultados. Novos referenciais emergem e é necessário compatibilizar estruturas *high-tech* e comportamentos *low-tech*, que é o que se constata hoje nas organizações. Dessa forma, são inibidas as grandes iniciativas de mudanças no comportamento organizacional que, decididas pela cúpula, se darão a partir do momento em que aconteça a revisão das premissas básicas que sustentam o *status* atual, e todos os seus impactos no ambiente organizacional; é preciso adequar o comportamento...

Prospectar dentre os conhecimentos já existentes aqueles que tragam alguma luz sobre uma visão transdisciplinar e mais coerente do mundo, pode aproximar as organizações das verdadeiras mudanças que precisam ser feitas. Não desviar o foco das estruturas, das decisões baseadas em correlações numéricas exclusivas, dos indicadores descolados de valores éticos e da competição destruidora, é continuar sem perceber o ponto onde as mudanças precisam ser feitas, e continuar negando as interconexões explicitadas pelos referenciais da biologia, que privilegiam a vida, colocando o orgânico no lugar do mecânico, premissas sobre as quais as organizações determinam seus valores de dominação e separação, pressupostos da era industrial.

MUDANÇA ORGANIZACIONAL - *Soluções Genéricas para Projetos*

REFLETIR SOBRE AS PREMISSAS NAS QUAIS SE BASEIA O COMPORTAMENTO HUMANO E SUA CONSEQÜÊNCIA NA TOMADA DE DECISÃO INDIVIDUAL E COLETIVA É ESSENCIAL, E TALVEZ SEJA UMA DAS ÚNICAS POSSIBILIDADES PARA SE ORGANIZAR AS ATIVIDADES HUMANAS DE MANEIRA MAIS INCLUSIVA, MENOS TORTUOSA PARA TANTOS, MAIS CONDIZENTE COM O GRAU DE PROGRESSO QUE A HUMANIDADE JÁ ALCANÇOU, PELO ESFORÇO DE MUITOS, PELAS MUDANÇAS CONTINUAMENTE FEITAS.

Renilda Ouro

NO MUNDO QUÂNTICO AS RELAÇÕES TÊM MUITA RELEVÂNCIA

O mundo quântico é um mundo rico, complexo, interdependente, imprevisível, dependente do acaso. É claro que para a administração é um grande desafio assumir essas premissas, o que significa transformar crenças, modificar o que viemos por séculos fazendo.

Muito dessa percepção se sobressai já em muitas organizações, quando detectamos mudanças nas linhas de produção que valorizam o processo, ao invés das tarefas, como mais recentemente era feito. O processo é uma vasta teia de relações, onde as interconexões determinam a transformação, e aí podemos assumir que um processo é tudo aquilo que muda a ordem. Para que um processo seja eficaz é preciso então mudar a estrutura tradicional que ainda nos faz analisá-lo por partes: é preciso perceber a teia de relacionamentos, a sua qualidade, a visão de cada integrante desse grande processo quanto ao impacto de suas ações e decisões para o resultado do todo.

Construir relacionamentos, alimentar sua evolução, desenvolver cada vez mais as pessoas no sentido da ampliação da sua visão de construção coletiva, tenha o processo a dimensão, abrangência ou complexidade que tiver, é a única maneira de capacitar a organização para a adoção da identidade, que suportará todas as suas relações. É a partir do significado que as atividades e projetos poderão ter alguma relevância no mundo das organizações, nos seus resultados, dentro e fora delas.

"Sonhei, confuso, e o sono foi disperso,
Mas, quando despertei da confusão,
Vi que esta vida aqui e este universo
Não são mais claros do que os sonhos são.

Obscura luz paira onde estou converso
A esta realidade da ilusão
Se fecho os olhos, sou de novo imerso
Naquelas sombras que há na escuridão.

Escuro, escuro, tudo, em sonho ou vida,
É a mesma mistura de entre-seres
Ou na noite, ou ao dia transferida.

Nada é real, nada em seus vãos moveres
Pertence a uma forma definida,
Rastro visto de coisa só ouvida."

Fernando Pessoa, 28-9-1933.

PRECAUÇÕES
OS CUIDADOS QUE O PROJETO DE MUDANÇA REQUER

MUDANÇA ORGANIZACIONAL - *Soluções Genéricas para Projetos*

PRECAUÇÕES
Os cuidados que o projeto de mudança requer

1. Qual o grau dos esforços a serem feitos no projeto de mudança? **193**
2. É preciso dotar de inteligência o projeto de mudança? **196**
3. Avaliar o estado atual da gestão da empresa pode ser vantajoso para o projeto de mudança? **198**
4. Por que a comunicação é sempre um grande desafio para as organizações? **199**
5. O que influencia um processo de comunicação? **201**
6. Qual é o maior desafio de um processo de comunicação? **205**
7. A forma de encarar a comunicação ajuda na compreensão do mundo? **207**
8. Como garantir o fôlego para resolver a questão da comunicação? **209**

Renilda Ouro

1. QUAL O GRAU DOS ESFORÇOS A SEREM FEITOS NO PROJETO DE MUDANÇA?

Essa é uma das principais questões para as organizações de hoje, mesmo para aquelas que se autodefinem como "atualizadas em gestão". A observação de algumas premissas pode separar as organizações em dois mundos, ao mesmo tempo que pode apoiá-las nos seus propósitos de agregar às mudanças sempre algo mais em favor da gestão.

Algumas das premissas que serão a seguir relacionadas ajudam a caracterizar as empresas mais aptas ao sucesso nos projetos de mudança. A partir da observação e análise das características apresentadas nas duas colunas, e do conseqüente posicionamento da organização em uma ou outra, inferências poderão ser feitas sobre o grau de esforços a serem empreendidos para levar a empresa a adotar parâmetros modernos de gestão, incluindo-se aí um processo inteligente de mudança. Vejamos:

Considere as tabelas das páginas a seguir e avalie a qualidade dos esforços a serem empreendidos:

✓ Esforços em altíssimo grau, se a organização se enxergar mais para a coluna da esquerda. Isso significa que na sua auto-análise ela se interpreta como uma organização eminentemente mecânica, como definido aqui.

✓ Esforços em baixo grau, se a organização apontar para a coluna da direita na maioria dos quesitos. A realização de mudanças nesta organização, dita orgânica, será de fácil absorção; ela é uma organização que adota a mudança como um valor, respeitando os paradigmas da ciência biológica.

"Depois que conhece uma nova idéia, a mente do homem nunca pode voltar às suas dimensões originais."
Oliver W. Holmes Jr.

MUDANÇA ORGANIZACIONAL - *Soluções Genéricas para Projetos*

AVALIE AQUI COMO ESTÁ SUA EMPRESA EM TERMOS DE GESTÃO

Dentro de uma visão do todo organizacional, ela está mais para uma organização mecânica ou orgânica?

PREMISSAS DA ORGANIZAÇÃO MECÂNICA	PREMISSAS DA ORGANIZAÇÃO ORGÂNICA
Rigidez estrutural e do estilo de gestão	Mudança como um valor
Decisões autocráticas, sem inferências com relação a seus impactos	Decisões compartilhadas e abertura para diálogo
Valorização de normas, estruturas e regras	Valorização de informações, identidade e relacionamentos
Visão da gestão por partes, limitada à área de abrangência funcional	Visão da gestão como uma grande rede de relacionamentos
Entendimento da estrutura organizativa como "limites" a movimentos internos	Entendimento da estrutura como facilitadora dos movimentos internos que realizam o negócio
Estruturas definidas segundo necessidades internas	Estruturas alinhadas a clientes e mercados, em todos os níveis
Estratégia vista como função do topo	Estratégia no "sangue" de todos
Comunicação referenciada a dados e informações	Comunicação como instrumento para compartilhar significados e criar conhecimento
Aprendizagem organizacional não sistematizada	Gestão do conhecimento como parte do modelo de gestão, para criação de valor

Cont.

Cont.

Liderança que determina as realizações e cobra	Liderança que dá poder e refina o grupo para realizações
Atividades e projetos realizados a qualquer custo	Responsabilidade social em todos os níveis
Importância ao "o que fazer"	Importância ao não desperdício, ao "o que e como fazer"
Visão estratégica vinculada ao negócio e aos clientes	Visão vinculada ao cliente, mercado, sociedade e planeta
Educação como responsabilidade excluída da gestão	Educação como responsabilidade de todos, em qualquer nível
Visão de habilidades e destrezas	Visão de competências relacionadas às estratégias do negócio, ao comportamento e à contribuição social
Visão de partes do processo	Visão de processos como um todo e de seus impactos
Sistemas de informações que privilegiam resultados operacionais	Sistemas de informações que privilegiam resultados estratégicos e inteligência de negócio
Planejamento como a mola mestra da organização	Planejamento como direcionador e objeto de referência
Valores como conceito e moldura da organização	Valores traduzidos em comportamentos e práticas da organização
Executivos com a responsabilidade de fazer o negócio funcionar	Executivos com a responsabilidade de compartilhar significados e obter adesões pelo alinhamento da missão organizacional com missões pessoais

QUESTÃO: Detenha-se nessa avaliação, Ela é fundamental para a prosperidade da sua organização.

2. É PRECISO DOTAR DE INTELIGÊNCIA O PROJETO DE MUDANÇA?

Sim, pois a ação esperada com a utilização de um método para o projeto de mudança varia de acordo com a *expertise* adotada no seu desenvolvimento e implantação, considerados o estado do "organismo" onde será aplicado, como acabamos de ver neste módulo, e ainda a competência das pessoas envolvidas. Para que um projeto de mudança tenha efeito e se traduza em resultado de sucesso nunca perca de vista:

ALINHAMENTO ENTRE PROPOSTAS, ou visões de mundo, implícitas na mente e no coração das pessoas que colaboram para a empresa alcançar os seus resultados.

Sucesso e excelência organizacional são produtos de energia, valores e comportamentos, onde um afeta diretamente o outro. É preciso equilibrar a dosagem de cada componente.

MOTIVAÇÃO, a partir de uma mesma visão compartilhada. É o elemento capaz de fazer o sucesso acontecer, pois se traduz numa viagem do "eu ao nós".

Considerar a mudança como um valor é a única forma de garantir respostas adequadas às demandas do ambiente de negócios.

TRABALHO EM REDE, a partir de sistemas estabelecidos através de relações horizontais, interconectadas, e com dinâmica própria. Dentro de uma perspectiva de organização para o projeto de mudança, são sistemas que possuem agilidade e valoração da diversidade, trazendo para dentro do projeto possibilidades de ampliação do trabalho colaborativo e participativo.

Apenas alguns atalhos são necessários para criar um mundo pequeno, onde a informação é encontrada com facilidade e está acessível a todos, eliminando desperdícios, garantindo agilidade e ampliando a inteligência de negócio.

> "Andei por esta terra durante trinta anos e, por gratidão, quero deixar alguma lembrança."
> *Vicent Van Gogh*

LIDERANÇA do processo, e caso o projeto tenha abrangência considerável, lideranças locais, assim como uma boa dose de formadores de opinião e multiplicadores identificados com as mudanças.

A liderança pelo exemplo pessoal é a única forma de sustentar um padrão verdadeiro; o tempo não o romperá.

EQUIPE COMPETENTE, com *expertise* técnica e comportamental, com experiência em processos de mudança e que estabeleça uma rede inteligente do processo, composta por colaboradores efetivos que agreguem valor ao desenvolvimento e implantação das mudanças.

A mudança começa com as pessoas; o conhecimento técnico e sua aplicação não são suficientes para garantir a realização do projeto. Mudar é, necessariamente, alterar o comportamento e a atitude das pessoas.

ORGANIZAÇÃO DO PROCESSO e a adoção de um programa de sensibilização que antecipe os desafios, monitore o ambiente e crie favorabilidade às mudanças.

A transição de um estágio a outro é um processo de aprendizado em que deve haver encorajamento para adoção de novos comportamentos. É necessário consolidar o processo, traduzindo-o em ganhos e administrando as perdas.

MUDANÇA ORGANIZACIONAL - *Soluções Genéricas para Projetos*

3. AVALIAR O *STATUS* ATUAL DAS ÁREAS DA EMPRESA PODE SER VANTAJOSO PARA O PROJETO DE MUDANÇA?

Sim, principalmente porque pode servir como mapeamento de dificuldades de gestão que poderão ter impacto nas mudanças, ou vêm influenciando o dia-a-dia, impactando negativamente nos resultados do negócio. São os chamados custos invisíveis!

ASPECTOS ANALISADOS FOCO: APLICAÇÃO EM UNIDADES E NÍVEIS VARIADOS DA ORGANIZAÇÃO	GRAU DE ADEQUAÇÃO AO TRABALHO			
	Excelente	Satisfatório	Regular	Ruim
Explicitação da estratégia				
Clareza de objetivos				
Responsabilidades claras				
Papéis devidamente definidos				
Estrutura organizacional (não geradora de conflitos)				
Processos em níveis otimizados?				
Tomada de decisão				
Sinergia de esforços e interfaces				
Integração das áreas – harmonia				
Facilidades para o trabalho (sistemas, capacitação, suporte etc.)				
Informações acessíveis e nos pontos certos				

4. POR QUE A COMUNICAÇÃO É SEMPRE UM GRANDE DESAFIO PARA AS ORGANIZAÇÕES?

Não só para as organizações, mas é uma questão crítica que o homem ainda não conseguiu resolver, embora milhares de anos de prática. Comunicação é um processo no qual uma pessoa, através do uso de sinais e/ou símbolos, verbalmente ou não, conscientemente ou não, mas sempre *intencionalmente*, transmite significado à outra pessoa. Essa é a definição que tem valor!

O vocábulo "communicatio", na sua forma latina, dá algumas pistas sobre o seu significado. Ele contém duas raízes: "com", do latim "cum", traduzido por *com* ou *junto com* e "unio", que quer dizer *união*. Dessa forma, comunicação se refere à união, a partir de dois conceitos que vêm da mesma base e têm significado direto e claro: **comunidade** e **comunhão**. Os povos antigos acreditavam que com o empenho na comunicação, de alguma forma misteriosa, *a verdadeira união seria alcançada.*

Na física tudo é controlado pelas mesmas leis, mas isto não é válido quanto aos mundos criados pelos seres humanos: os chamados "mundos culturais". Cada mundo cultural opera segundo sua própria lógica, sua própria dinâmica interna, seus próprios princípios e leis; o mundo da comunicação aí se insere e é possível afirmar que ele pode ser dividido em três partes:

PALAVRAS – são o meio pelo qual os negócios, a política e a diplomacia se realizam.
COISAS MATERIAIS – que se constituem geralmente de indicativos aparentes de poder e status.
COMPORTAMENTOS – explicitam ou deixam evidente como as pessoas se sentem nas diversas situações.

> *"Assim como falham as palavras quando querem exprimir qualquer pensamento,*
> *Assim falham os pensamentos quando querem exprimir qualquer realidade.*
> *Mas, como a realidade pensada não é a dita mas a pensada,*
> *Assim a mesma dita realidade existe, não o ser pensada.*
> *Assim tudo o que existe, simplesmente existe.*
> *O resto é uma espécie de sono que temos,*
> *Uma velhice que nos acompanha desde a infância da doença."*
> Alberto Caeiro, heterônimo de Fernando Pessoa 1-10-1917

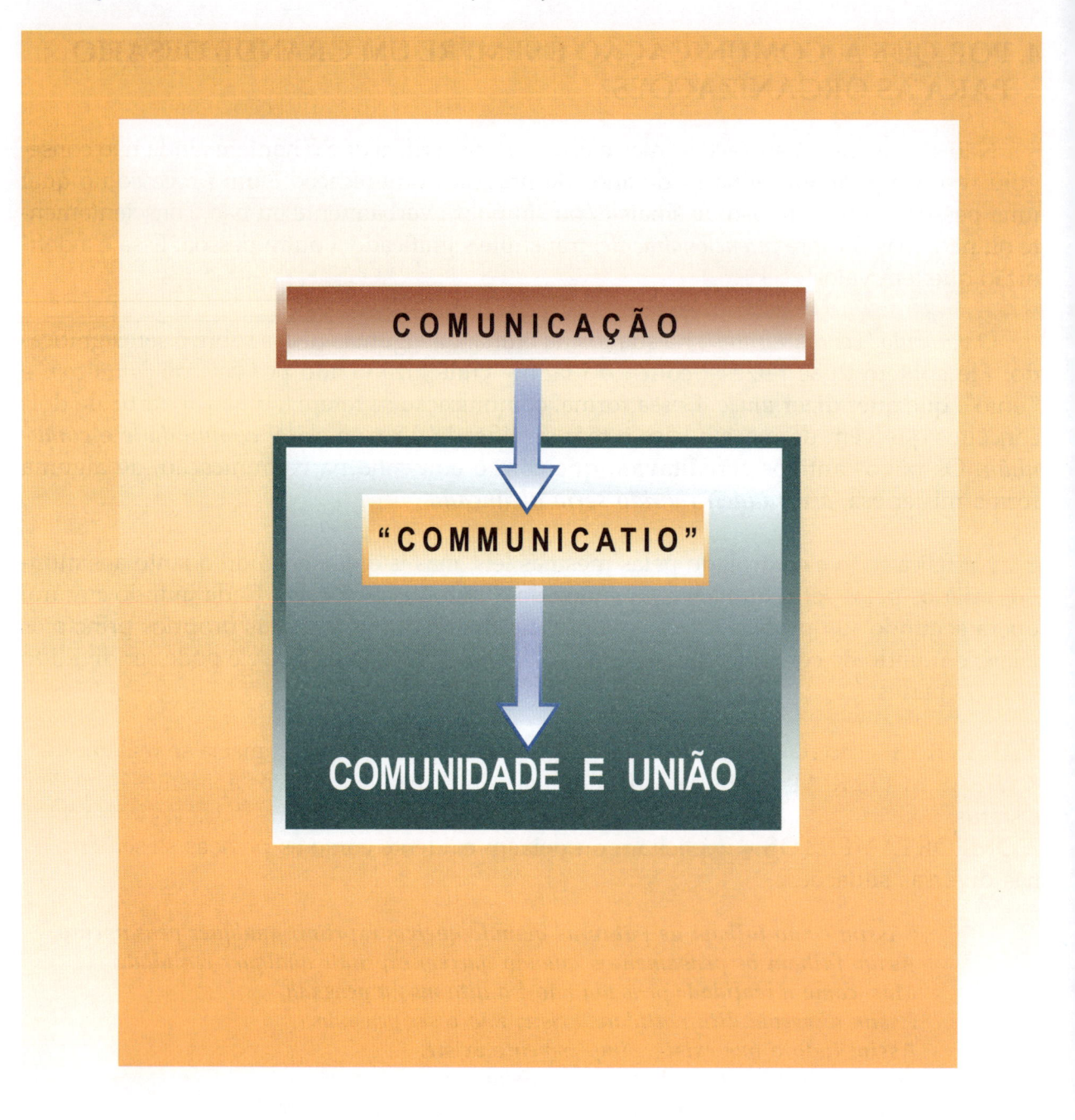

MUDANÇA ORGANIZACIONAL - *Soluções Genéricas para Projetos*

```
COMUNICAÇÃO
      ↓
"COMMUNICATIO"
      ↓
COMUNIDADE E UNIÃO
```

Renilda Ouro

5. O QUE INFLUENCIA UM PROCESSO DE COMUNICAÇÃO?

Através do estudo dessas três partes de processo da comunicação – palavras, coisas materiais e comportamentos, na nossa e em outras culturas, pode-se reconhecer e compreender uma vasta região inexplorada do comportamento humano, que existe fora da percepção consciente das pessoas: uma espécie de *linguagem silenciosa*, que é transmitida de maneira inconsciente e propicia pistas para se compreender os princípios subjacentes que moldam nossas vidas, e que têm influência em todos os esforços de comunicação.

A cultura pode ser comparada a um computador gigantesco e complexo. Seus programas guiam as ações e as reações dos seres humanos em cada estágio de suas vidas. Esse processo exige atenção a tudo o que as pessoas fazem para sobreviver, progredir no mundo e extrair satisfação da vida. E mais: os programas culturais não irão funcionar caso passos cruciais sejam omitidos, o que ocorre quando, inconscientemente, são aplicadas regras específicas de dada cultura a outras.

Um elemento de grande importância no mundo da comunicação é o ritmo. O ritmo mantêm as pessoas juntas e pode também afastá-las! Algumas pessoas são lentas, movem-se lentamente; outras são rápidas e movem-se rapidamente. Quando duas pessoas assim se encontram pode haver problemas de interação, pois não estarão "em sincronia", entendida como a *capacidade de movimento em grupo*, vital para todos os esforços colaborativos, cooperativos e de trabalho conjunto.

A essência de uma comunicação eficaz tem mais a ver com a liberação das *respostas corretas* do que com o envio das *mensagens corretas*. Por tudo isso pode-se perceber a importância da comunicação nos projetos de mudança.

"A ciência afeta a maneira como pensamos juntos."
Lewis Thomas

MUDANÇA ORGANIZACIONAL - *Soluções Genéricas para Projetos*

A ETIMOLOGIA DA PALAVRA COMUNICAÇÃO

O termo "COMMUNICATIO", na forma latina, dá algumas pistas para o significado da palavra. Ele contém duas palavras raízes: **com,** do latim **"cum"**, traduzido por *com* **ou** *junto com* e **unio,** que quer dizer *união.* Desta forma, comunicação se refere à união: *com* **ou** *junto com.* As palavras *comunidade* e *comunhão* vêm da mesma base, e explicitam a mesma idéia no seu significado. Para os povos antigos era algo de tanta importância que eles acreditavam que ao empenharem-se na comunicação, de alguma forma misteriosa, *a verdadeira união* seria alcançada.

COMUNICAÇÃO E CULTURA

O ritmo está diretamente vinculado à velocidade, que na cultura da comunicação se relaciona ao tempo que se leva para decodificar uma mensagem e agir sobre ela. Isso se constitui numa importante característica da comunicação humana. Uma mensagem rápida enviada a pessoas que estão voltadas para um formato lento, não conseguirá atingir seu alvo, e vice-versa. O problema é que poucas pessoas têm consciência de que a informação pode ser enviada e recebida em diferentes velocidades, sem que isso implique em juízos de valor que levem a valorizar uma ou outra situação, dentro de premissas de maior ou menor capacidade humana.

A própria linguagem é uma mensagem muito lenta; depois de 4.000 anos os seres humanos começam apenas a descobrir do que se trata. Na essência, uma pessoa é uma mensagem lenta; é preciso algum tempo para se chegar a conhecer bem alguém, para se obter informações suficientes que permitam dizer: "conheço muito bem fulano!" Outro elemento que intervém na qualidade e eficácia da comunicação é o contexto. O *contexto* é o conjunto de informações que se encontra ao redor de um evento e está inseparavelmente atado ao significado do mesmo.

Uma comunicação ou *mensagem de alto contexto* é aquela em que a maioria das informações já se encontra na pessoa, ao mesmo tempo em que muito pouco está na parte codificada a ser transmitida através da mensagem, ou seja, existe um conhecimento prévio formado a partir de observações que *exprimem o valor dado ao contexto*, e por isso há certa proximidade entre a realidade onde o evento ocorre e a comunicação propriamente dita, minimizando a necessidade de decodificação da mensagem.

Um baixo contexto de comunicação é justamente o oposto: é a quantidade de informações que está inserida no código explícito, na mensagem, pois o contexto onde ela ocorre *"não faz parte" da realidade vivenciada,* compartilhada pelos interlocutores.

Assim, conclui-se que cada pessoa é influenciada pelo nível de contexto. A contextualização tem várias funções e qualquer desvio no nível de contexto se constitui também em comunicação. Esse desvio pode ser dirigido para indicar uma aproximação ou para garantir a frieza e insatisfação com o relacionamento, evidenciado principalmente pelo comportamento implícito e perceptível no processo de comunicação.

CULTURAS DE BAIXO CONTEXTO

A maioria das mensagens precisam ser explicitadas.
Os significados estão nas palavras, não no contexto.
A comunicação expressa verbalmente é altamente valorizada.
Ir direto ao assunto é um valor; nada de rodeios ou indecisões.
Relacionamentos são algo muito distante dos negócios; são desvinculados deles.
Interrupções de tarefas por terceiros, de qualquer ordem, não são bem-vindas.
Os espaços pessoais são estreitos, delimitando níveis de intimidade.
Pouco envolvimento com o contexto.

CULTURAS DE ALTO CONTEXTO

Grande parte das mensagens são implícitas; o contexto tem muito valor.
A atenção às situações, mesmo que alheias, que cercam o ambiente, é importante.
A ênfase em aspectos não-verbais é clara e óbvia.
Ir direto ao assunto não é algo visto como desejável; há dificuldade para tal.
Relacionamentos têm grande importância nos negócios.
O culto ao relacional permite que muitas coisas fiquem indefinidas, por conta do contexto.
Os espaços pessoais são amplos e com poucas restrições à intimidade.
Muito envolvimento com o contexto.

6. QUAL É O MAIOR DESAFIO DE UM PROCESSO DE COMUNICAÇÃO?

Com relação ao próprio conceito de contexto, alto ou baixo, verifica-se que os povos de alto contexto tendem a se tornar impacientes ou irritados quando povos de baixo contexto insistem em lhes dar informações das quais não necessitam. Inversamente, os povos de baixo contexto sentem-se perdidos quando os de alto contexto não lhes fornecem informações suficientes.

Assim, um dos grandes desafios da comunicação é encontrar o nível adequado de contextualização em cada situação. O excesso de informação leva as pessoas a se sentirem diminuídas; a informação a menos, por outro lado, pode confundí-las ou fazê-las se sentirem excluídas. Normalmente as pessoas fazem automaticamente esses ajustamentos no próprio ambiente onde estão acostumadas a lidar (país, grupo social...). Em outros locais, suas mensagens, com freqüência, não atingem seu alvo. O mesmo acontece quando está em evidência outra variável que intervém na eficácia e qualidade da comunicação: o espaço. Cada ser vivo tem uma fronteira física visível, sua pele, a separá-los de seu ambiente externo. Essa fronteira visível está cercada por fronteiras invisíveis que são mais difíceis de se definir, mas que nem por isso são menos reais. Essas outras fronteiras começam com o espaço pessoal de um indivíduo e terminam em seu "território".

A *territorialidade*, uma característica inata, é o ato de reivindicar e defender um território, sendo um elo vital na cadeia de eventos necessários à sobrevivência. Nos seres humanos, a territorialidade é altamente desenvolvida e fortemente influenciada pela cultura. O espaço pessoal constitui-se em outra forma de território. Cada pessoa tem ao redor de si uma bolha invisível de espaço que se expande e contrai, dependendo de uma série de fatores: o grau de relacionamento com pessoas, o estado emocional, seus antecedentes culturais e a atividade que esteja sendo executada. As mudanças nas bolhas fazem com que as pessoas se sintam desconfortáveis ou agressivas (pode ser por falta de espaço físico, multidões, invasões bárbaras ou emocionais...).

MUDANÇA ORGANIZACIONAL - *Soluções Genéricas para Projetos*

Comunicação

Alto Contexto

- Japoneses e Chineses
- Árabes
- Gregos
- Latino-Americanos
- Espanhóis e Italianos
- Franceses
- Ingleses
- Norte-Americanos
- Escandinavos
- Suíços
- Alemães

Baixo Contexto

CLASSIFICAÇÃO DAS CULTURAS SEGUNDO PREMISSAS DA COMUNICAÇÃO

Fonte: Mary O'Hara-Devereaux and Robert Johansen

7. A FORMA DE ENCARAR A COMUNICAÇÃO AJUDA NA COMPREENSÃO DO MUNDO?

Poucas pessoas se dão conta de que *o espaço é percebido por todos os sentidos* e não apenas através da visão. O espaço auditivo é percebido pelos ouvidos, o espaço térmico pela pele, o espaço cinético pelos músculos e o espaço olfativo pelo nariz. Os povos de baixo contexto, em medida maior, se valem intensamente da filtragem auditiva, especialmente quando desejam se concentrar. Os povos de alto contexto rejeitam a filtragem auditiva e se sentem bem quando podem ser interrompidos e ficar sintonizados com aquilo que se passa ao seu redor, fazendo uso da percepção em todos os sentidos.

Além da questão do ritmo, velocidade e espaço, outra variável de muita relevância para a compreensão da comunicação, segundo aspectos culturais, é o tempo. Há muitos sistemas de tempo no mundo, mas dois deles têm maior importância para os negócios e relacionamentos: *os tempos monocrônico e o policrônico*, referenciais utilizados na caracterização de culturas e sistemas de comunicação intrínsecos a elas.

O tempo monocrônico se caracteriza pela ocorrência singular, não simultânea, de eventos ou tarefas e aliado a isso soma outra característica: baixo nível de envolvimento das pessoas nos relacionamentos. *O tempo policrônico* se caracteriza pela ocorrência simultânea de muitas coisas e agrega um outro fator: grande envolvimento com as pessoas, ou seja, há maior ênfase na conclusão das transações humanas do que na observação de horários, prazos e metas, enquanto o oposto é verdadeiro para o tempo monocrônico; essa é a origem da utilização da variável "tempo" como uma forma de demonstrar o sentido do que é priorizado dentro de cada cultura.

Concentração de tarefas, programações, prioridades, tudo isso é bem característico para cada um dos dois padrões de tempo aqui considerados. Tal afirmação pode sugerir o quanto é importante uma compreensão maior dos gestores da mudança naquilo que se refere à sua gestão e o envolvimento com as pessoas.

"Todos os inúmeros eventos do mundo estão potencialmente presentes, capazes de ser vistos ou sentidos, mas não são efetivamente vistos ou sentidos até que um de nós os veja ou sinta."
Fred Alan Wolf

O *TEMPO MONOCRÔNICO* SE CARACTERIZA PELA OCORRÊNCIA SINGULAR, NÃO SIMULTÂNEA, DE EVENTOS OU TAREFAS E PELO BAIXO GRAU DE ENVOLVIMENTO NOS RELACIONAMENTOS.

O *TEMPO POLICRÔNICO* SE CARACTERIZA PELA OCORRÊNCIA SIMULTÂNEA DE MUITAS COISAS E POR UM GRANDE ENVOLVIMENTO NAS RELAÇÕES.

TEMPO MONOCRÔNICO	TEMPO POLICRÔNICO
Valorização de *uma coisa por vez*.	Fazer muitas coisas ao mesmo tempo.
Concentração na tarefa.	Pouca concentração nas tarefas.
Prazos encarados com seriedade.	Prazos são compromissos; só se "possível".
Informações/detalhes sempre necessários.	Pontualidade não é um valor.
Comprometimento com tarefas e metas.	Compartilhamento de sentimentos.
Pontualidade é um valor.	As informações já "estão presentes".
Cumprimento religioso do planejado.	Comprometidos com as pessoas e relacionamentos, mais do que com as metas.
Preocupação em não perturbar os demais, em não "roubar" seu tempo.	Mudança de planos com freqüência.
Privacidade é muito prezada.	Ligados àqueles com quem se relacionam, mais que à privacidade.
Não compartilhamento da dor.	Facilidade de emprestar e pedir emprestado.
Limites de intimidade são autoimpostos e válidos para si e outros.	Respostas baseadas nos relacionamentos e não na objetividade.
Dificuldade de emprestar ou tomar emprestado.	Propriedade se confunde com intimidade.
Ênfase à pronta resposta, mesmo que não seja agradável.	Relacionamentos tendem a ser mais profundos e de mais longo prazo.
Relacionamentos podem ser superficiais ou de curto prazo.	

Renilda Ouro

8. COMO GARANTIR O FÔLEGO PARA RESOLVER A QUESTÃO DA COMUNICAÇÃO?

Não é necessário resolver todos os problemas de uma só tacada, mas apenas demonstrar um desejo genuíno de fazê-lo e dar um passo de cada vez, mesmo que isto pareça levar uma eternidade. As recompensas não são apenas materiais, mas também psicológicas e mentais. Não é somente no espaço sideral ou no micromundo da ciência que se pode encontrar novas fronteiras; elas estão igualmente nas interfaces das culturas, no relacionamento entre diferentes seres, à disposição de quem quiser tirar proveito para melhorar a qualidade de vida!

Nas organizações tudo o que a gerência faz é comunicado e encarado segundo o contexto cultural; todos os atos, eventos, coisas materiais, linguagem silenciosa, tudo tem significado. Algumas organizações enviam mensagens fortes e consistentes que são prontamente captadas tanto pelos empregados como pelos clientes. Algumas pensam que mandam, algumas são mais difíceis de interpretar, não há clareza, existe incongruência...

As pistas, em torno das quais as mensagens de uma organização são sistematizadas, são tão diferentes quanto as linguagens que usam, as quais estão associadas. A chave para se chegar a ser comunicador eficiente é saber o grau de informação, ou seja, de contextualização que tem que ser propiciado. As pessoas são diferentes, têm contextos diferentes e não têm consciência fluida sobre isso. É preciso que se chame a atenção!

MUDANÇA ORGANIZACIONAL - *Soluções Genéricas para Projetos*

COMO PESSOAS COM CARACTERÍSTICAS DISTINTAS SE COMUNICAM

O desenho a seguir demonstra as diferenças nos vários ritmos de comunicação, comparando como cada um dos cinco grupos abordaria uma tarefa específica. O processo mental varia de acordo com as características pessoais. Da visão clara da tarefa à detalhada, da abstração ao aproveitamento de experiências anteriores, a idéia da apresentação deste gráfico é reforçar a afirmação relativa às diferenças, quando se trata de comunicação.

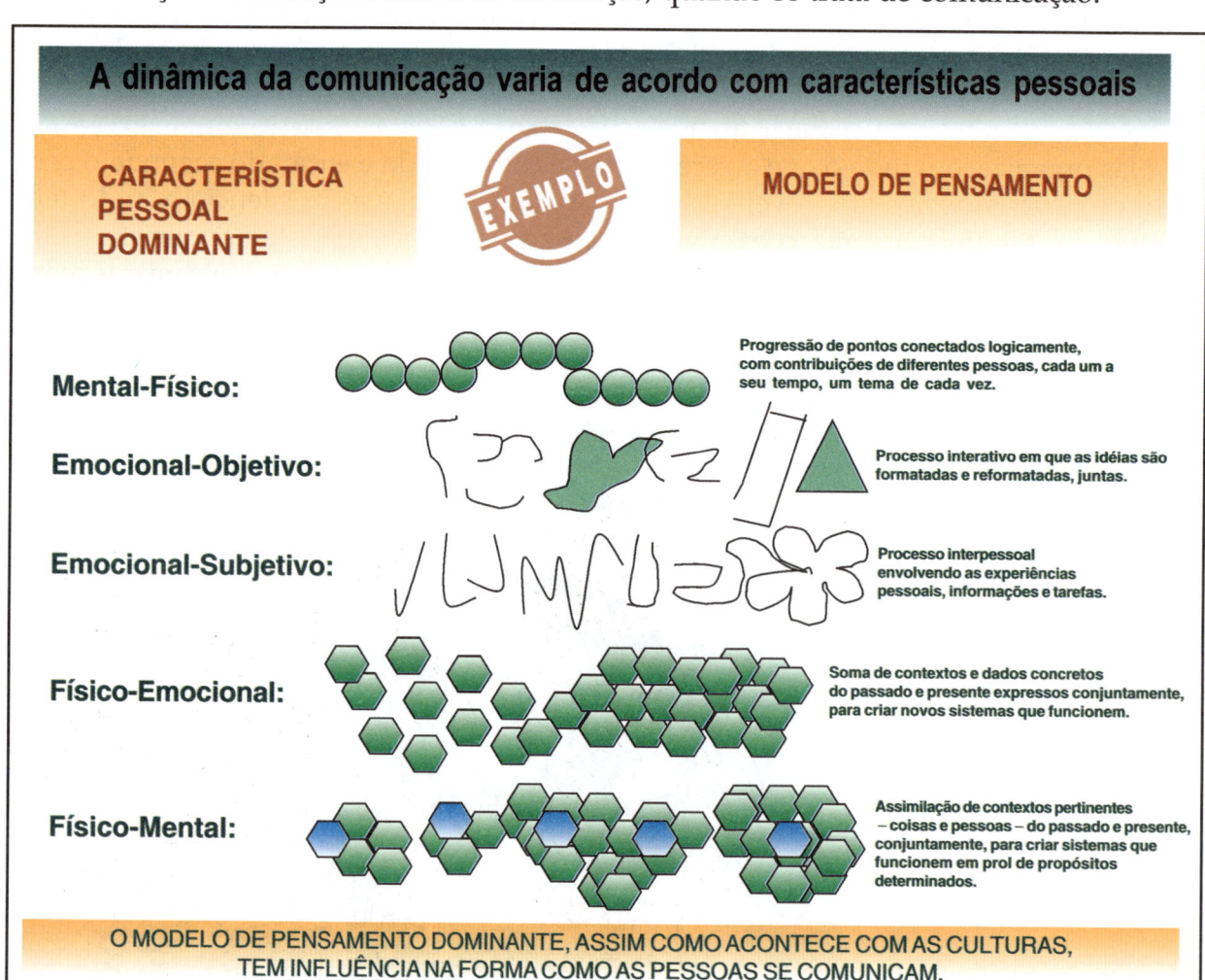

A dinâmica da comunicação varia de acordo com características pessoais

CARACTERÍSTICA PESSOAL DOMINANTE	EXEMPLO	MODELO DE PENSAMENTO
Mental-Físico:	(pontos conectados em linha)	Progressão de pontos conectados logicamente, com contribuições de diferentes pessoas, cada um a seu tempo, um tema de cada vez.
Emocional-Objetivo:	(formas geométricas variadas)	Processo interativo em que as idéias são formatadas e reformatadas, juntas.
Emocional-Subjetivo:	(formas orgânicas e flor)	Processo interpessoal envolvendo as experiências pessoais, informações e tarefas.
Físico-Emocional:	(agrupamentos de hexágonos)	Soma de contextos e dados concretos do passado e presente expressos conjuntamente, para criar novos sistemas que funcionem.
Físico-Mental:	(hexágonos em grupos com alguns destacados)	Assimilação de contextos pertinentes – coisas e pessoas – do passado e presente, conjuntamente, para criar sistemas que funcionem em prol de propósitos determinados.

O MODELO DE PENSAMENTO DOMINANTE, ASSIM COMO ACONTECE COM AS CULTURAS, TEM INFLUÊNCIA NA FORMA COMO AS PESSOAS SE COMUNICAM.

Fonte: Seagal e Horne, em Human Dynamics, pág. 246,. Editora Qualitymark.

ADVERTÊNCIAS

COMO LIDAR COM AS REAÇÕES ADVERSAS AO PROJETO DE MUDANÇA

ADVERTÊNCIAS
Como lidar com as reações adversas ao projeto de mudança

1. Como reconhecer as resistências? — 213
2. Como lidar com as resistências para que elas não atrapalhem o projeto? — 215
3. Existem regras que podem prevenir ou minimizar as reações às mudanças? — 217
4. Será que se conhecêssemos um pouco mais sobre o comportamento humano, isso ajudaria nos processos de mudança? — 218
5. Quais as conseqüências dos aprendizados inadequados na vida real? — 226
6. Como a visão que temos do mundo influencia a nossa vida? — 231

Renilda Ouro

1. COMO RECONHECER AS RESISTÊNCIAS?

Com todo o conhecimento que se tem sobre projetos de mudança, há que se considerar as resistências como parte do processo. Portanto, atenção se aparecerem os seguinte sintomas no ambiente interno:

- **APARENTE FALTA DE CONHECIMENTO SOBRE A MUDANÇA.**
Evidenciada pela explicitação do pouco nível de informações sobre a mesma que, segundo este argumento, impede a tomada de posição sobre o processo.

- **SÍNDROME DO "NÃO FUI EU QUE FIZ, PORTANTO NÃO SERVE".**
Por esta razão muitas mudanças sofrem resistências; comumente as pessoas rejeitam boas idéias por não aceitarem a "propriedade" alheia.

- **FALTA DE COMPROMETIMENTO COM O PROCESSO E AS MUDANÇAS.**
Evidenciada pela contínua espera do que vai acontecer, sem nenhuma ação reativa ou prospectiva. É uma forma de resistência baseada no adiamento *sine die*, na esperança de que a mudança não aconteça.

- **RESGATE DE OUTROS PROCESSOS DE MUDANÇA QUE NÃO DERAM CERTO.**
Maneira sutil de resistência: "Outras soluções são melhores". É a criação de uma justificativa lógica para mascarar a resistência, tendo por elemento de convencimento, mesmo que não verdadeiro, uma experiência passada malsucedida.

- **DÚVIDAS E INVALIDAÇÕES COMO MEIO DE TENTAR IMPEDIR O PROCESSO.**
Crença de que nada vai funcionar como está proposto e, portanto, de nada resolve dar continuidade ao processo. A questão relativa a custos pode servir também como uma justificativa.

E MAIS

QUESTÃO: Pare e reflita: quantas dessas reações já estão presentes? Busque estratégias para lidar com elas.

MUDANÇA ORGANIZACIONAL - *Soluções Genéricas para Projetos*

RESISTÊNCIAS AINDA...

APEGO À "ZONA DE CONFORTO".
Muito comum, pois um dos impactos das mudanças poderá ser o afastamento do grupo atual, mudanças no *status* dentro da empresa, não-intimidade com novas tecnologias, ou seja, algo que poderá acarretar "sair da zona de conforto" presente.

ANSIEDADE EVIDENCIADA POR ESTRESSE E DESCONFORTO.
Vozes internas dizem: "Não sei se serei capaz de trabalhar com um novo sistema".
Tal premissa gera insegurança, que leva à resistência.

INSEGURANÇAS QUANTO À PERDA DE PODER.
Quando mudanças afetam controles orçamentários, administração de verbas de contratação ou outras situações de perda de poder ou status, a resistência é muito grande.

POUCA CREDIBILIDADE NA EQUIPE DO PROJETO.
Uma forma de justificar a não adesão: trazer à tona questionamentos quanto às competências das pessoas da equipe de desenvolvimento e gestão do processo.

A lista de jogos de resistência é infinita e sutil. Falta de determinação, rumores maliciosos, ridicularização, falta de comparecimento às reuniões, "tempestades em copos de água", questionamento de motivos, alegação de interesse próprio dos gerenciadores, transferências de responsabilidades, boatos etc. A melhor maneira de se lidar com elas é confrontá-las, sem criar conflito, através de diálogo e criação de ambiente fundamentado na confiança, para que as pessoas se expressem, possam explicitar seus medos e com isso instaurar os diálogos que precisam ser feitos.

Renilda Ouro

2. COMO LIDAR COM AS RESISTÊNCIAS PARA QUE ELAS NÃO ATRAPALHEM O PROJETO?

Algumas dicas podem ser aplicadas e, se isso for feito com competência, os resultados serão bastante positivos. A arte de ouvir e estratégias de administração de conflitos são muito úteis nessas situações. Uma outra coisa que ajuda, sobre a qual já falamos, é a criação de "oficina da mudança", um caminho para a resolução de questões relacionadas às resistências e ao processo em si. A criação desse espaço, bem administrado, reduz o impacto "emocional" que as mudanças causam dentro da organização. Vale ratificar nesse ponto alguns tópicos já abordados, que são eficazes para se lidar com as resistências:

- **Comunicação, ampla, farta, contínua, no tempo certo e com estratégias adequadas.**

- **Monitoração do clima organizacional, estabelecendo contínuo ambiente de confiança.**

- **Liderança do processo e patrocínio reconhecidos de "coração e mente".**

- **Administração dos "*stakeholders*", fator relevante para o desenvolvimento de estratégias de implementação.**

NUNCA PARTA DA PREMISSA DE QUE O QUE VOCÊ DISSE FOI COMPREENDIDO!

MUDANÇA ORGANIZACIONAL - *Soluções Genéricas para Projetos*

"CONCORDO COM AS MUDANÇAS, NÃO RESISTO A ELAS, ATÉ GOSTO... *(palavras comuns)*, DESDE QUE EU NÃO TENHA QUE FAZER NADA DIFERENTE *(pensamento comum..)*..." ESSA É A LÓGICA COMUM, ENCONTRADA EM TEMPOS DE MUDANÇA...

TRABALHE COM O DITO E O NÃO-DITO

3. EXISTEM REGRAS QUE PODEM PREVENIR OU MINIMIZAR AS REAÇÕES ÀS MUDANÇAS?

Tenha em mente que a empresa vive, em períodos de mudança, certo tumulto, que poderá fazer surgir reações e onde as pessoas irão se comportar de maneira atípica. Para ampliar as possibilidades de manter o ambiente favorável ao projeto, procure fazer uso de algumas dicas desenvolvidas com base na freqüência com que determinadas atitudes surgem durante os projetos de mudança. Podemos denominá-las de "REGRAS PARA SOBREVIVÊNCIA" num ambiente de mudanças. Você verá que muitos de seus companheiros (e você) estarão agindo de determinadas formas, sendo as mais comuns:

A. TENTANDO CONTROLAR O INCONTROLÁVEL

Regra para sobrevivência: pergunte o tempo todo se os esforços para controle fazem sentido. Você está em posição de controlar a situação ou, ao tentar fazê-lo, ficará emocionalmente cansado? Algumas vezes, as mudanças às quais reagimos vêm a nós exatamente para nos ensinar a aceitar o que não podemos mudar. Não vale a pena colocar energia naquilo que não podemos mudar!

B. ESPERANDO QUE OS OUTROS REDUZAM O SEU ESTRESSE

Regra para sobrevivência: não conte com ninguém para aliviar seu estresse. Coloque-se numa posição de administrador da sua própria tensão. Há uma boa chance de você ser o único, na sua situação de trabalho, que poderá fazer algo para tornar mais leve sua carga psicológica e, conseqüentemente, minimizar sua resistência.

> "Quando a experiência é encarada de certa maneira, ela não apresenta nada senão portas de entrada para o domínio da alma."
>
> Jon Kabat – Zinn

C. DECIDINDO NÃO MUDAR OU FAZENDO DE CONTA QUE NADA ESTÁ ACONTECENDO

Regra para sobrevivência: a organização está mudando para sobreviver e prosperar. Ao invés de bater sua cabeça contra a parede da dura realidade (e isso chegar a atingir a sua alma), invista sua energia em rápidos ajustes. Mova-se quando a organização mudar. Pratique alinhamentos instantâneos. Sua própria decisão pode fazer mais para determinar seu nível de estresse do que qualquer outra coisa dentro da organização.

D. AGINDO COMO UMA VÍTIMA

Regra para sobrevivência: não caia na armadilha de crer que há alguém querendo "aprontar" para você. É o próprio processo que é desgastante – aceite o fato consumado e continue andando; não estacione. Não ceda ao sedutor impulso de sentir pena de si próprio, ao menos por longo período de tempo. Agir como vítima ameaça o seu futuro. Use o melhor de você para não valorizar frustrações e parecer improdutivo diante da situação. Mantenha-se orgulhoso de você mesmo, junte as peças e planeje-se para o futuro. É hora de realinhar seus propósitos e rearrumar sua visão para o futuro.

E. TENTANDO JOGAR UM NOVO JOGO COM VELHAS REGRAS

Regra para sobrevivência: estude a situação atentamente: Faça uma imagem de como o jogo mudou, visualize o tabuleiro. E todas as suas peças. Reavalie as prioridades e perceba como estas serão reordenadas. Decida quais aspectos de seu trabalho você deverá focalizar para elevar sua efetividade ao máximo.

F. PROJETANDO BAIXO GRAU DE ESTRESSE FUTURO NO TRABALHO DURANTE A MUDANÇA

Regra para sobrevivência: Esteja ciente de que é preciso muita paciência e aceitação. Esse é o primeiro passo para garantir que o nível de estresse poderá ser alto, mas seguramente administrável. Esteja atento para não comprometer o seu organismo (são vários os sintomas orgânicos do estresse) e tenha a certeza de que ainda demorará a chegada do sossego... mas é a vida!

> "Se você se aflige com qualquer coisa externa, o sofrimento não é causado pela coisa em si, mas por sua própria avaliação a respeito; e isso você tem o poder de revogar a qualquer momento."
>
> *Marco Aurélio – imperador de Roma*

Renilda Ouro

G. ESCOLHENDO O PRÓPRIO RITMO DE MUDANÇA

Regra para sobrevivência: mantenha-se afinado com o tamanho da mudança pretendida. Conduza-se de forma a acompanhar as pessoas encarregadas da mudança, ao invés de permitir a você próprio agir conforme você quer, sente-se ou necessita. Lembre-se: esse é um momento provisório. Não retardar a mudança gera uma chance de a bonança vir junto e ainda lhe dá uma chance para você mesmo pôr as rédeas na mudança.

(Balão: CONCORDO DROGA NENHUMA!)

H. TENDO A EXPECTATIVA DE QUE, NUM CURTO PRAZO, O BÔNUS DA MUDANÇA SUPERARÁ AS PERDAS

Regra para sobrevivência: lembre-se de que para cada mudança consumada há uma curva de aprendizado. O tempo pode ser um grande amigo ou inimigo; cabe a você decidir como trabalhar na transição. Seja amigo daqueles que desejam compartilhar suas inseguranças, crie espaço seguro para ouvir. Procure compartilhar seus sonhos, seja para que prazo for.

I. FAZENDO PARCERIAS COM AQUELES QUE NÃO APROVAM A MUDANÇA, ACHANDO QUE ESTARÁ SEGURO

Regra para sobrevivência: esqueça as alianças do contra. Mais cedo ou mais tarde as mudanças ocorrerão e nada melhor do que não ter feito força contrária. Procure dialogar com aqueles que se aproximam na tentativa de formar uma grande barreira. Tente aliviá-los e dê-lhes espaço para desabafar. Lembre-se sempre de que a atração é uma resultante da troca de energia e você é responsável pelo campo energético que cria ao redor de si.

J. FAZENDO DE CONTA QUE CONCORDA COM TUDO E POR TRÁS DOS PANOS MOSTRA-SE COMO O "DO CONTRA"

Regra para sobrevivência: se você discorda de alguns aspectos (ou até de todos), procure discutir o assunto com as pessoas que estão gerenciando a mudança. Pense em iniciar o processo de criação de um campo magnético favorável à aceitação das mudanças e você se sentirá muito menos ansioso.

E MAIS...

MUDANÇA ORGANIZACIONAL - *Soluções Genéricas para Projetos*

K. SENDO O ARAUTO DA MENSAGEM DE QUE AS MUDANÇAS TRARÃO O PIOR

Regra para sobrevivência: não é a mudança que causa danos, é a resistência a ela. Pense nisso, reflita sobre todas as mudanças que você já vivenciou e tire suas próprias conclusões. Enquanto você quiser ter todo o controle da situação dentro das suas referências e exclusivamente com elas, corre o risco de ficar com um tremendo estresse, principalmente quando perceber que está falando sozinho.

L. SEGUINDO À RISCA ESSAS REGRAS PARA SOBREVIVÊNCIA

Regra para sobrevivência: não pense que se alguém seguir essas "Regras para Sobrevivência" estará pronto para enfrentar os processos de mudança; isso não acontecerá. Não pense que quem escreveu isso o fez de um único fôlego, pois isso não é verdade. Isso é produto do *professor número 1, isto é: os erros*. E ainda bem. Se descobrirmos a fórmula de lidarmos com as mudanças, tão certas em nossas vidas, perderemos algumas das razões de viver: a aventura, a descoberta, o inusitado, a inovação, as surpresas, mesmo com todas as outras conseqüências que algumas mudanças por certo trazem (nem sempre muito boas). Mas certamente não estaremos fazendo das nossas vidas organizacionais um tédio!

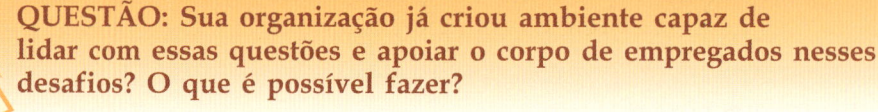

QUESTÃO: Sua organização já criou ambiente capaz de lidar com essas questões e apoiar o corpo de empregados nesses desafios? O que é possível fazer?

Renilda Ouro

4. SERÁ QUE SE CONHECÊSSEMOS UM POUCO MAIS SOBRE COMPORTAMENTO HUMANO, ISSO AJUDARIA NOS PROCESSOS DE MUDANÇA?

Com certeza. Cada vez mais está evidente a importância dos relacionamentos humanos para o alcance dos resultados empresariais. Qualidade de vida, disposição para lidar com mudanças, motivação para aceitar diferenças, capacidade de manutenção de visões positivas apesar do caos... Tudo isso tem estado inserido no discurso das organizações e passa a ter significado à medida que a sua ausência implica comprometimento dos resultados financeiros das corporações. Como lidar com estas questões, se não se tem acesso às *"programações"* de cada um? Alguns estudiosos do comportamento humano dizem que *"não somos quem somos"*; somos, sim, uma ilusão do que achamos que somos, simplesmente porque *não aprendemos a escolher*.

CUIDADO, ESTEJA ATENTO PARA NÃO DELEGAR O CONTROLE DO SEU HUMOR A ALGO OU A ALGUÉM!

"No fundo de cada homem residem poderes adormecidos; poderes que o assombrariam, que ele jamais sonhou possuir; forças que revolucionariam sua vida se despertadas e postas em ação."
Orison Swett Marden

MUDANÇA ORGANIZACIONAL - *Soluções Genéricas para Projetos*

TODO MEDICAMENTO DEVE SER MANTIDO FORA DO ALCANCE DAS CRIANÇAS

Renilda Ouro

AS PROGRAMAÇÕES SE FIXAM, É PRECISO PRESTAR ATENÇÃO

Como um biocomputador programado por pai, mãe, avós e outros, guardamos em nós todas as mensagens que nos foram passadas na tenra infância: *menino não chora, não leva desaforo p'ra casa; menina tem que ser vaidosa, não brinca de carrinho*. No entanto, carros e choros fazem parte da realidade de *meninos e meninas adultos*. Porém, aquela verdade da infância continua a se impor: meninos adultos têm vergonha de chorar; no fundo admitem ser uma fraqueza; meninas adultas não querem lidar com os desafios daquilo que se refere aos carros, usando o exemplo dado aqui, como levá-los às oficinas mecânicas ou cuidar da sua manutenção, e delegam até a troca de pneus; na sua maioria continuam sem brincar de carrinho, apesar da necessidade na vida de hoje.

Mas issso ainda não é nada. Quando criança também ouvimos repetidamente algumas afirmações, meras "programações", que depois repetimos para nossos filhos até o tempo em que, se formos espertos e tivermos sorte, descobriremos que cada um de nós pode abandonar essas velhas programações, oriundas do nosso *biocomputador pai/mãe/avós*, e mudá-las, reprogramando-nos à medida da nossa necessidade, ou melhor, geralmente à medida do nosso sofrimento. Todos nós, uns mais outros menos, agimos durante algum ou muito tempo, assim. Parece que vários motivos concorrem para isso:

Comecemos pela lembrança ou observação de pais e mães, que cuidam de seus bebês, educando-os com o propósito deles estarem "prontos para a vida". É comum as crianças em tenra idade, por estabanadas que são, acidentarem-se, por exemplo, batendo com a cabeça na quina de uma mesa. Machucam-se, choram. É comum que a mãe ou outro adulto da convivência, para acabar com o choro, bradem : *"Mesa feia, por que você fez isso com o meu bebê tão lindo? Por isso você vai apanhar!"* E a mesa é "agredida" a tapas, até a criança perceber, parar de chorar e sorrir. *E este é um dos piores contos reais que se pode viver na vida.*

MUDANÇA ORGANIZACIONAL - *Soluções Genéricas para Projetos*

UMA HISTÓRIA REAL: "QUEM ME DEU A ORDEM: JOGA TODO O SEU DINHEIRO FORA"!

Passados 20 anos do boom *do garimpo na região de Serra Pelada, uma equipe de jornalistas da Rede Globo fez uma reportagem no local, com a finalidade de especular sobre o que aconteceu com a região. Em 1980 lá viviam 90 mil garimpeiros, dentre pessoas com maior ou menor nível cultural e de educação. Alguns ficaram muito ricos, e a matéria entrevistou alguns desses.*

Dentre estes, um garimpeiro contou a sua história: era um dos que fizeram grande fortuna com o trabalho no garimpo; à época da entrevista, ele não tinha mais nada. Vivia numa casa bastante simples, sem conforto extra, e de tempos em tempos estava sem trabalho, pois as políticas relacionadas ao garimpo haviam mudado. Ele não teve recursos financeiros para partir e iniciar nova vida.

A uma pergunta do repórter, ele contou que chegou a ser milionário, mas gastou tudo o que tinha, que não era pouco. Ele mesmo se atribuía ter perdido tudo por falta de controle nas situações de vida.

— Um dia decidi passear. Fui até o aeroporto para comprar uma passagem, queria conhecer o Rio de Janeiro. Cheguei no balcão e a atendente passou a atender um homem na minha frente; achei que ela fazia pouco de mim, com meu jeito simples de ser. Ela conversava sem parar com o "engravatado", acho que pensava que eu não tinha grana para pagar uma passagem. Insisti, e ela me mandou, novamente, aguardar. Fui ficando com raiva, me sentindo por baixo e então, lá mesmo, gritei: "Quem tem um avião para me vender?" Acabei comprando um, na hora. Contratei um piloto e fui para o Rio de Janeiro, no meu próprio avião! Aí eu fiquei feliz porque mostrei pra ela que eu tinha dinheiro, mais do que o engravatado...

—E depois? — perguntou o repórter.

— Ah, e depois... Eu fiquei feliz na hora, até o momento em que vi que gastei quase tudo o que tinha. Não consegui revender o avião, e fiquei assim, igual a como você está me vendo hoje!

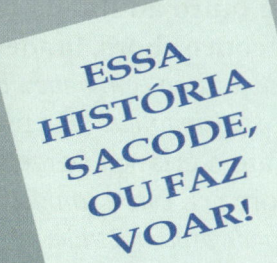

ESSA HISTÓRIA SACODE, OU FAZ VOAR!

Renilda Ouro

APRENDEMOS TUDO ERRADO E, PARECE, COMO NOSSOS PAIS!

Parece que muitas vezes aprendemos errado e carregamos isto para sempre. Aprendemos que um simples objeto *inanimado*, como uma mesa, tem o poder de maltratar e ser a causa da dor de uma criança em franco processo de programação, ou diríamos: educação! Que programas se instalam nesse futuro adulto? Dentre os vários:

1º PROGRAMA: Essa criança já é *vítima do mundo*. Se ela não é responsável por prestar atenção ao que faz, por onde anda, nem por se cuidar, alguém o será: outros o são, até o objeto inanimado, no caso, a mesa.

2º PROGRAMA: Essa criança aprendeu: *faça o que você fizer ou quiser e sempre encontrará alguém ou algo em quem colocar a culpa!*

3º PROGRAMA: A criança entende que não precisa aprender a lidar com aquilo que chega a ela, pois *sua frustração sempre será resolvida por alguém*. E por aí vai, a lista é longa e triste!

E tudo isso influencia a maneira como lidamos com os fatos na nossa vida pessoal, no trabalho, nos desafios que temos em tempos de mudanças, sejam elas pessoais, sejam nas organizações. Por mais que tomemos decisões racionais sobre "como agir", nossas emoções, se não estivermos muito atentos, nos dirigem para padrões aos quais nos habituamos e a tendência será querermos imediatamente reagir, pois não admitimos perder o controle para fora dos parâmetros de como a *vida tem que acontecer, segundo as condições que nós ditamos!* Ao tempo em que "esses ensinamentos" vão se solidificando dentro do nosso modelo de mundo, nos sentimos inseguros, pois entendemos como ameaça o que não compreendemos ou o que exige de nós posturas diferentes. E mais, não admitimos conviver com o que não nos agrada, que nos exige confrontar a nós mesmos. Que comportamentos assumimos então? O da vaidade, de forma a esconder o medo, o do apego ao poder, de forma a esconder nossas fragilidades, como nos foi ensinado!

AINDA SOMOS OS MESMOS, OS ÍDOLOS SÃO OS MESMOS, AINDA VIVEMOS, DA MESMA FORMA, COMO NOSSOS PAIS

QUESTÃO: Quanto essas questões afetam os relacionamento, a gestão e o ambiente organizacional?

5. QUAIS AS CONSEQÜÊNCIAS DOS APRENDIZADOS INADEQUADOS NA VIDA REAL?

Várias, uma delas é que nos negamos a compreender que não somos nós que damos as regras da vida! E já vimos nos capítulos anteriores, o quanto isto tem influência em diversos aspectos, desde nossa percepção do mundo à maneira como nos comunicamos e nos comportamos. Assim, o *que não acontece conforme programamos,* ou achamos que deveria acontecer, nos faz irados, irritados, por não sermos capazes de dominar as situações sobre as quais não temos controle.

Uma modalidade dessa síndrome se dá no nível do relacionamento humano, quando reconhecemos que, apesar das regras que imaginamos impor (queremos que o outro pense e aja segundo nossos padrões), outras pessoas não as cumprem: sentimo-nos então ameaçados e como reação passamos a ameaçar, deflagrando situações de vida desarmoniosas, contaminando nossa qualidade de vida, fazendo o mundo pior, inserindo como escolha valores negativos: superioridade, separação, agressividade, rancor. Haveriam outras escolhas que nos mantivessem no nosso equilíbrio, que nos fizessem "uma espécie de presente para aqueles com quem nos relacionamos", que nos liberariam dessa **SÍNDROME DO CONTROLE?**

Criamos também um **APEGO EXAGERADO À SEGURANÇA,** e a tudo o que pode nos desestabilizar, quando temos a sensação de perder algo que julgamos ser nosso: um emprego, um relacionamento afetivo, um cargo, bens, vantagens, *status,* poder ou a nossa imagem. Não importa, o pavor de viver a perda e ainda penetrar num mundo que não conhecemos nos faz muito mal, apesar de poucos seres humanos admitirem explicitamente isso.

O medo traz a ansiedade, a preocupação, o *estresse.* Como na mesma situação da ameaça do poder, entramos no ciclo da desarmonia: todas as coisas e situações já não nos agradam, as pessoas "já não são como eram": elas ou já nos prejudicam ou querem nos prejudicar e nada é suficiente para admitirmos que o que temos na vida nos basta, independentemente do que esteja a acontecer! Separamos o mundo entre os *outros maus e o eu bom.* E novamente o ciclo da baixa qualidade de vida se instala pois não conseguimos substituir nossas programações passadas por novos aprendizados, sobre cada um de nós, sobre cada ser humano que nos cerca, sobre a beleza da vida. E tem mais...

> *"Ou nós encontramos um caminho, ou abrimos um."*
> **Aníbal**

Renilda Ouro

FANTASIAMOS A VIDA E DEPOIS NÃO SABEMOS RECONHECÊ-LA COMO É

...Imaginamos que a vida é como a fantasiamos: criamos expectativas sobre tudo e sobre todos, negamos as nossas "sombras" e a dos outros; criamos um mundo irreal, sob o qual subordinamos nossas sensações: *"Se você me tratar assim então serei feliz; se não, serei infeliz"*, ou *"claro que estou e vou ficar de mau humor: o meu carro quebrou, ou o jornaleiro me tratou mal"*. Entendemos que não estamos sujeitos aos acontecimentos ou relacionamentos que sejam diferentes dos nossos sonhos, das nossas expectativas e novamente vivemos de forma a definir a vida como achamos que ela tem que ser! E aí, tudo aquilo que imaginamos – o irreal, o sonho, a expectativa determinística – passa a valer muito mais do que o real. Deixamos os momentos passarem, ignoramos o aqui e agora porque não somos capazes de abandonar a nossa dependência às sensações, a nossa dependência ao prazer, como nós o definimos. Como fuga vivemos no passado, ou a imaginar o futuro, esquecendo-nos do presente. Sequer enxergamos o belo e o bom, o que dirá conseguirmos vivê-los! Podemos chamar de **APEGO AO PRAZER.**

QUESTÃO: O quanto é adotada, no ambiente organizacional, a premissa do diálogo para a educação? O quanto de oportunidades são dadas para os colaboradores reforçarem seus conhecimentos sobre comportamentos?

MUDANÇA ORGANIZACIONAL - *Soluções Genéricas para Projetos*

ALGUMAS IMPORTANTES MUDANÇAS SÃO NECESSÁRIAS

Enquanto reagimos, não agimos por nós mesmos; enquanto invalidamos, jogamos fora possibilidades; enquanto duvidamos, perdemos a oportunidade de dar uma chance para algo diferente. Independentemente de qual dessas atitudes, com certeza estamos partindo de um julgamento que não permite que vejamos o outro e os fatos como eles se apresentam.

- Uma reação de estresse é sempre criada por nós mesmos, por mais ninguém.
- É a nossa percepção sobre os acontecimentos e como lidamos com eles que nos traz o estresse.
- Acreditar que são os acontecimentos ou as pessoas os responsáveis por como nos sentimos, nos mantém no papel de vítimas.
- Somente nós somos responsáveis pelas nossas reações emocionais, mentais e físicas.

O esforço que fazemos para lidar com tantas coisas que não gostamos, não admitimos, não aceitamos, nos traz "exigências", que transformamos em ameaças. Imediatamente nosso corpo e nossas emoções têm as respostas: estresse.

QUESTÃO: Quanto isso está presente no ambiente organizacional?

Renilda Ouro

A VIDA É UMA DANÇA, E NÃO UMA GUERRA!

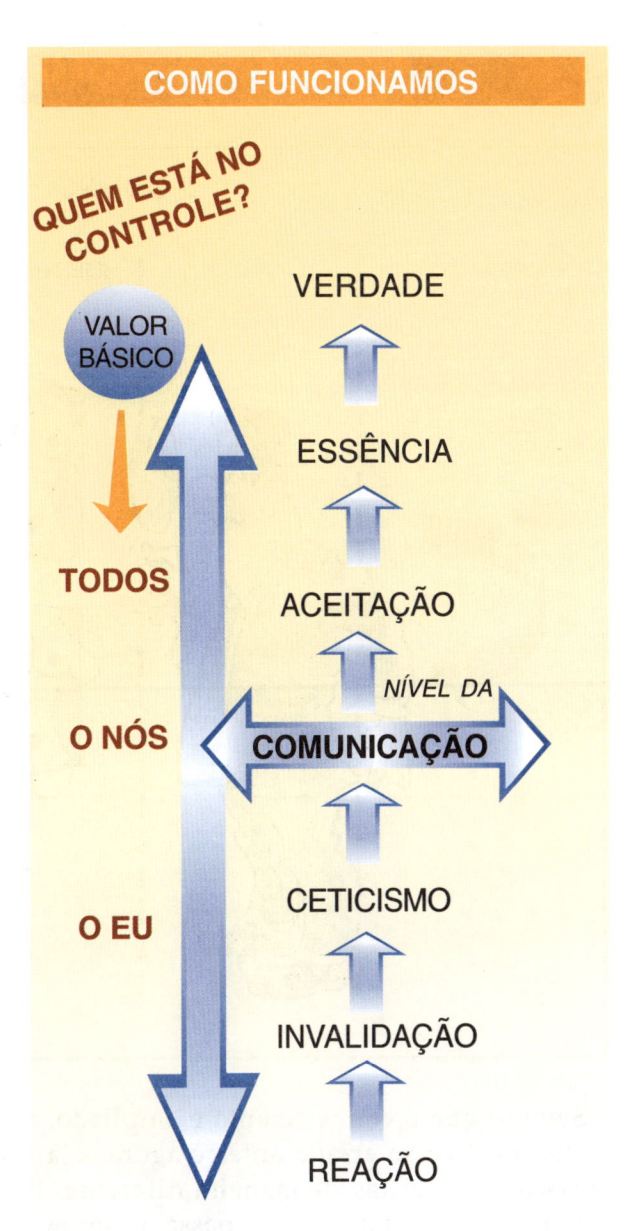

O PROCESSO DE ESTRESSE

EXIGÊNCIAS
⬇
SENTIDAS COMO AMEAÇAS
⬇
RESPOSTAS CORPORAIS
⬇
DESEQUILÍBRIO FISIOLÓGICO
⬇
EFEITOS INDESEJÁVEIS
⬇
DESEQUILÍBRIO EMOCIONAL

COMO FUNCIONAMOS

QUEM ESTÁ NO CONTROLE?

VALOR BÁSICO

TODOS — VERDADE ⬆ ESSÊNCIA ⬆ ACEITAÇÃO ⬆

O NÓS ⬌ COMUNICAÇÃO (NÍVEL DA)

O EU — CETICISMO ⬆ INVALIDAÇÃO ⬆ REAÇÃO

229

MUDANÇA ORGANIZACIONAL - *Soluções Genéricas para Projetos*

A MUDANÇA DE COMPORTAMENTO SÓ É VÁLIDA E SUSTENTÁVEL SE PARTIR DE UM NOVO VALOR ASSUMIDO, QUE TENHA SIGNIFICADO PARA O INDIVÍDUO!

TODO COMPORTAMENTO É EXPRESSÃO DE UM VALOR

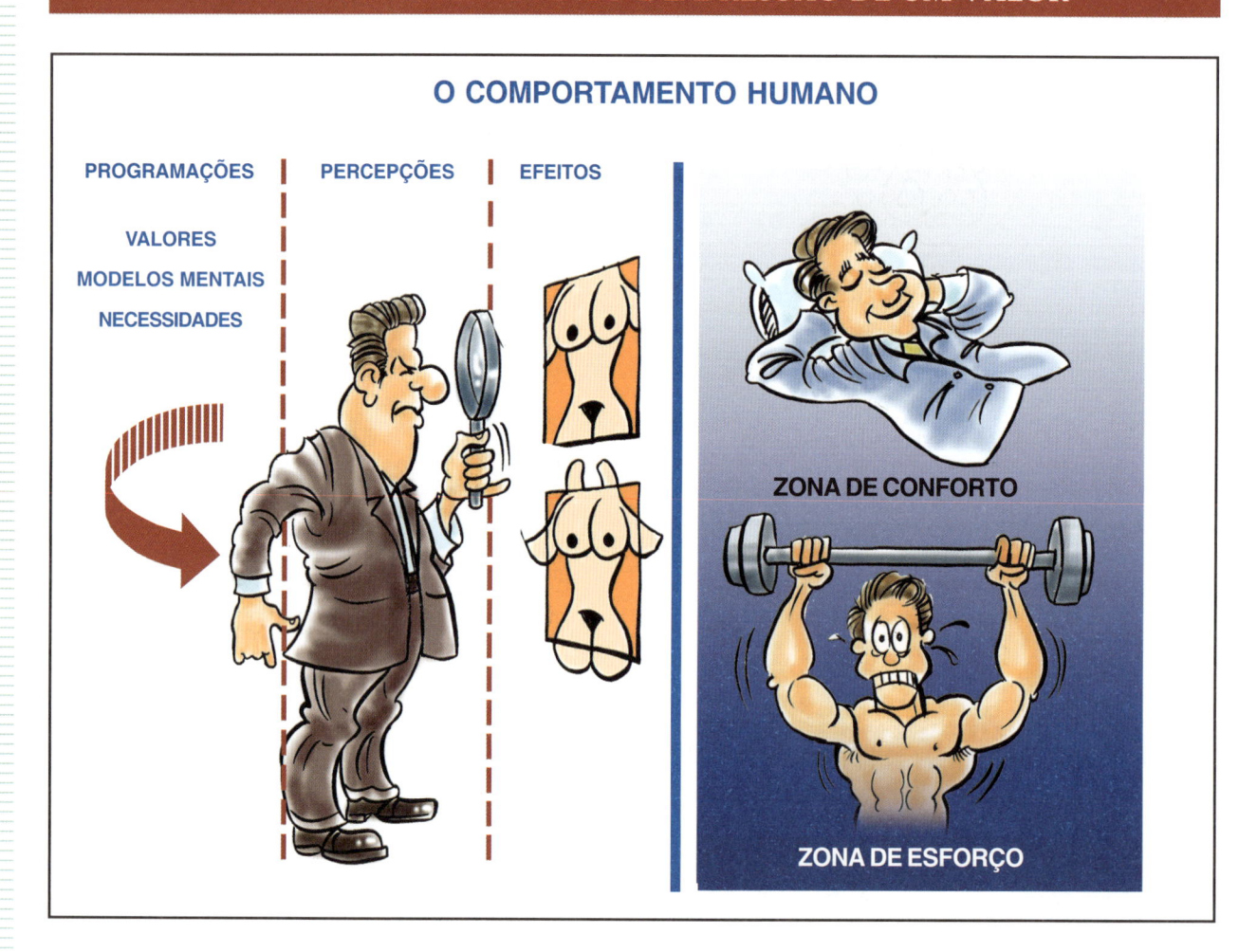

O COMPORTAMENTO HUMANO

PROGRAMAÇÕES | PERCEPÇÕES | EFEITOS

VALORES
MODELOS MENTAIS
NECESSIDADES

ZONA DE CONFORTO

ZONA DE ESFORÇO

Sempre que o conhecimento é ampliado, as coisas tomam uma nova perspectiva. Não que tudo estivesse errado antes e agora seja invalidado, mas de repente as mesmas coisas e situações são vistas de maneira diferente. Parece-me que é assim que se dá a transformação, que deixa de nos ameaçar e passa a, por si só, extrair de dentro de nós uma grande confissão de fé, novas possibilidades, novas óticas, nova ordem das coisas.

Renilda Ouro

6. COMO A VISÃO QUE TEMOS DO MUNDO INFLUENCIA A NOSSA VIDA?

Insistimos nessa questão porque ela é fundamental para adquirirmos maior compreensão sobre as possibilidades de relacionamentos de qualidade, visões de mundo positivas e vida coletiva fundamentada em confiança e não julgamento contínuo. Com certeza esses fatores têm grande influência dentro das nossas organizações e são os vilões dos processos de mudança. A visão de mundo tem influência direta na qualidade de nossas vidas. Se entendemos as exigências externas que nos vêm como "pressões sobre as quais perdemos o controle", estamos delegando a responsabilidade sobre o nosso próprio estado emocional! E entramos no *looping* do estresse.

Muito desse estresse é causado pelas exigências que decidimos impor a nós mesmos, seja pelas reações que temos a situações diversas, geradas por circunstâncias fora do nosso controle, seja pela qualidade que decidimos assumir com relação às relações que temos com o mundo, com as pessoas. Uma simples "fechada" levada enquanto dirigimos é capaz de encerrar o nosso humor pelas próximas horas seguintes... Uma simples palavra ou opinião diversa da nossa é capaz de nos fazer reagir, duvidar, invalidar, tirando o controle do nosso estado de humor das nossas mãos, fazendo das nossas relações, próximas ou não, *UMA GUERRA, AO INVÉS DE UMA DANÇA!*

E É TUDO ISSO QUE CRIA NOSSOS MEDOS E INSEGURANÇAS, E TODOS OS OUTROS COMPORTAMENTOS QUE POSSAM ESCONDÊ-LOS, COMO VAIDADES, POSTURAS DE SUPERIORIDADE...

MUDANÇA ORGANIZACIONAL - *Soluções Genéricas para Projetos*

ESTUDIOSOS DO COMPORTAMENTO DIZEM QUE "É PRECISO ABANDONAR A MEMÓRIA GENÉTICA" DA ÉPOCA EM QUE O HOMEM LUTAVA OU FUGIA, PARA SE DEFENDER DO MUNDO HOSTIL...DINOSSAUROS ETC. DIZEM QUE MUITAS DAS NOSSAS REAÇÕES TAMBÉM VÊM DESSE PROGRAMA GENÉTICO, E O FATO DE TOMARMOS CONSCIÊNCIA SOBRE AS POSSIBILIDADES DE NÃO PRECISARMOS REAGIR DE UMA OU DE OUTRA MANEIRA, MUDA SIGNIFICATIVAMENTE A NOSSA POSTURA DIANTE DOS FATOS, DIANTE DA VIDA.

> EU ACHO QUE VOCÊ PODE MELHORAR O SEU TRABALHO...

> ELE ESTÁ ME DIZENDO QUE SOU INCOMPETENTE...

Não é o grito a medida do abismo? Por isso eu grito sempre que cismo.
Sobre tua vida, tão louca e errada – Que grito inútil!
– Que imenso nada!

Vinicius de Moraes

Renilda Ouro

AVALIAÇÃO DOS BENEFÍCIOS

AVALIAÇÃO DO PROJETO E ANÁLISE DA TRAJETÓRIA

AVALIAÇÃO DOS BENEFÍCIOS
Avaliação do projeto e análise da trajetória

1. Qual a melhor maneira de avaliar o projeto de mudança? **235**
2. Quais os benefícios da análise da trajetória do projeto? **236**
3. Que itens devem compor o modelo de avaliação? **238**
4. O que é chamado de custo invisível ? Sua análise pode ampliar os ganhos das mudanças? **239**
5. Mesmo procurando trabalhar da melhor forma, caímos nas armadilhas dos custos invisíveis? **241**
6. Os custos invisíveis chegam a causar impacto nos clientes? **243**

1. QUAL A MELHOR MANEIRA DE AVALIAR O PROJETO DE MUDANÇA?

O projeto deve ser sempre avaliado no mínimo dentro de duas perspectivas: a do cumprimento do que foi previsto e a dos ganhos obtidos. O modelo a seguir apresenta uma sugestão que pode ser customizada segundo a realidade da empresa.

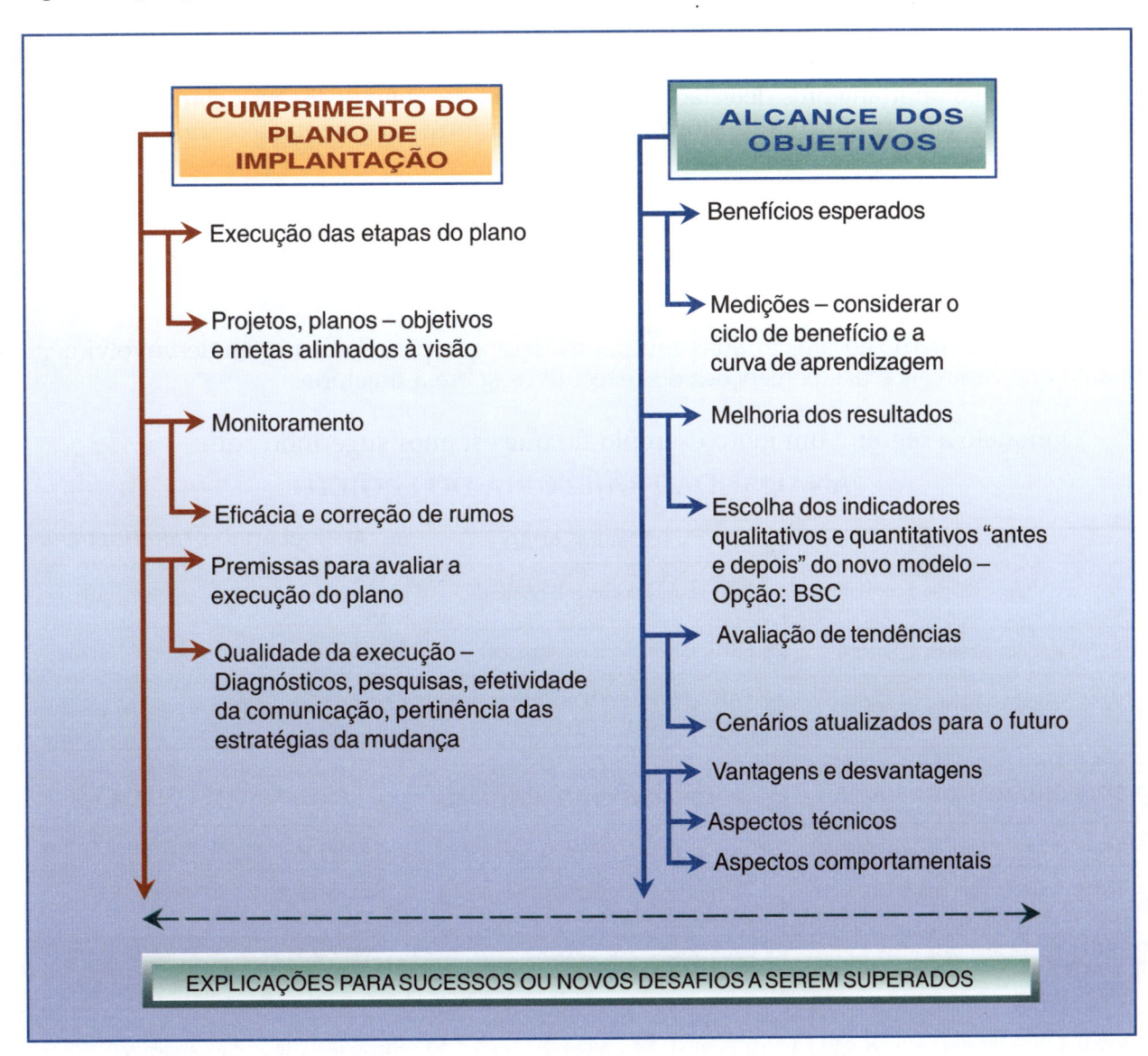

CUMPRIMENTO DO PLANO DE IMPLANTAÇÃO
- Execução das etapas do plano
- Projetos, planos – objetivos e metas alinhados à visão
- Monitoramento
- Eficácia e correção de rumos
- Premissas para avaliar a execução do plano
- Qualidade da execução – Diagnósticos, pesquisas, efetividade da comunicação, pertinência das estratégias da mudança

ALCANCE DOS OBJETIVOS
- Benefícios esperados
- Medições – considerar o ciclo de benefício e a curva de aprendizagem
- Melhoria dos resultados
- Escolha dos indicadores qualitativos e quantitativos "antes e depois" do novo modelo – Opção: BSC
- Avaliação de tendências
- Cenários atualizados para o futuro
- Vantagens e desvantagens
- Aspectos técnicos
- Aspectos comportamentais

EXPLICAÇÕES PARA SUCESSOS OU NOVOS DESAFIOS A SEREM SUPERADOS

MUDANÇA ORGANIZACIONAL - *Soluções Genéricas para Projetos*

2. QUAIS OS BENEFÍCIOS DA ANÁLISE DA TRAJETÓRIA DO PROJETO?

Uma sugestão para avaliação contínua é utilizar o modelo de análise da trajetória do projeto, que tem por função possibilitar a avaliação sistemática do seu dia a dia, considerando fatos e percepções que se evidenciam. Ela se caracteriza pelo foco dado à busca dos motivos que levaram aos resultados obtidos, num dado período de tempo.

Para tal, é necessário proceder ao isolamento de algumas variáveis que serão analisadas mediante os comportamentos detectados no ambiente, durante as diversas etapas do projeto. Essa análise é feita pelo grupo gestor do projeto, de forma segmentada, com dois públicos distintos:

• O grupo de executivos da empresa, a partir de reuniões agendadas para uma avaliação conjunta, com foco nas variáveis escolhidas e no percurso realizado com vistas ao alcance dos objetivos das mudanças.

• O grupo interno ao projeto, suas equipes e lideranças, para avaliar o seu desenvolvimento diante das variáveis e das percepções dos executivos sobre a trajetória.

O modelo a seguir é um mero exemplo do que estamos sugerindo aqui.

ANÁLISE DA TRAJETÓRIA DO PROJETO

EXEMPLO

❶ PATROCÍNIO	❶ COMUNICAÇÃO	❶ ARTICULAÇÃO *STAKEHOLDERS*
❷ Baixo nível de participação da diretoria	❷ Baixo nível de alinhamento gerencial	❷ Pouco convencimento s/ benefícios financeiros
❸ ESTR: aumentar presença da diretoria	❸ ESTR: envolver gerentes nas etapas	❸ ESTR: apontar projeção após, 4º. ano da fusão
❹ FATO: resistência na área de logística	❹ FATO: gerência média desconhece próximas etapas	❹ FATO: discussão na reunião do Conselho

❶ COMPORTAMENTO DA EQUIPE	❶ COMPORTAMENTO LIDERANÇA	❶ RESISTÊNCIAS E ALIANÇAS
❷ Excelente desempenho, segundo pesquisa	❷ Excelente desempenho, segundo pesquisa	❷ Aceitação – explicitar mudança para cliente
❸ ESTR: manter/ lidar mais diretamente com os executivos	❸ ESTR: necessidade de articulação com RH em função de realocações de pessoas	❸ ESTR: apoiar nos conceitos a serem passados
❹ FATO: pesquisa de ambiência nas áreas G, K, M e X (80% do projeto)	❹ FATO: idem ao item anterior	❹ FATO: resistência no cumprimento do prazo para comunicação da mudança para cliente

Legenda: Estr. = Estratégia – nível ❶ : variáveis   nível ❷ : percepção   nível ❸ : estratégia   nível ❹ : evidências

A CADA ETAPA CUMPRIDA ESTABELEÇA OS PRÓXIMOS PASSOS

Com o que nos comprometeremos nos próximos passos:

7 dias?
15 dias?
30 dias?

PARA ONDE VAMOS?

- Como vamos nos apropriar das tarefas?

- Como ajudaremos a emoldurá-las e a desenvolvê-las?

- Em que prazo?

- Que limitações e condicionantes podemos já identificar?

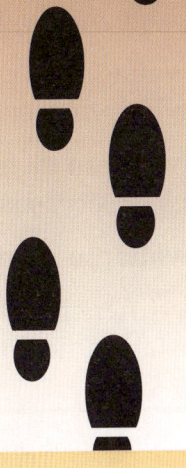

QUESTÃO: As discussões sobre as estratégias e seu desenvolvimento estão sendo feitas adequadamente?

3. QUE ITENS DEVEM COMPOR O MODELO DE AVALIAÇÃO?

O valor de uma avaliação está em detectar os pontos que devem ser trabalhados para que o projeto de mudança potencialize seus ganhos. Agregar à avaliação a análise estratégica que se segue cria ganhos para o processo, pois amplia as possibilidades de percepção do que precisa ser alterado, e com que grau de urgência.

É indicado que essa análise seja feita em pelo menos três níveis: com as equipes do projeto (locais ou corporativas), com os executivos e lideranças envolvidos e com um grupo de usuários (ou responsáveis pela implantação efetiva das mudanças) e, a depender da sua natureza, com um grupo de clientes e/ou fornecedores. Veja o que faz mais sentido na sua organização e elabore um modelo próprio de avaliação.

1. **Avaliação dos resultados** alcançados, vis-à-vis com as expectativas predefinidas.
2. **Avaliação das estratégias** definidas e adotadas – observar o planejamento e a gestão da mudança.
3. **Avaliação dos esforços** para cumprimento das metas – pode ser feita a partir da EAP, por atividade ou subprojeto.
4. **Avaliação dos métodos de trabalho** utilizados que levaram à situação atual – planos, estratégias, ações...
5. **Avaliação da capacidade de alterar estratégias** e rumos em função de novos cenários ou de barreiras encontradas.
6. **Avaliação de novas oportunidades** – critérios de priorização para casos das oportunidades observadas e não previstas no plano.
7. **Avaliação do potencial para atingir as metas** definidas – condições e recursos.
8. **Pertinência à visão de futuro** – avaliação do percurso e grau de proximidade ou distanciamento da visão estabelecida.

> Se desejado, vale reforçar com um *brainstorming* considerando PONTOS POSITIVOS e PONTOS A MELHORAR, pois é uma forma de aprendizado muito efetiva, inclusive porque poderá ser útil se a organização trabalhar com um sistema de gestão do conhecimento.

Renilda Ouro

4. O QUE É CHAMADO DE CUSTO INVISÍVEL? SUA ANÁLISE PODE AMPLIAR OS GANHOS DAS MUDANÇAS?

Custos invisíveis são aqueles custos que se caracterizam por não apresentarem aspectos evidentes, embora estejam presentes no decorrer de todos os processos da organização. Dentre eles encontram-se: aspectos técnicos da gestão, da definição de estratégia, da forma de estruturação dos recursos e ainda as atitudes e comportamentos que bloqueiam a realização dos resultados empresariais no seu nível potencial, ou seja, ao invés de agregar valor, eles "roubam" possibilidades. Sua análise e o seu tratamento adequado otimiza a performance empresarial, incluindo-se também aí o apontamento de necessidades de mudanças.

A análise dos custos invisíveis leva a organização a detectar que fatos impedem a realização de metas, seja no que se refere a números (faturamento, lucratividade, prazos etc.), seja no que se refere à qualidade (pouca troca de informações, indicadores inadequados, liderança ausente, superposição de atividades etc.). A depender da metodologia a ser utilizada, essa análise pode abranger aspectos de estratégia, gestão de negócios, estrutura, tomada de decisões, gestão de pessoas, liderança, comunicação, qualidade, relacionamento humano, *performance* do negócio, visão do cliente e imagem da empresa, nos seus níveis mais tangíveis e nos sutis.

QUESTÃO: Sua organização tem os custos invisíveis mapeados? Que estratégias são adotadas para minimizá-los e criar a cultura da sua observância, o tempo todo?

MUDANÇA ORGANIZACIONAL - *Soluções Genéricas para Projetos*

CUIDADO, MUITOS FATORES NÃO APARECEM EXPLICITAMENTE NUMA AVALIAÇÃO

Preste sempre atenção aos custos invisíveis, os grandes vilões bloqueadores dos resultados potenciais dos projetos. Lembre-se de que eles aparecem sob a forma de informação incorreta, relações conflituosas, baixo grau de conhecimento da estratégia, gestão desalinhada, desperdícios, estrutura não adequada, comunicação ineficaz, estratégias mal definidas, retrabalho, desmotivação, boatos, indefinições de papéis, tecnologia obsoleta, ativos ociosos, pouco aproveitamento de talentos, mal-entendidos, boicotes e resistências, desgastes interpessoais etc.

Não estamos falando das resistências típicas aos projetos de mudança, que, além de serem já esperadas, estão vinculadas a uma situação específica, muito mais fácil de se detectar e administrar. A figura que fazemos é similar a das casas mal-assombradas, sobre as quais se conta que coisas acontecem e não se vê como, não se consegue confrontar os fantasmas que dizem residir por lá.

Desenvolver projetos de mudança em organizações com "altos custos invisíveis" não é lá muito recomendável, pois eles podem traduzir os ganhos das mudanças em quase nada e, pior, sem que isso seja deliberado, sem que exista consciência sobre isso.

Como minimizar esse fato? Aproveite o projeto de mudança para criar na sua organização o conceito de *caça-fantasmas*! É isso mesmo: trabalhe para inserir no ambiente a preocupação com esses custos, tomando como marco de partida a reflexão baseada em alguns pontos evidentes, que todos conhecem, sabem e nunca colocam em cima da mesa! Vá com cautela e lembre-se: na chave certa pode-se dizer tudo.

Renilda Ouro

5. MESMO PROCURANDO TRABALHAR DA MELHOR FORMA, CAÍMOS NAS ARMADILHAS DOS CUSTOS INVISÍVEIS?

Sim, os exemplos a seguir dão a dimensão do que pode ser definido como "custo invisível":

- Certos tópicos nunca são discutidos. Alguns aspectos do dia a dia da empresa tornam-se tabus e os colaboradores são dissuadidos de fazer perguntas sobre como as coisas funcionam. Por vezes eles ficam sem essa compreensão.

- As pessoas que ousam falar sobre as coisas do modo como as vêem, são colocadas para escanteio. A empresa inibe novas possibilidades, pois geralmente não quer ser confrontada nas suas crenças arraigadas.

- Os verdadeiros problemas continuam, sem serem postos sobre a mesa e sem serem resolvidos; facções concorrentes ficam evidentes e formam-se de vários lados; parte da organização ignora a existência disso e seus malefícios para os resultados.

- O planejamento é reativo e muitas vezes diluído pela política; muitas vezes abre-se mão de ousar adotar o "novo" em favor de concessões, inclusive em função da luta de poder entre áreas que valorizam "sua parte", ao invés do todo.

- Os rituais sociais servem mais para separar do que para unir pessoas. Assim são os atos de convites para almoços (quem convido para o almoço?), comemorações, organização de festinhas etc.

- Não se dá grande valor à "arte de chegar ao consenso". Os líderes brigam pelo poder de seu território e gastam tempo e energia no seu engrandecimento pessoal e na demonstração de poder.

- As pessoas se deixam orientar somente pelo desempenho e por isso lutam constantemente com o tempo: não sobra tempo para "cuidar" do que é essencial: as relações, o ambiente, a inovação etc.

- Os fornecedores fazem parte do escopo do que é necessário à empresa, mas muitas vezes são tratados com descaso, com arrogância, comprometendo as possibilidades de relacionamentos verdadeiros.

MUDANÇA ORGANIZACIONAL - *Soluções Genéricas para Projetos*

- A linguagem é imprecisa, não compartilhada, e os problemas de comunicação crescem, tendo grande impacto nos negócios e gerando grandes conflitos.

- A cooperação é mais valorizada nos limites de cada unidade organizacional, não se expandindo para toda a rede de atividades da empresa; por vezes existem até inimigos internos que lutam entre si, em detrimento dos propósitos empresariais.

- As organizações criam hipóteses sobre si mesmas, sobre seus clientes e concorrentes, tomam decisões e agem sobre essas hipóteses, não atentando para o fato de que *hipótese* não é *realidade*.

- As informações são um bem cuidadosamente guardado e seu fluxo é bloqueado por regras e procedimentos burocráticos; muitas vezes são usadas como estratégia de poder.

- As diferenças de opinião causam incômodo; algumas pessoas têm a "verdade revelada" e outras não, não existindo espaços para o exercício dos diálogos que são essenciais.

- Não se investe na busca das causas do desalinhamento interno; elas não são conhecidas e assim se eternizam.

- Já existe uma familiarização com aquilo "que sempre dá errado" e a organização segue a cultura de aceitação do erro, de sua repetição e do pouco questionamento sobre possibilidades de "acertar de primeira".

- A organização vive prisioneira das forças que a impelem a trabalhar como sempre fez, sem questionar se existem melhores maneiras de fazê-lo.

- A inovação é um processo não valorizado em todos os níveis da empresa, causando estagnação desnecessária e bloqueando ganhos em potencial.

- Os clientes são ditos como "em primeiro lugar", mas essa referência não está totalmente impregnada na cultura da empresa.

QUESTÃO: Quantas dessas colocações são reconhecidas pela sua organização?

6. OS CUSTOS INVISÍVEIS CHEGAM A CAUSAR IMPACTO NOS CLIENTES?

Com certeza, pois todo o movimento interno da organização tem como finalidade atender o cliente e consequentemente atingir os resultados de negócio da empresa. Se esse movimento não se dá com excelência, o resultado junto ao cliente também deixa a desejar.

Se uma organização experimentar responder a uma série de perguntas relacionadas à sua atuação junto aos clientes, em todas as áreas da empresa ou em algumas delas, terá uma enorme surpresa. Perguntas como as relacionadas a seguir podem ajudar a refletir sobre afirmações de que a organização é voltada essencialmente para o cliente, e auxiliá-la a obter melhor performance nesse quesito "clientes". Nunca abandone a idéia de que uma das premissas para qualquer projeto de mudança é buscar ou manter o nível de excelência junto aos clientes, pois somente daí vêm ganhos de lucratividade, de ampliação do *market share*, dentre outros, de forma sustentável.

A seguir encontra-se um pequeno teste que pode ser feito de forma a se obter algumas informações sobre como a organização se aproxima ou se distancia com relação à percepção sobre o cliente; as questões também explicitam alguns paradoxos das organizações.

MUDANÇA ORGANIZACIONAL - *Soluções Genéricas para Projetos*

RESPONDA:

1. O que é qualidade de atendimento ao cliente (externo) para a empresa? E para sua área?
2. No seu entendimento, como o cliente define qualidade?
3. Quais as experiências de contato com clientes que você já teve?
4. Segundo seu ponto de vista, o que o cliente verdadeiramente espera da sua empresa?
5. Sua empresa desenvolve sistematicamente a cultura do "não erro"?
6. Discute-se internamente o grau de satisfação, retenção e fidelização do cliente?
7. Trabalha-se considerando esses dados nas avaliações?
8. As avaliações de desempenho de pessoal contêm item relacionado a clientes?
9. Todos os colaboradores sabem o quanto vale o seu trabalho para o cliente?
10. As análises de melhoria dos processos sempre consideram o impacto nos clientes?
11. Quais são as reclamações mais comuns do cliente com relação à empresa?
12. Como a empresa as soluciona?
13. Qual o índice de reclamações dos seus clientes no último semestre?
14. Quais as estratégias de tratamento dessas reclamações?
15. É fácil para o cliente reclamar sobre a empresa?
16. Qual o índice de recuperação de clientes perdidos?
17. Qual o índice de repetição das mesmas reclamações?

Avalie as questões pelo seu nível de convergência ou divergência entre as áreas. Crie outras adequadas à sua realidade. Esse é somente um aquecimento...

VOCÊ TERÁ SURPRESAS!

QUESTÃO: Quantas vezes por ano a sua empresa se reúne para trabalhar específica e profundamente o tópico "clientes" em suas diversas abordagens?

CONTRA-INDICAÇÕES

EM QUE SITUAÇÕES O PROJETO DEVE SER ADIADO

CONTRA-INDICAÇÕES
Em que situações o projeto deve ser adiado

1. O adiamento de projetos de mudança é algo relativamente comum. Por que ocorre? **247**
2. O que é indicado para conhecer o nível de motivação interna? **249**
3. Como conhecer o cenário onde se dará o processo de mudança? **253**

1. O ADIAMENTO DE PROJETOS DE MUDANÇA É ALGO RELATIVAMENTE COMUM. POR QUE OCORRE?

São muitos os fatores que interferem na realização de um projeto de mudança; muitos deles chegam a exigir o seu adiamento e há casos em que impedem até a sua realização, comum nas empresas *reativas, defensivas ou apáticas*, conforme classificação feita anteriormente.

Dentre o que a experiência em mudança permite sistematizar, o seu adiamento pode se dar por (causas mais comuns):

- Hiper-sensibilidade potencial do ambiente.
- História de mudanças anteriores traumáticas.
- Início do processo sem a efetiva aprovação dos *stakeholders*.
- Pouca atenção às vitórias de curto prazo.
- Demora ou ineficiência na aplicação de estratégias de adesão.
- Níveis de tolerância altos, possibilitando muito tempo no não-engajamento.
- Comunicação ineficiente.
- Fatores de risco, como pressões sindicais e outros.
- Estilo de gestão autoritário.
- Cultura apática, refratária às mudanças.
- Impossibilidades de alianças nos níveis gerenciais.
- Falta de patrocínio explícito e "de topo".
- Traumas imobilizadores, como regras vindas de reguladores (governos, associações etc.).
- Obesidade estrutural severa, cuja condição requer muito estudo e avaliações pré-projeto;
- Ordens de fora que agridem a cultura local; caso de corporações com matriz em outro país.
- Indefinição quanto aos motivos da mudança e quanto à visão de futuro que se quer atingir.

Outras condições deverão ser observadas de acordo com a realidade da empresa. Os riscos são minimizados quando as devidas precauções são tomadas.

QUESTÃO: O que sua avaliação sobre esses quesitos diz? Existem alternativas de superar certas barreiras?

MUDANÇA ORGANIZACIONAL - *Soluções Genéricas para Projetos*

ATENÇÃO, BAIXO NÍVEL DE MOTIVAÇÃO É TAMBÉM UMA CONTRA-INDICAÇÃO. EXIGE TRATAMENTO: CUIDE DISSO ANTES DE INICIAR O PROJETO DE MUDANÇA.

INSTITUIÇÕES SEM MOTIVAÇÃO PARECEM NÃO POSSUIR ALMA, O QUE FAZ COM QUE NÃO SEJAM CAPAZES, MESMO COM TODOS OS ESFORÇOS, DE FAZER ACONTECER MUDANÇAS SIGNIFICATIVAS. ALGUMAS NESTAS CONDIÇÕES O FAZEM, MAS O PREÇO QUE PAGAM POR ISSO É MUITO ALTO.

EM ÉPOCA DE MUDANÇAS OS ORGANISMOS SE TORNAM MUITO VULNERÁVEIS, E VILÕES DA PRÓPRIA MOTIVAÇÃO: TÊM ENORME CARÊNCIA DELA E CRIAM UM VÁCUO, QUE É GERALMENTE SUBSTITUÍDO PELO DESÂNIMO.

DISPONHA SEMPRE DE FONTES DE REVIGORAÇÃO TERAPÊUTICA. AOS PRIMEIROS SINTOMAS RETOME AS ESTRATÉGIAS DE MOTIVAÇÃO.

Renilda Ouro

2. O QUE É INDICADO PARA CONHECER O NÍVEL DE MOTIVAÇÃO INTERNA?

A desmotivação é um sintoma da insatisfação: o clima interno requer intervenção. Pesquisas para avaliar o grau de satisfação permitem conhecer a percepção dos colaboradores. É preciso que elas venham à tona para que sejam adotadas estratégias capazes de criar clima favorável ao desenvolvimento do projeto de mudança.

Informações obtidas a partir de pesquisas permitem que a empresa inicie o processo de obtenção do comprometimento com as mudanças. A pesquisa a ser feita poderá abordar questões que podem estar influenciando na motivação das pessoas, como:

- Satisfação com o tipo de trabalho realizado e seus propósitos.
- Qualidade da comunicação.
- Cooperação interna e participação.
- Estilo e práticas de liderança e trabalho em grupo.
- Grau de explicitação da estratégia, missão e visão.
- Clareza de objetivos e propósitos.
- Valores e práticas organizacionais.
- Ambiente físico.
- Grau de esforço empregado para a realização do trabalho.
- Sistema de recompensa; sistema de benefícios.
- Realização pessoal e profissional pelo trabalho executado.
- Proximidade dos valores organizacionais aos individuais.
- Confiança e respeito no ambiente.
- Grau de exigência de eficiência e produtividade.
- Nível de atividades/habilidades x potencial.
- Condições físicas de trabalho.
- Nível de estresse no trabalho e qualidade de vida.
- Adequação do nível de capacitação exigida para a realização do trabalho, às habilidades atuais do indivíduo etc.

QUESTÃO: De quando data sua última pesquisa e o que ela indica? Avalie.

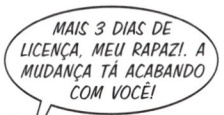

MUDANÇA ORGANIZACIONAL - *Soluções Genéricas para Projetos*

A MAIORIA DOS PROJETOS EXIGE MUDANÇA DE RUMO E EXIGE IMPULSO MUITO FORTE PARA FAZER ACONTECER A GUINADA QUE ALTERARÁ O CURSO DAS ESTRATÉGIAS E PRÁTICAS QUE A ORGANIZAÇÃO JÁ TINHA ADOTADO.

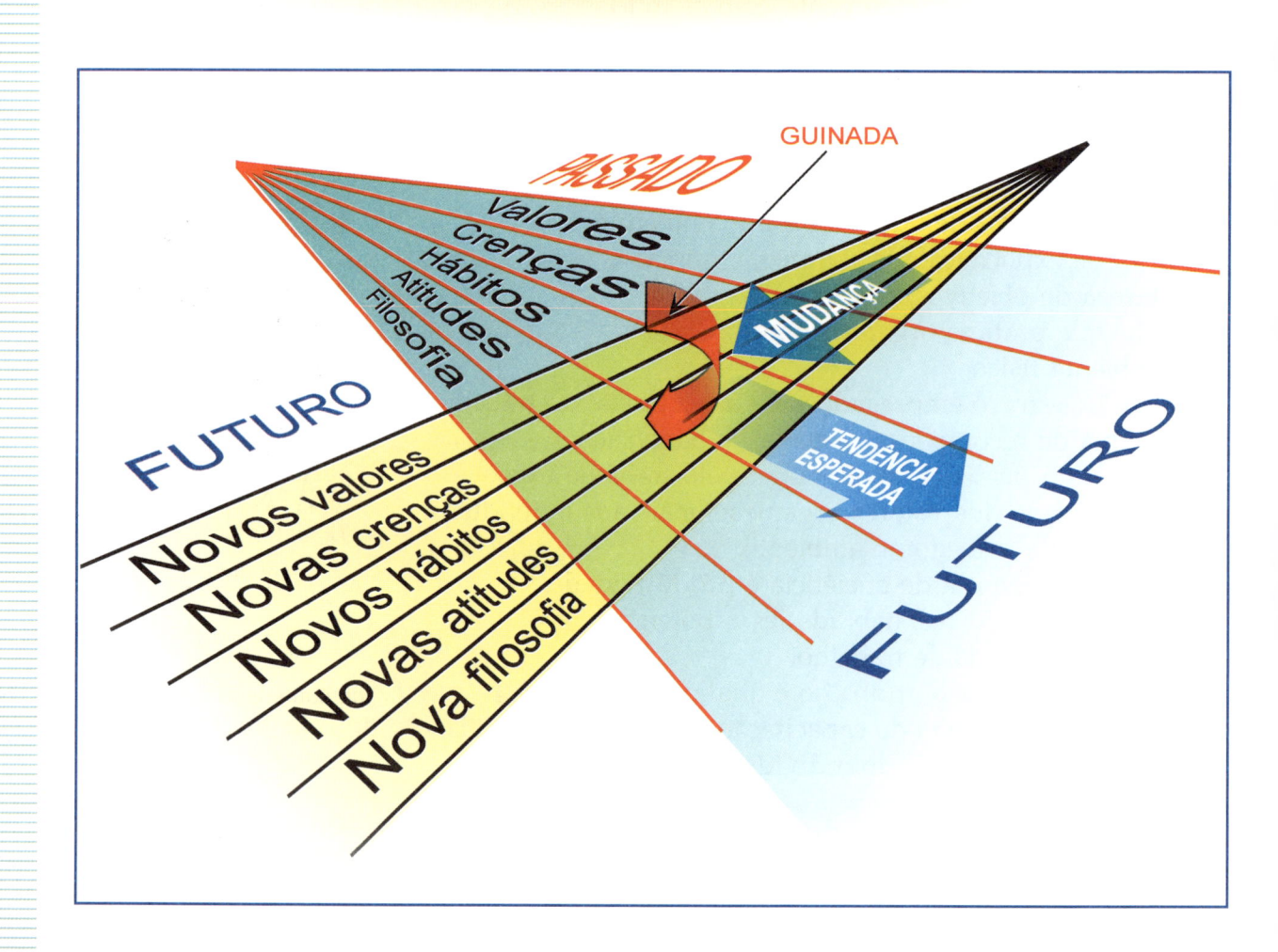

Renilda Ouro

PARA EVITAR CONTRA-INDICAÇÕES DAS ESTRATÉGIAS UTILIZADAS NO PROJETO, OBSERVE SEMPRE EM QUE FASE O AMBIENTE ORGANIZACIONAL SE ENCONTRA.

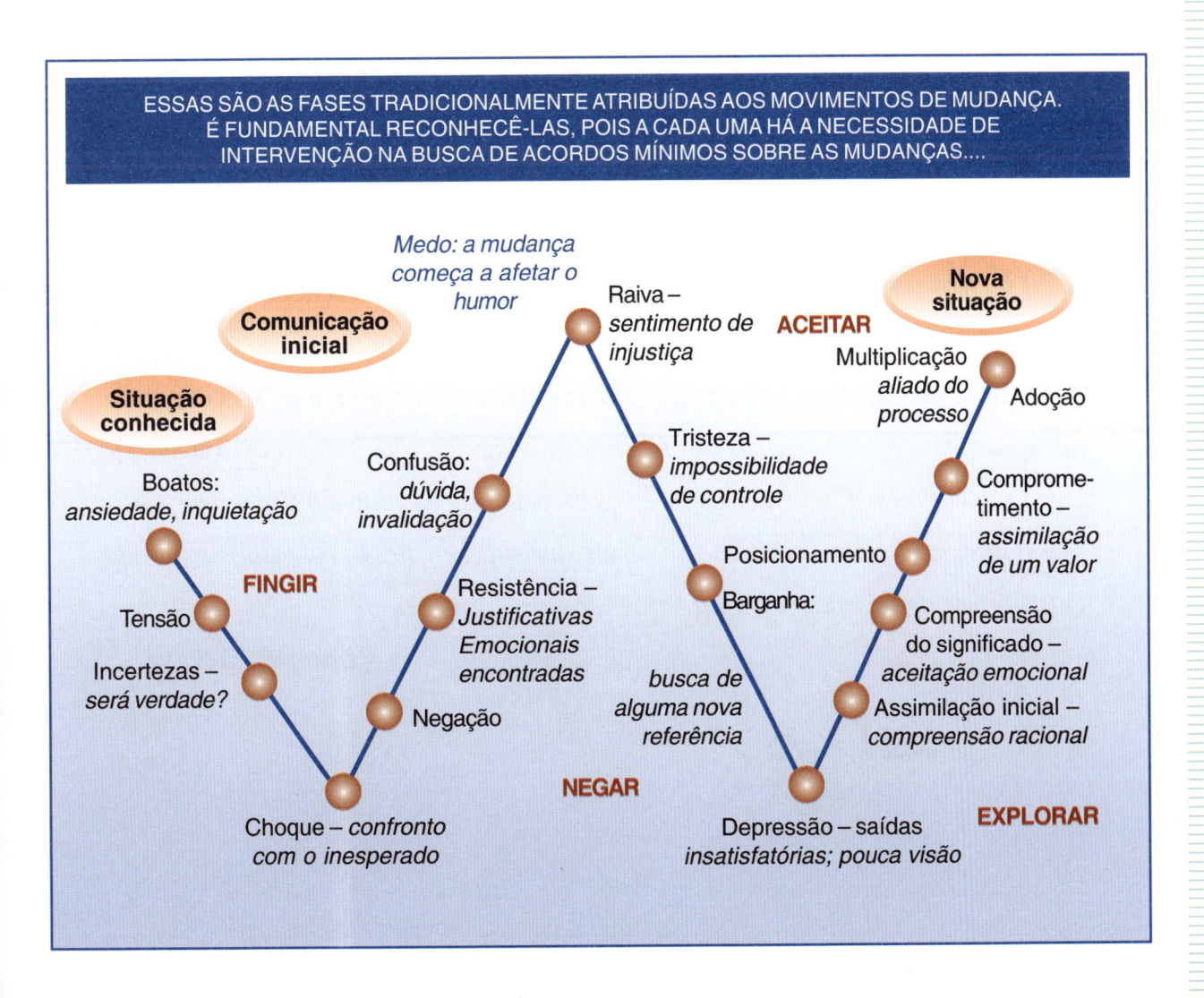

ESSAS SÃO AS FASES TRADICIONALMENTE ATRIBUÍDAS AOS MOVIMENTOS DE MUDANÇA. É FUNDAMENTAL RECONHECÊ-LAS, POIS A CADA UMA HÁ A NECESSIDADE DE INTERVENÇÃO NA BUSCA DE ACORDOS MÍNIMOS SOBRE AS MUDANÇAS....

Situação conhecida — FINGIR
- Boatos: *ansiedade, inquietação*
- Tensão
- Incertezas – *será verdade?*
- Choque – *confronto com o inesperado*

Comunicação inicial — *Medo: a mudança começa a afetar o humor*
- Confusão: *dúvida, invalidação*
- Resistência – *Justificativas Emocionais encontradas*
- Negação

NEGAR
- Raiva – *sentimento de injustiça*
- Tristeza – *impossibilidade de controle*
- Posicionamento
- Barganha: *busca de alguma nova referência*
- Depressão – *saídas insatisfatórias; pouca visão*

ACEITAR / EXPLORAR
- Assimilação inicial – *compreensão racional*
- Compreensão do significado – *aceitação emocional*
- Comprometimento – *assimilação de um valor*

Nova situação
- Multiplicação *aliado do processo*
- Adoção

"Parece-me que todas as nossas tristezas são momentos de tensão que consideramos paralisias porque já não compreendemos nossos sentimentos que se tornaram estranhos; porque estamos a sós com o estrangeiro que nos veio visitar; porque, num relance, todo o sentimento familiar e habitual nos abandonou; porque nos encontramos no meio de uma transição onde não podemos permanecer.

Eis por que a tristeza também passa: a novidade em nós, o acréscimo, entrou em nosso coração, penetrou no seu mais íntimo recanto. Nem está mais lá, já passou para o sangue. Não sabemos o que houve. Facilmente nos poderiam fazer crer que nada aconteceu; no entanto ficamos transformados, como se transforma uma casa em que entra um hóspede. Não podemos dizer quem veio, talvez nunca o venhamos saber, mas muitos sinais fazem crer que é o futuro que entra em nós dessa maneira, para se transformar em nós mesmos, muito antes de vir a acontecer..."

Rainer Maria Rilke

3. COMO CONHECER O CENÁRIO ONDE SE DARÁ O PROCESSO DE MUDANÇA?

Além da pesquisa de clima organizacional, ou de satisfação interna, diversos métodos podem ser empregados, desde a seleção de uma amostra representativa do ambiente (estatísticos dizem que a amostra só é válida se definida a partir da aplicação do método científico de seleção de universos), até a escolha de pessoas para emprego da técnica de *focus group*, ou ainda a utilização de *workshops* preparados para tal.

Para a utilização de técnicas de *workshops*, é indicado:

1. Deixar muito clara a importância da tarefa a ser empreendida e o quanto as informações obtidas terão impacto nos desígnios da empresa.

2. Selecionar pessoas-chave de diversas áreas, dentre o corpo gerencial e colaboradores, antigos e novos.

3. Criar um clima sem tensão, aberto e o quanto possível desestruturado. Garantir o espaço para não julgamentos, preconceitos ou invalidações.

4. Se viável, de acordo com a natureza do negócio e principalmente a cultura, incluir pessoas de confiança de fora da organização, que sistematicamente tenham contato com grande parte do grupo interno da empresa.

5. Discutir pontos que supostamente evidenciam o clima atual, buscando as premissas que poderão estar por trás. Definir "operacionalmente" o que está sendo concluído, para se obter uma mesma compreensão.

6. Simular como a organização deverá atuar durante o decorrer do processo de mudança, de forma a ratificar as estratégias.

7. Fazer uma análise histórica breve sobre mudanças anteriores, aproveitando a experiência do grupo.

8. Priorizar e desenvolver tópicos relativos ao item 2 deste capítulo, de forma a se obter informações sobre aqueles aspectos considerados relevantes para o projeto de mudança.

MUDANÇA ORGANIZACIONAL - *Soluções Genéricas para Projetos*

*"...Se o homem fosse, como deveria ser,
Não um animal doente,
mas o mais perfeito dos animais,
Animal directo e não indirecto,
Devia ser outra a sua forma
de encontrar um sentido à cousas,
Outra e verdadeira.
Devia haver adquirido
um sentido do 'conjunto';
Um sentido como ver
e ouvir o 'total' das cousas.
E assim – veríamos
– não teríamos noção do 'conjunto'
ou do 'total',
Porque o sentido do 'total' ou do 'conjunto'
Não vem de um total ou de um conjunto
Mas da verdadeira Natureza
talvez nem todo nem partes."*

Alberto Caeiro, heterônimo de Fernando Pessoa

Renilda Ouro

INTERAÇÕES MEDICAMENTOSAS

COMO CONSIDERAR A INTERAÇÃO COM OUTROS PROJETOS

MUDANÇA ORGANIZACIONAL - *Soluções Genéricas para Projetos*

INTERAÇÕES MEDICAMENTOSAS
Como considerar a interação com outros projetos

1. Em que condições pode ocorrer essa interação? **257**
2. Em paralelo ao projeto de mudança, deve-se comprometer parte do tempo para promover a integração com outros projetos ou atividades? **259**
3. Quando se fala em integração de projetos pode-se pensar em redes? **261**
4. Que critérios devem ser usados para priorizar os projetos? **263**

Renilda Ouro

1. EM QUE CONDIÇÕES PODE OCORRER ESSA "INTERAÇÃO MEDICAMENTOSA"?

Considerar as diversas iniciativas existentes na organização, dentre as quais outros projetos, é decisão sábia e ainda uma precaução que deve ser tomada. Procurar conhecer as bases desses projetos, seus propósitos, fatores de sucesso e principalmente como os seus objetivos se relacionam com o projeto de mudança em questão, é algo que deve ser feito o mais cedo possível. Fazer as alianças necessárias é importante para a manutenção de um ambiente de cooperação e obtenção de sinergias, inclusive porque é comum a organização estar assoberbada de projetos e ter que priorizá-los.

Buscar competência na administração dos vários projetos desenvolvidos é essencial para a busca da excelência na gestão. Ignorar os aspectos relacionados aos respectivos impactos gerados pelos diversos projetos, um no outro, leva a uma visão fragmentada dos processos, dos relacionamentos interpessoais e dos resultados operacionais: consequentemente, do todo empresarial.

O convívio no ambiente organizacional tem mostrado que é necessário mais do que planejar dentro de limites estabelecidos por cada projeto específico. É preciso buscar *mecanismos integradores horizontais*, de modo a converter os esforços específicos dos diversos projetos em efetivas estratégias que melhorem a performance, mantenham a visão do *todo* e obtenham bons resultados empresariais.

"Eu sempre te disse que era grande o oceano para a nossa pequena barca."
Cecília Meireles

MUDANÇA ORGANIZACIONAL - *Soluções Genéricas para Projetos*

A ORGANIZAÇÃO PODERÁ FICAR RAPIDAMENTE ASSOBERBADA QUANDO, MOVIDA PELOS DESAFIOS IMPOSTOS PELO AMBIENTE, DECIDIR RESPONDER A TUDO AO MESMO TEMPO, GERALMENTE CRIANDO TANTOS *GRUPOS GERENCIADORES DE PROJETOS* QUANTOS SE JULGA CAPAZ.

Quem tem 20 prioridades não tem nenhuma!

NÃO DEIXE SUA EMPRESA CAIR NESSA ARMADILHA: PRIORIZE OS PROJETOS PARA TER CONDIÇÃO DE REALIZÁ-LOS.

Renilda Ouro

2. EM PARALELO AO PROJETO DE MUDANÇA, DEVE-SE COMPROMETER PARTE DO TEMPO PARA PROMOVER A INTEGRAÇÃO COM OUTROS PROJETOS OU ATIVIDADES?

Na prática as empresas naturalmente selecionam alguns aspectos para avaliação do seu desempenho empresarial: atendimento a clientes, qualidade dos processos e produtos/serviços, resultados econômico-financeiros, recursos humanos, tecnologia e sistemas de informações e, mais recentemente, alguns outros, como atuação no meio ambiente, clima organizacional, e até contribuição social. Tudo isso dentro do esboço das perspectivas do BSC, como foi visto anteriormente. Esses aspectos têm pesos diferenciados, a depender da natureza específica do negócio; entretanto, a sua orquestração harmônica é a variável fundamental para condicionar e aumentar as probabilidades de sucesso, independentemente de qual seja o negócio.

A sua integração é dada através de um bem elaborado *processo de integração*. Esse é, portanto, o elemento-chave ao qual todos os outros aspectos subordinam suas funções ou estabelecerão suas estruturas integrativas. A eficiência do todo dependerá da abrangência da consideração e acomodação de todos os processos, colocados em prática pelas pessoas, em torno de um único grande objetivo: o resultado do todo empresarial. Como não existem empresas excelentes "por partes", em se tratando de *performance* o que vale é o resultado global.

A depender da cultura organizacional vigente, o processo de integração, até certo ponto, pode substituir as estruturas. Para tal requer-se uma maturidade organizacional, somente possível via maturidade profissional e pessoal, no sentido empregado por Senge em uma das abordagens de uma *learning organizations: a maestria pessoal*. Os processos educacionais passam a ser fundamentais para o exercício da integração eficaz, tanto no que diz respeito ao desenvolvimento de uma *visão do todo e de futuro*, quanto para o desenvolvimento de habilidades pessoais que garantam o bom relacionamento e desempenho na comunidade organizacional. E a gestão do conhecimento passa a ser fator-chave para a disseminação de clima favorável ao desempenho empresarial integrado.

QUESTÃO: Como os diversos projetos se conectam? Como podem se integrar, naquilo que é pertinente? Que metodologia utilizar?

MUDANÇA ORGANIZACIONAL - *Soluções Genéricas para Projetos*

BUSQUE A COERÊNCIA VISÃO-AÇÃO ENTRE OS DIVERSOS PROJETOS DE MUDANÇA

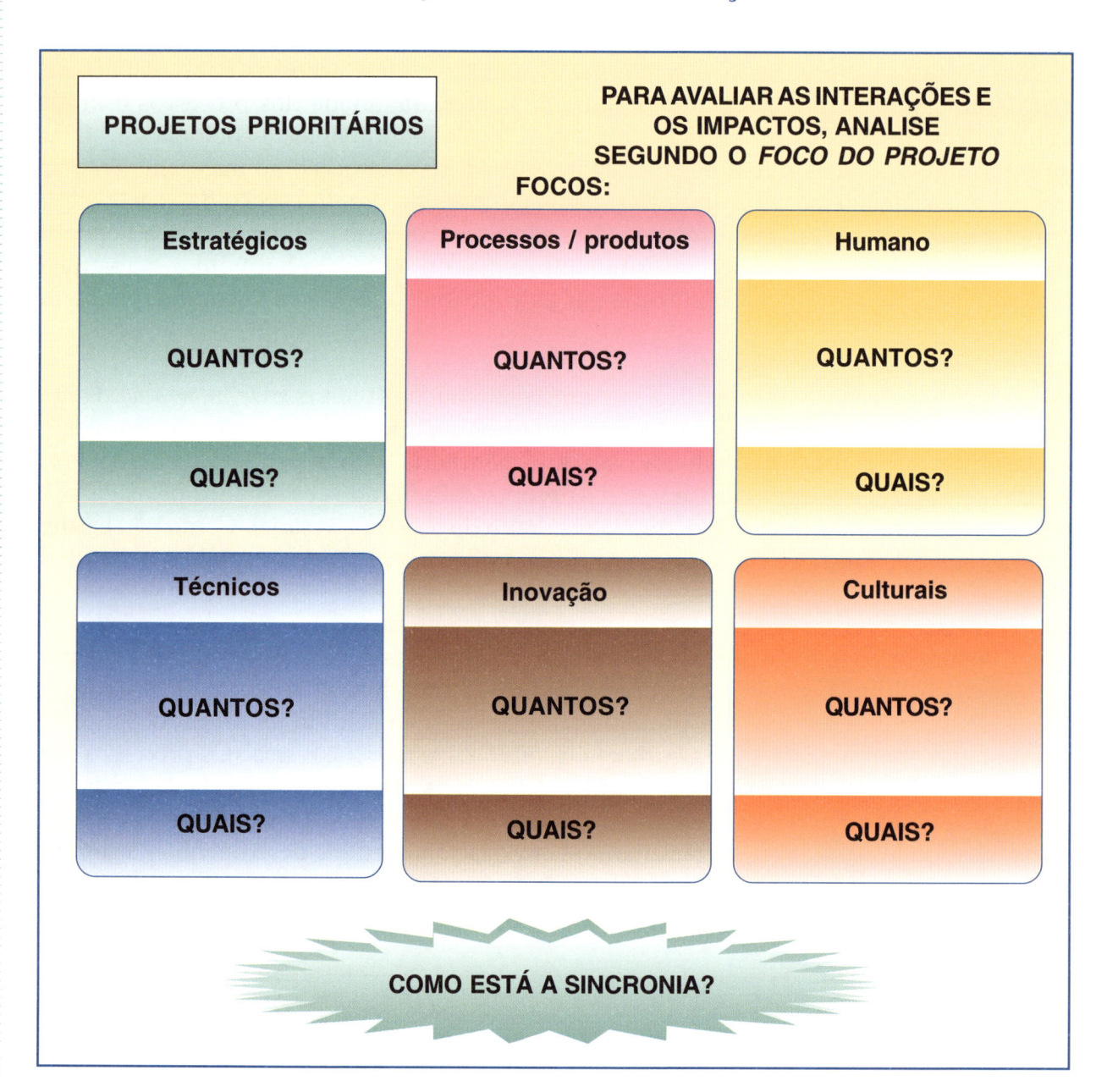

PROJETOS PRIORITÁRIOS

PARA AVALIAR AS INTERAÇÕES E OS IMPACTOS, ANALISE SEGUNDO O *FOCO DO PROJETO*

FOCOS:

Estratégicos	Processos / produtos	Humano
QUANTOS?	QUANTOS?	QUANTOS?
QUAIS?	QUAIS?	QUAIS?
Técnicos	**Inovação**	**Culturais**
QUANTOS?	QUANTOS?	QUANTOS?
QUAIS?	QUAIS?	QUAIS?

COMO ESTÁ A SINCRONIA?

Renilda Ouro

3. QUANDO SE FALA EM INTEGRAÇÃO DE PROJETOS PODE-SE PENSAR EM REDES?

Se pudermos desenvolver a capacidade de imaginar todos os sistemas organizacionais funcionando como um grande sistema biológico, certamente visualizaríamos uma grande teia, uma rede, intra e interdependente, que não basta ser constatada: o sucesso está em alcançar resultados eficazes a partir da aptidão verificada em novas formas de trabalhar em conjunto. É preciso treinar as pessoas para que sejam experts em relacionamento humano, em desenvolvimento e aplicação de estratégia empresarial. Isso só pode ser conseguido se consolidado através de iniciativas *"on the job"*, onde "a realidade acontece no dia-a-dia".

O conceito de rede e sua proposição para a otimização da gestão traz no seu bojo a idéia de articulação, de conexões que são relevantes para potencializar o desempenho. As redes são formas de organização caracterizadas por multicentros, por nós, que se constituem nos espaços de articulação. São sistemas que falam entre si, se articulam, sejam homogêneos ou heterogêneos, e se auto-organizam. Dadas situações distintas e as necessidades do negócio, um ou outro centro estará em evidência e é dessa forma que deve ser entendido o processo de integração requerido quando no desenvolvimento de projetos de mudança.

> **O FUTURO PERTENCERÁ ÀQUELAS INSTITUIÇÕES QUE TENHAM MAIOR CAPACIDADE DE APLICAÇÃO DE NOVOS APRENDIZADOS E QUE ESTEJAM PERGUNTANDO O TEMPO TODO "COMO PODEMOS NOS ADMINISTRAR MELHOR?". PARA ELAS O MUNDO DOS NEGÓCIOS ESTARÁ, COM CERTEZA, RESERVADO.**

QUESTÃO: Quanto sua organização está familiarizada com a prática de redes de colaboração, gestão e aprendizagem? O quanto a inteligência competitiva ganha com isso?

MUDANÇA ORGANIZACIONAL - *Soluções Genéricas para Projetos*

FAÇA USO DAS REDES PARA INTEGRAR OS PROJETOS DA SUA ORGANIZAÇÃO

4. QUE CRITÉRIOS DEVEM SER USADOS PARA PRIORIZAR OS PROJETOS?

A priorização pode ser definida a partir de critérios definidos pela empresa, depois de considerar quais são os principais indicadores para a sua realidade atual. Genericamente pode-se sugerir utilizar alguns parâmetros tradicionais, como:

- IMPORTÂNCIA do projeto para o atingimento da VISÃO de Futuro da empresa.

- IMPACTO nos clientes, no negócio e na satisfação dos *stakeholders.*

- NÍVEL DE ESFORÇO/DIFICULDADE associado à sua implementação Vs. condições favoráveis ao ambiente de mudanças.

- MULTIPLICAÇÃO da motivação pelo alcance e natureza dos resultados que podem ser obtidos em mais curto prazo, a depender da natureza do projeto.

- NECESSIDADE IMPERATIVA da mudança, considerados os riscos se ela não acontecer.

- OUTROS?

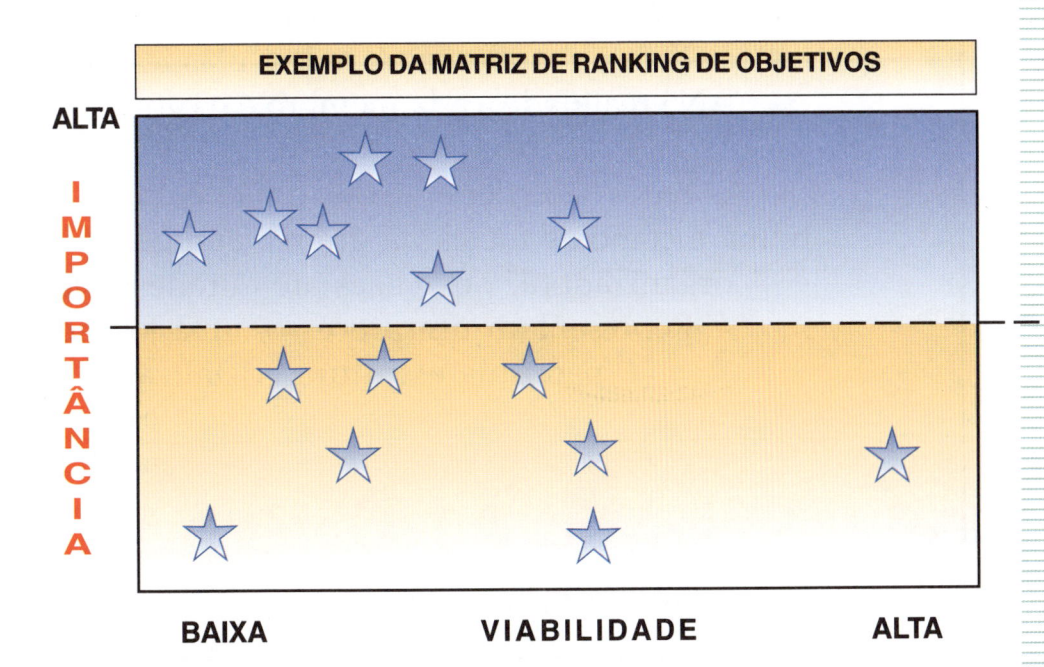

EXEMPLO DA MATRIZ DE RANKING DE OBJETIVOS

MUDANÇA ORGANIZACIONAL - *Soluções Genéricas para Projetos*

"Qualquer um que descubra a rápida proliferação de *REDES* e compreenda a sua força, pode perceber o ímpeto para a transformação em todo o mundo. A rede é a instituição de nossa época: um sistema aberto, uma estrutura dissipadora tão ricamente coerente que está em constante fluxo, pronta para ser reorganizada, capaz de uma transformação sem fim.

Este modelo orgânico de organização social presta-se a uma melhor adaptação biológica, é mais eficiente e mais 'consciente' do que as estruturas hierárquicas da civilização moderna. A rede é plástica, flexível.
Na realidade, cada membro é o centro da rede.

As redes são cooperativas, e não competitivas. Sua trama é como as raízes da grama: autogeradoras, auto-organizadora, por vezes até autodestruidora. Representam um processo, uma jornada, não uma estrutura cristalizada."

Marilyn Ferguson

Renilda Ouro

EFEITOS COLATERAIS
O QUE PODE OCORRER DURANTE O PROJETO DE MUDANÇA

EFEITOS COLATERAIS
O que pode ocorrer durante o projeto de mudança

1. Depois de implantadas, as mudanças ainda estão sujeitas a alterações e revisões? …… 267
2. Como garantir que as mudanças sejam adotadas? …… 270

Renilda Ouro

1. DEPOIS DE IMPLANTADAS, AS MUDANÇAS AINDA ESTÃO SUJEITAS A ALTERAÇÕES E REVISÕES?

Sim, pois seus principais efeitos só serão observados após o início da sua implantação, no projeto piloto ou na multiplicação para outras áreas de sua abrangência. Problemas relacionados ao declínio da eficiência, da produtividade, da queda nos resultados financeiros são comuns e o tempo aos poucos eliminará essa disfunção. É o momento da curva de aprendizagem do novo e um projeto de mudança é um investimento como outro qualquer: requer prazo para trazer o retorno esperado.

É comum gestores de topo também reagirem neste momento, pois as mudanças causam impactos nos resultados, provocados pela queda da produtividade, do desempenho em geral. É preciso que a organização atravesse a fase de aprendizado e supere os momentos iniciais de absorção da nova forma de atuar.

Muitas reações adversas ainda serão observadas, principalmente porque é nesse momento que muitos empregados tomarão conhecimento, de fato, das mudanças, pois, embora indicadores de comunicação explicitassem o sucesso das estratégias empregadas, muitos empregados não priorizam a atenção ao que está por vir, em função da necessidade do trabalho do dia-a-dia. Esse é o momento em que verdadeiramente eles entrarão em contato com a realidade das mudanças. E toda estratégia é pouca para que os efeitos colaterais sejam administrados.

A forma como esse momento é tratado poderá ser mobilizador, no sentido de dar força às mudanças, ou inibidor, trazendo o já conhecido processo de resistências. Algumas organizações podem ocasionalmente apresentar distúrbios que influenciam seu clima e comprometem a efetivação do que é necessário implementar.

"Minha alma talvez seja reta e boa; mas meu coração, meu sangue secreto, tudo isso me dói, não a consegue manter ereta."
Rainer Maria Rilke

MUDANÇA ORGANIZACIONAL - *Soluções Genéricas para Projetos*

TODA MUDANÇA CONTÉM JUÍZOS DE VALOR E PODE CAUSAR REAÇÕES MAIS OU MENOS DESAGRADÁVEIS. CUIDADO COM OS EFEITOS COLATERAIS.

Renilda Ouro

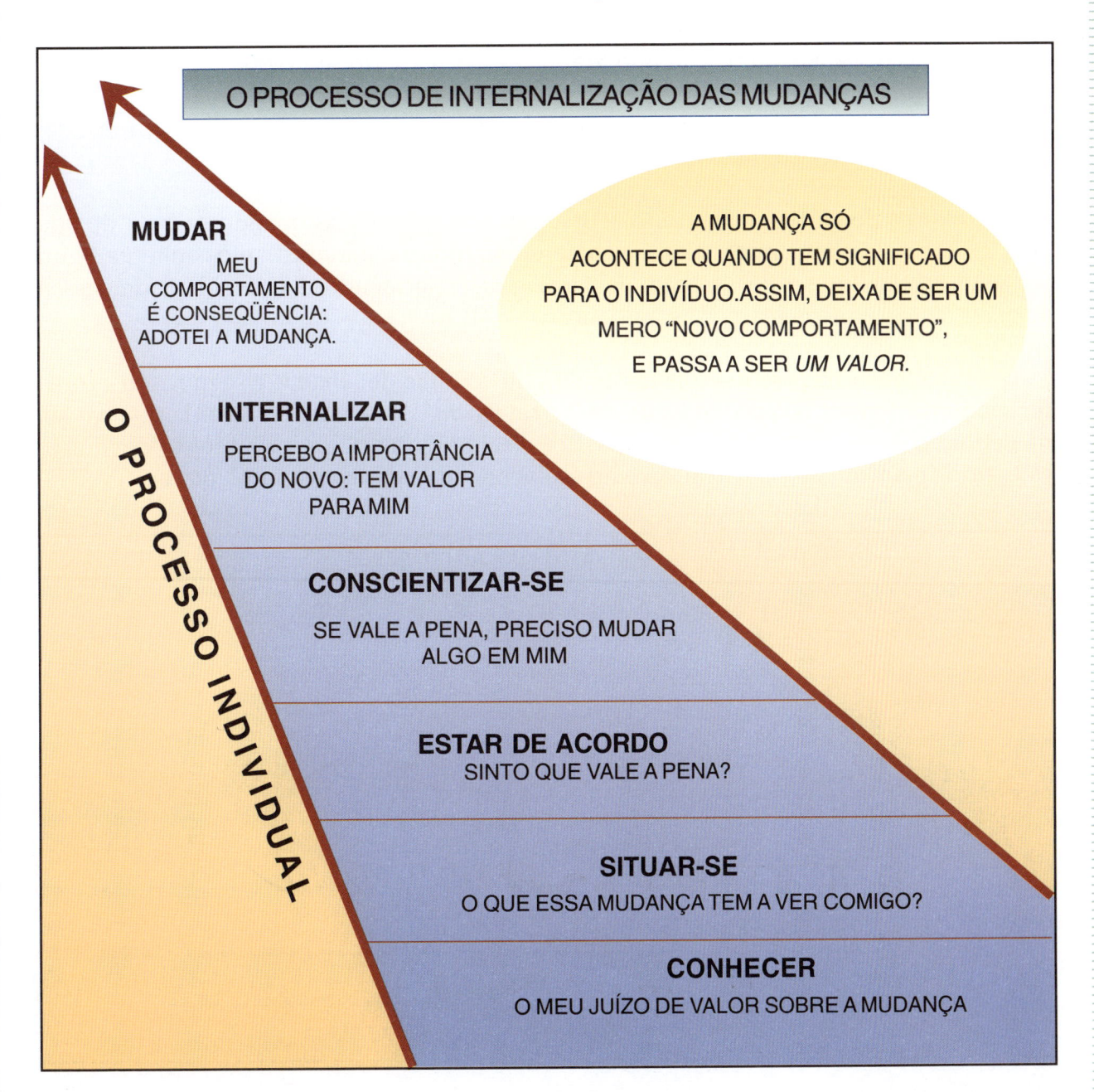

O PROCESSO DE INTERNALIZAÇÃO DAS MUDANÇAS

O PROCESSO DE INTERNALIZAÇÃO DAS MUDANÇAS

A MUDANÇA SÓ ACONTECE QUANDO TEM SIGNIFICADO PARA O INDIVÍDUO. ASSIM, DEIXA DE SER UM MERO "NOVO COMPORTAMENTO", E PASSA A SER *UM VALOR*.

O PROCESSO INDIVIDUAL

MUDAR
MEU COMPORTAMENTO É CONSEQÜÊNCIA: ADOTEI A MUDANÇA.

INTERNALIZAR
PERCEBO A IMPORTÂNCIA DO NOVO: TEM VALOR PARA MIM

CONSCIENTIZAR-SE
SE VALE A PENA, PRECISO MUDAR ALGO EM MIM

ESTAR DE ACORDO
SINTO QUE VALE A PENA?

SITUAR-SE
O QUE ESSA MUDANÇA TEM A VER COMIGO?

CONHECER
O MEU JUÍZO DE VALOR SOBRE A MUDANÇA

MUDANÇA ORGANIZACIONAL - *Soluções Genéricas para Projetos*

2. COMO GARANTIR QUE AS MUDANÇAS SEJAM ADOTADAS?

Não há garantias. Mesmo que o processo da mudança tenha sido o melhor possível, caracterizado por sinal verde o tempo todo, alguma parte do seu corpo de colaboradores adiará indefinidamente as decisões sobre mudar. Exterminar a possibilidade de mudança pode ser um objetivo, mesmo que não totalmente consciente, de algum dos grupos mais reativos: é preciso ter cuidado e monitorar os efeitos colaterais.

Estudiosos do comportamento trazem algumas boas notícias quando se trata de lidar com as reações às mudanças. Nesse estágio de maturação, é interessante conhecer alguns números motivadores, que quebram os paradigmas relacionados à quantidade de pessoas as quais são atribuídas reações às mudanças:

As características pessoais constantes do gráfico estão detalhadas a seguir, sob a forma de comportamentos mais comuns de dada "categoria". Elas valem à medida que ajudam na definição de tarefas a serem atribuídas aos colaboradores do próprio projeto de mudança e, principalmente, para a avaliação do ambiente, quando na sua implantação.

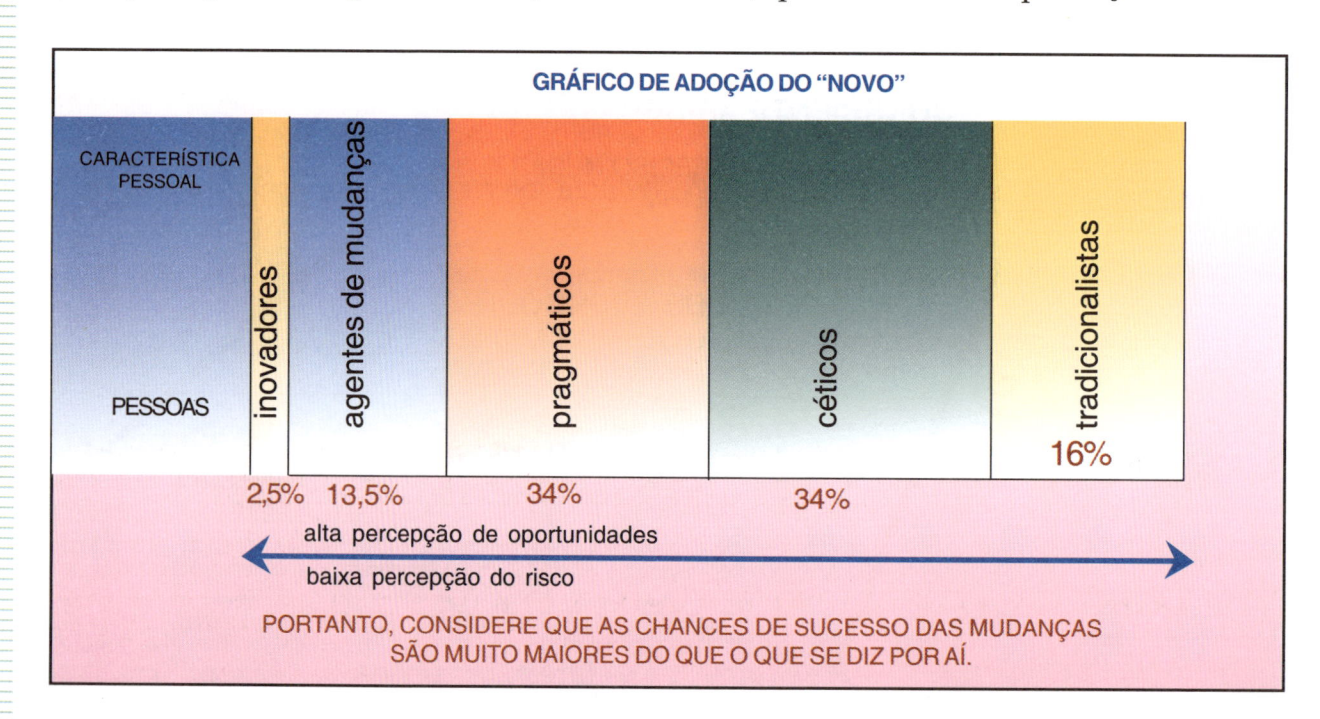

GRÁFICO DE ADOÇÃO DO "NOVO"

CARACTERÍSTICA PESSOAL	inovadores	agentes de mudanças	pragmáticos	céticos	tradicionalistas
PESSOAS	2,5%	13,5%	34%	34%	16%

← alta percepção de oportunidades
baixa percepção do risco →

PORTANTO, CONSIDERE QUE AS CHANCES DE SUCESSO DAS MUDANÇAS SÃO MUITO MAIORES DO QUE O QUE SE DIZ POR AÍ.

Renilda Ouro

O COMPORTAMENTO DAS PESSOAS DIANTE DO NOVO

É aconselhável aprofundar o conhecimento sobre como se comportam as pessoas diante do novo. O gráfico de "adoção do novo", apresentado, serve como ferramenta para o projeto de mudança, desde sua utilidade para aprofundar conhecimentos sobre o comportamento das pessoas impactadas pela mudança, passando pelo seu uso na seleção da equipe do projeto, para casos em que os recrutadores não tenham conhecimento mais profundo sobre os seus componentes, até a elaboração de estratégias de implantação. Existem testes disponíveis no mercado, que são empregados com a finalidade de classificar comportamentos e atitudes que se relacionam com as diversas características aqui registradas. Não que o ser humano seja assim tão sujeito a alguns rótulos mas, de certa forma, esse tipo de especulação ajuda no autodesenvolvimento das pessoas.

Há que se considerar que não há um juízo de valor embutido quando se busca essa análise, pois a premissa maior que deve ser observada é a da "natureza da pessoa, vinculada à natureza do trabalho". Portanto, alguém considerado *tradicionalista*, como veremos, tem as competências perfeitas para atuar num projeto de mudança, em atividades relacionadas à garantia da manutenção de competências estratégicas. Por exemplo: ninguém fará isso melhor do que ele.

As características a seguir dão uma idéia de como as pessoas de cada uma das categorias aqui colocadas se comportam; elas possibilitam inferir sobre os papéis mais adequados para cada indivíduo no projeto de mudança. Lembre-se: contar com as pessoas certas é uma forma inteligente de minimizar os efeitos colaterais das mudanças.

MUDANÇA ORGANIZACIONAL - *Soluções Genéricas para Projetos*

CARACTERÍSTICAS PESSOAIS CONSTANTES NO GRÁFICO DE ADOÇÃO

INOVADOR
- Explorador, inventor de oportunidades
- Valoriza diversidades e não riscos
- Formador de opinião, líder de novas idéias
- Busca realização pessoal pela criação
- Pouco influenciado pelo meio
- É pesquisador nato

AGENTE DE MUDANÇA
- Gosta de influenciar e liderar
- Interessado em testar o novo
- Otimista com baixa percepção de riscos
- Vê diversidade como aumento de conhecimento
- Busca reconhecimento, respeito, liderança social

PRAGMÁTICO
- Gosta de simplificar mudanças e melhorá-las
- Tem cuidado na exploração de novas idéias
- Suspeita até provar
- É seguidor, e não líder
- Tem moderada percepção de riscos: avalia-os
- Vê diversidade como desejável só após testar
- Busca pertencimento

COMPORTAMENTOS

Renilda Ouro

CARACTERÍSTICAS PESSOAIS CONSTANTES NO GRÁFICO DE ADOÇÃO

CÉTICO
- Descrente de novas idéias
- Associa alto nível de risco com diversidade
- Vê diversidade como potencialmente nociva
- Reluta para explorar oportunidades
- É influenciado pela autoridade e pela maioria
- Busca segurança o tempo todo

TRADICIONALISTA
- Evita qualquer envolvimento com mudanças
- Nega oportunidades e diversidades
- É pessimista, hostil para mudanças
- Percebe alto grau de riscos: reside no passado
- Usa histórias para invalidar oportunidades
- Vê sempre o perigo e as ameaças ao *status quo*
- Busca de estabilidade

COMPORTAMENTOS

QUESTÃO: Você pode fazer uso desse conhecimento e, se necessário, avaliar com mais profundidade. Normalmente essas informações já nos dão um conhecimento prévio do grupo.

MUDANÇA ORGANIZACIONAL - *Soluções Genéricas para Projetos*

TENHA CERTEZA DE QUE DURANTE A IMPLANTAÇÃO DAS MUDANÇAS:

▶ Todos, equipes, gerentes e usuários entenderam o que será feito e como.

▶ Se a mudança afetar diretamente os clientes, certifique-se de que os acordos estão feitos.

▶ A equipe do projeto, usuários e outros afetados com a mudança concordam com as estratégias de implantação.

▶ Existe um espaço seguro para aparecimento de problemas e busca de soluções, compartilhado pela equipe, gerentes e usuários.

▶ Foram feitos os acordos de monitoração e controle da implantação.

▶ Foram discutidos e aprovados todos os requisitos para a implantação da mudança, inclusive com relação à qualidade.

▶ Todas as decisões e ações de implantação estão baseadas em estratégias adequadas de comunicação.

▶ Todos os indicadores de avaliação foram acordados e as ferramentas de acompanhamento são adequadas.

QUESTÃO: Com base em que essas colocações podem ser dadas como afirmativas ou negativas? O que fazer com o que precisa ser alterado, em tempo hábil?

SUPERDOSAGEM
EVITANDO A CHEGADA DO "TIO JÁ QUE..."

MUDANÇA ORGANIZACIONAL - *Soluções Genéricas para Projetos*

SUPERDOSAGEM
Evitando a chegada do "tio já que..."

1. Como garantir que a mudança não viva a síndrome do *"já que"*?

Renilda Ouro

1. COMO GARANTIR QUE A MUDANÇA NÃO VIVA A SÍNDROME DO "JÁ QUE"?

> *"Já que estamos reduzindo os níveis hierárquicos, que tal também implantarmos um novo sistema de controle de material?" Já que isso, que tal aquilo?"*

É muito comum que o projeto queira absorver uma série de demandas, tudo ao mesmo tempo. Deve-se dar o cuidado especial aos desejos de "abraçar o mundo com as pernas", pois a superdosagem pode ser traumática para a organização. Mais cuidado ainda deve-se ter quando a mudança original abala a estrutura de poder e muitas perdas estão sendo administradas. Nesses casos a organização costuma viver um período de muita sensibilidade e qualquer ameaça pode gerar *tempestade em copo d'água*.

Vale ainda ressaltar que o conjunto das mudanças deve ter coerência não só técnica, mas emocional. No caso dado como exemplo aqui, o enxugamento da estrutura tem por conseqüência perda de poder, de *status* e, por vezes, até financeira, por parte dos atingidos. Seria totalmente desaconselhável ampliar o escopo do projeto inserindo, no mesmo momento, o controle do ponto (a não ser que a mudança seja para isso), pois isso poderia significar outras perdas que se acumulariam, trazendo conseqüências não bem-vindas ao projeto.

MUDANÇA ORGANIZACIONAL - *Soluções Genéricas para Projetos*

COMBATA A SUPERDOSAGEM!
ELA PODE SER PREJUDICIAL À SAÚDE DA SUA EMPRESA

SERÁ QUE DEVO "ENTORNAR" MAIS UMA?

A SUPERDOSAGEM PODE PROVOCAR INTOXICAÇÕES DE AVERSÃO À METODOLOGIA, CAUSANDO NÁUSEAS E, ASSOCIADAMENTE, TONTEIRAS, PALIDEZ TEMPORÁRIA, CANSAÇO E ATÉ CHOQUES, EM CASOS MAIS GRAVES.

RECOMENDA-SE INICIAR O PROJETO DE MUDANÇA EM DOSES HOMEOPÁTICAS, OBSERVANDO A SEQÜÊNCIA EM QUE AS ESTRATÉGIAS DEVEM SER DESENVOLVIDAS E APLICADAS, SEMPRE DE ACORDO COM GANHOS QUE DEVEM ORIENTAR O PASSO-A-PASSO DO PROCESSO.

PACIENTES IDOSOS
CONHECIMENTOS SOBRE ORGANIZAÇÕES MADURAS

MUDANÇA ORGANIZACIONAL - *Soluções Genéricas para Projetos*

PACIENTES IDOSOS
Conhecimento sobre organizações maduras

1. Mudanças em organizações maduras são mais difíceis de serem implementadas? **281**
2. Existem pesquisas sobre o que explica a longevidade de uma organização? **284**
3. O que as empresas que se perpetuam têm em comum? **288**
4. Qual o papel da liderança no contexto das empresas perenes? **291**
5. Que qualidades são bem vindas aos líderes que apostam na prosperidade? **293**
6. Como a questão da percepção do tempo influencia nas decisões? **295**

Renilda Ouro

1. MUDANÇAS EM ORGANIZAÇÕES MADURAS, COM RELATIVO TEMPO DE VIDA, SÃO MAIS DIFÍCEIS DE SEREM IMPLEMENTADAS?

Ao longo de seu ciclo de vida, como os organismos vivos, *as organizações quando jovens são bastante flexíveis,* mas nem sempre são controláveis. À medida que as organizações envelhecem, essa relação se altera. A controlabilidade aumenta e a flexibilidade diminui. É a mesma diferença que há entre um bebê e uma pessoa mais velha. O bebê é bastante flexível e consegue até colocar o pé na boca, mas seus movimentos e o seu comportamento não são muito controláveis. À medida que envelhecemos, acabamos eventualmente perdendo *também o controle* [10]. As organizações nascem, crescem, amadurecem e morrem. Todas elas têm capacidade de aprender. Algumas se desenvolvem rapidamente, estabilizam o crescimento e morrem, sem exceção (a instituição da Igreja Católica está para provar que essa regra também tem exceção).

Diferentemente das pessoas, as empresas não têm uma expectativa de vida: podem durar 1 ano ou 800. O fator conhecimento é fundamental nos seus ciclos de vida e requer cabeças pensantes, cultura estratégica que permita a fluidez da comunicação e do compartilhamento desse conhecimento. Muito importante é também considerar que "a tolerância deriva de uma estrutura de valores; ela só pode existir numa empresa na qual as pessoas reconheçam o valor de criar espaço para a inovação"[11], única possibilidade de contínua energização que leva à sobrevivência e revitalização da organização.

> "Esta é a verdadeira alegria da vida: ser usado para um propósito que você mesmo considera grandioso; ser gasto totalmente antes de ser atirado no monte de restos; ser uma força da Natureza e não um cabeça dura escaldado e egoísta, cheio de doenças e mágoas, queixando-se porque o mundo não se dedica a torná-lo feliz... A única verdadeira tragédia da vida é ser usado por homens de mente egoístas para propósitos que você considera desprezíveis."
> *George Bernard Shaw*

MUDANÇA ORGANIZACIONAL - *Soluções Genéricas para Projetos*

OS CINCO INGREDIENTES DO ELIXIR DA LONGEVIDADE EMPRESARIAL*

▸ **SENSIBILIDADE** ao meio envolvente, capaz de levar a empresa a aprender e a se adaptar, que é o coração da aprendizagem organizacional e da gestão permanentemente voltada à mudança.

▸ **COESÃO INTERNA,** em torno de um sentido de identidade e de comunidade em que o núcleo duro do pessoal da empresa se forma ao longo de anos.

▸ **TOLERÂNCIA** para com o pensamento não convencional, a excentricidade, abertura a novas idéias e ao primado da experimentação, pois os negócios do futuro podem nada ter a ver com os do presente.

▸ **CONSERVADORISMO FINANCEIRO,** não desperdiçando recursos, de modo a ganhar flexibilidade de decisão nos momentos em que é preciso investir, sem ter de depender de terceiros.

▸ **SUCESSÃO** na liderança e no núcleo duro de quadros que dominam as competências da empresa, de modo a assegurar a continuidade.

"Houve algumas vezes nas quais senti que de fato compreendia o que buscava. No entanto, anos mais tarde, reconheceria que foi uma estupidez. De um ponto de vista subsequente, eu obviamente não entendera alguma coisa. Penso que isso é bastante universal.

...Todas as vezes em que se amplia o conhecimento – ou se adquire mais, passa-se a ver as coisas sob uma perspectiva diferente. Não é que as coisas fossem totalmente erradas antes: apenas são vistas agora de modo diferente, sob uma luz diversa. Essa é a essência da transformação, atingindo a nossa parte que sabe, que não se sente ameaçada e que não se opõe à metamorfose."
Autor anônimo

Fonte: *Arie de Geus em entrevista à *Executive Digest* sobre o seu primeiro livro *The Living Company*.

QUESTÃO: Como isso é reconhecido na sua empresa? Tem valor no seu ambiente?

Renilda Ouro

"A SUA EMPRESA SERÁ PERENE!"

É PRECISO FAZER UMA DISTINÇÃO CLARA ENTRE AS ORGANIZAÇÕES QUE PRETENDEM SE PERPETUAR, PRECISAMENTE COMO AS ESPÉCIES, E AS EMPRESAS "ECONÔMICAS", QUE SÓ VIVEM PARA A MAXIMIZAÇÃO DO LUCRO E DA RIQUEZA PARA UMA MINORIA.

2. EXISTEM PESQUISAS SOBRE O QUE EXPLICA A LONGEVIDADE DE UMA ORGANIZAÇÃO?

Sim, as mais divulgadas foram feitas por Collins e Porras, na qual foi baseado o livro *Feitas para Durar* e a de Arie de Geus, realizada em 1983, quando ocupava um cargo executivo na Shell. O estudo pesquisou empresas que tinham sobrevivido e que tivessem sido fundadas antes de 1907, ano de fundação da Shell. A investigação concluiu que dentre 30 empresas mais de uma dezena tinha nascido no século XIX e mantivera-se até hoje, com grande projeção; algumas remontavam aos séculos XIII e XVII, como a Stora Company, da Suécia, com 700 anos de idade; o grupo Sumitomo, com 400 e a Dupont com 200 anos.

No decorrer desse estudo, Geus concluiu que tais empresas se comportaram como espécies vivas. E o segredo dessa perpetuação é saber permanecer em harmonia com o mundo que a rodeia. Isso é um processo de aprendizagem que leva as empresas a exercitar a arte da sensibilidade ao exterior, da permanência em harmonia com o mundo que as rodeia. Ao fazê-lo, entramos num mundo novo e a única forma de nos adaptarmos a ele é mudar a estrutura das idéias pessoais. Esta é a essência da aprendizagem. Com as organizações o mesmo acontece.

Vale a pena refletir sobre informações contidas num outro trabalho que atualizou a pesquisa da Shell: a vida média das empresas nascentes não ultrapassa os 12 anos e meio, o que significa que elas morrem na flor da idade, na adolescência. Não estão considerados aqui os pequenos empreendimentos, cujo índice de encerramento das atividades no curto período de tempo é enorme. Isso sem falar das empresas *ponto com*, para as quais ainda não se tem parâmetros e o que se conhece já foi capaz de gerar alguns terremotos na economia, muito em função da "quebradeira gerada pelo *boom* de ganhar dinheiro com a Internet".

> "Da próxima vez que você olhar sua folha de pagamento, passe os olhos pelos nomes e tente descobrir quem se comporta como 'eu' e quem se comporta como 'nós'. Faça sua próxima avaliação com base neste critério e você terá muitas surpresas."
> *Arie de Geus*

Renilda Ouro

DAS 27 EMPRESAS COM MAIOR TEMPO DE VIDA, SOMENTE QUATRO CARACTERÍSTICAS COINCIDENTES ESTAVAM PRESENTES EM TODAS

1. SÃO CONSERVADORAS EM TERMOS FINANCEIROS. Sem grandes arroubos de investimentos, pouca ou nenhuma dependência de bancos.

2. SÃO SENSÍVEIS AO MUNDO À SUA VOLTA. Elas vêem e antecipam as mudanças que impactarão o seu negócio e têm melhor capacidade de adaptação e adequação às mudanças externas.

3. POSSUEM SENSO DE ORIGEM E DE IDENTIDADE. Tanto líderes como pessoas se identificam entre si e com a cultura organizacional.

4. PROMOVEM A DESCENTRALIZAÇÃO E *EMPOWERMENT*. Elas dão liberdade às pessoas para experimentar, assumir responsabilidades e tomar decisões.

NOSSA, EU QUERIA TRABALHAR AQUI!

COMO VOCÊS CONSEGUEM ISSO TUDO?

E ASSIM COMPLETAMOS 250 ANOS!

MUDANÇA ORGANIZACIONAL - *Soluções Genéricas para Projetos*

AS EMPRESAS PERENES DO CAPITALISMO

DATA	EMPRESA	PAÍS DE ORIGEM	DATA	EMPRESA	PAÍS DE ORIGEM
1288	Stora	Suécia	1891	Merck	EUA
1590	Sumitomo	Japão	1892	GE	EUA
1697	Mitsui	Japão	1892	American Express	EUA
1802	Du Pont	EUA	1902	3M	EUA
1837	Procter & Gamble	EUA	1903	Ford	EUA
1847	Siemens	Alemanha	1907	Royal Dutch / Shell	RU / Holanda
1850	Wal-Mart	EUA	1908	GM	EUA
1883	Daimler-Benz	Alemanha	1911	IBM	IBM
1890	Mitsubishi	Japão	1915	Boeing	EUA

AS PROMISSORAS

1945	Sony	Japão

1975	Intel	EUA

1975	Microsoft	EUA

Fonte: Pesquisa de Arie de Geus

Renilda Ouro

O QUE TORNA ALGUMAS EMPRESAS VISIONÁRIAS SÃO ALGUMAS PRÁTICAS COMUNS AO LONGO DA SUA HISTÓRIA *

▶ *Ter ferramentas,* mais do que soluções prontas.

▶ Mais do que lucros, *ter ideologia central.*

▶ Estimular o progresso, *preservando o núcleo estratégico.*

▶ *Ter metas audaciosas.*

▶ Ter uma cultura forte, caracterizada como *"cultura de devoção".*

▶ *Gerentes treinados internamente.*

▶ Nunca abrir mão de novas idéias: *testar de tudo aplicar o que der certo.*

▶ *Inovação permanente,* "não satisfação" com a situação presente.

"Tudo de novo, tudo eternamente, tudo encadeado, forçado: assim amastes o mundo; vós, os eternos, amai-o eternamente e sempre, e dizeis também à dor: "Passa, mas torna! Porque toda a alegria quer eternidade!"
Nietzsche

* Baseado em James C. Collins e Jerry I. Porras.

QUESTÃO: De quanto dessas práticas sua empresa faz uso? Como elas se comportam numa possível avaliação relacionada ao sucesso do seu negócio?

MUDANÇA ORGANIZACIONAL - *Soluções Genéricas para Projetos*

3. O QUE AS EMPRESAS QUE SE PERPETUAM TÊM EM COMUM?

Nas duas pesquisas citadas, as empresas demonstraram alta sensibilidade ao seu ambiente: viveram situações de crises, guerras, turbulências políticas, mudanças radicais na tecnologia, na sociedade e, visionária ou estrategicamente, sobreviveram com sucesso nessas contingências.

Elas construíram uma marca, e fizeram diferença a partir do seu maior capital: as pessoas, sua energia, sua alma. Seu modelo mental e suas estratégias seguem a lógica da ideologia de seus propósitos: respeitando princípios de vida, são flexíveis, adaptativas, aprendizes. Formaram sua própria cultura e suas visões estão muito longe do curto prazo; desafiam suas próprias condições e mantêm sua estrutura muscular e ânimo porque são inovadoras: têm sempre algo novo a fazer no futuro.

> AS EMPRESAS TENDEM A MORRER CEDO
> PORQUE OS SEUS LÍDERES E QUADROS SE CONCENTRAM NA
> "PRODUÇÃO" E NO LUCRO E SE ESQUECEM DE QUE
> A EMPRESA É UMA INSTITUIÇÃO, QUE É UMA COMUNIDADE DE SERES
> HUMANOS QUE DEVERIA ESTAR NO NEGÓCIO PARA SOBREVIVER, E NÃO
> PARA MORRER PASSADO ALGUM TEMPO.
> A BIOLOGIA, DEFINITIVAMENTE, TEM UMA LINGUAGEM
> *MAIS ADEQUADA DO QUE A ECONOMIA.*

Renilda Ouro

ENFIM, DIANTE DE TUDO ISSO, PODEMOS CONCLUIR QUE O SEGREDO DA PERENIDADE ESTÁ NO DESENVOLVIMENTO DE VALORES MAIS PROFUNDOS DO QUE OS DEMONSTRADOS NAS PLANILHAS CONTÁBEIS E PASSA PELO APRENDIZADO E DESENVOLVIMENTO PESSOAL, RELACIONAMENTO, HONESTIDADE E TRANSPARÊNCIA, COMPROMETIMENTO COM O INDIVÍDUO E COM A COMUNIDADE, O RECONHECIMENTO DA IDENTIDADE E DA VISÃO, EDUCAÇÃO PELA AÇÃO E NÃO PELAS PALAVRAS E, ACIMA DE TUDO, PELO JOGO EM EQUIPE.

MUDANÇA ORGANIZACIONAL - *Soluções Genéricas para Projetos*

MUDANÇAS SÓ SÃO EFETIVAS SE O TODO EVOLUIR. PORTANTO, PRESTE ATENÇÃO SE, COMO PRODUTO DAS MUDANÇAS, SUA EMPRESA GANHOU OU APRIMOROU:

O SENTIDO DA MUDANÇA COMO UM VALOR – facilitando a chegada de nova onda de mudanças, fato irreversível.

A GESTÃO DO CONHECIMENTO – espaço para compartilhamento de conhecimentos e transformação do conhecimento tácito em explícito, garantia da preservação das competências organizacionais.

A APRENDIZAGEM ORGANIZACIONAL – permitindo a entrada do novo, sem receio, com a força e a ousadia de quem sabe que sobreviver significa inovar.

O AMBIENTE FAVORÁVEL – CLIMA DE CONFIANÇA – baseado na premissa de que o maior capital é o humano. Favorabilidade à convergência de valores individuais aos organizacionais.

A ESTRATÉGIA DE NEGÓCIO ALINHADA À ESTRATÉGIA DE RECURSOS HUMANOS – explicitação da valorização das pessoas no ambiente empresarial, de forma a dar-lhes espaços para contribuírem utilizando todo o seu potencial e permitindo a descoberta dos "talentos invisíveis".

"A vida é uma sucessão de lições que têm de ser vividas para serem compreendidas."
Helen keller

Renilda Ouro

4. QUAL O PAPEL DA LIDERANÇA NO CONTEXTO DAS EMPRESAS PERENES?

O papel da liderança é algo muito discutido, e de importância para qualquer organização, principalmente para aquelas que necessitam (são todas) lidar com mudanças. A literatura produz a cada dia fórmulas e mais fórmulas que pretendem definir o que realmente é essencial no papel de líder.

O LÍDER DA TEORIA: representado na teoria encontrada nos livros, nos seminários. Focado no objeto, estagnado na teoria e pouco observador. Favorece a tarefa.

O LÍDER MADURO: focado na pessoa e no problema humano. Observador, procura facilitar que o outro se reconheça através da sua própria escuta e que possa buscar a sua própria resposta. Favorece a expressão total do ser humano.

O LÍDER HOLOCENTRADO: focado na excelência do ser humano e numa visão de convocação para a inteireza. Favorece valores e expressa-os pelas ações construtivas e mais abrangentes que o seu campo de ação: transcende-o.

"Para quem sabe olhar, a luz pode se mostrar quando menos esperar, em qualquer lugar."

Jerry Garcia

QUESTÃO: Sua empresa tem um estilo de liderança próprio e reconhecido? O que é ser líder na sua empresa? Que valores, que práticas? Que acréscimos no ambiente?

Baseado em Roberto Crema, notas de seminário na Casa do Aprendiz – RJ.

MUDANÇA ORGANIZACIONAL - *Soluções Genéricas para Projetos*

UMA CONTRIBUIÇÃO À REFLEXÃO SOBRE VALORES

CENTRO ENERGÉTICO	VALORES	COMPORTAMENTOS	
		CONSTRUTIVOS	DESTRUTIVOS
Transpessoal	União Plenitude Felicidade Graça Sagrado Inteireza Sabedoria	Harmonia Não-dualidade	Divisão Julgamento Desconfiança
Conhecimento	Saber Verdade Clareza Justiça	Meditar Refletir Auto descoberta	Ignorar Mentir Esconder
Inspiração	Criatividade Beleza	Imaginação Intuição Abertura Confiança Criação	Fechamento Desconfiança
Amor	Altruísmo Humanismo Harmonia Ternura	Compreensão Empatia Ajuda	Mágoa Egoísmo Ressentimento
Poder	Equanimidade Autonomia Responsabilidade	Cooperação Liberdade de Pensamento	Dominação Dependência
Sensualidade	Prazer	Compartilhamento	Possessividade Apego
Segurança	Liberdade do corpo Saúde Existência Conforto essencial	Respeito Não-violência Coragem Paz	Violência Ferir Agressão Poluir Matar Infectar

SÓ SE PODE FALAR DE LIDERANÇA SE EXPLICITARMOS NOSSA VISÃO DE SER HUMANO

Baseado em modelo de Pierre Weil

5. QUE QUALIDADES SÃO BEM VINDAS AOS LÍDERES QUE APOSTAM NA PROSPERIDADE?

Em tempos em que se fala em responsabilidade social, em sustentabilidade, desenvolvimento sustentável, ecoeficiência etc., no mesmo tempo em que, como foi visto nas pesquisas feitas pelos estudiosos das organizações, a vida média das empresas atuais é de *12,5 anos*, parece que há alguma incoerência.

Por meio de grandes esforços individuais, a partir da valorização do crescimento pessoal, um líder pode chegar a apreender conhecimentos essenciais, que não necessariamente fazem parte do mesmo escopo das listas das qualidades exigidas dos líderes, pela maioria das organizações; sequer fazem parte da mesma natureza.

Num mundo de complexidade, onde o próprio conceito de morte mudou, substituindo o diagnóstico da constatação de parada cardíaca para a morte cerebral; onde um pouco mais para frente veremos a revolução dos métodos de reprodução, de não mais sexuais, para o celular, como já especulam cientistas; onde a eutanásia passa a ser uma necessidade em função da tecnologia que prolonga a vida; onde a anatomia humana sofre alterações moleculares para se adaptar ao mundo digital, trazer à tona revoluções no conceito de liderança pode ser bem empregado. *Não fazemos uma apologia a que todas essas coisas aconteçam; é assustador, mas tais discussões têm tomado o tempo de muita gente boa, que poderia estar pesquisando soluções para a fome, para a pobreza, para a violência, para as guerras... Parece, novamente, que há algo fora de lugar!*

Talvez o mundo das organizações careça da busca da sabedoria. Talvez se deva ousar e trazer ao mundo empresarial conceitos como *liberdade para que os líderes esvaziem suas próprias mentes* e possam concentrar sua atenção em minimizar impulsos egoístas que extrapolam a visão individual e por vezes se delimitam pela visão do "seu pedaço" na empresa. Que os desejos de puro cumprimento de metas possam ser substituídos pela expansão da consciência coletiva sobre contribuições que valham a pena, e estejam antenados nos ganhos da organização como um todo. Na mesma linha, parece que falta aos líderes ter como meta prioritária criar possibilidades para os outros, exercitar o valor educação no ambiente, motivando para que cada pessoa descubra seu potencial, detecte o que as impede de realizar seus potenciais e desenvolva a sua capacidade visionária.

MUDANÇA ORGANIZACIONAL - *Soluções Genéricas para Projetos*

TALVEZ O PRINCIPAL PAPEL DOS LÍDERES SEJA VER O MUNDO COM MENTE ABERTA E CONSIDERAR QUE A ESSÊNCIA DA MUDANÇA EXIGE DE SI UMA COMPETÊNCIA FUNDAMENTAL: DETECTAR QUAL É O MITO QUE AS ORGANIZAÇÕES ENCENAM.

TER COMO *CHÃO* VALORES CONSTRUTIVOS PODE FAZER COM QUE A HISTÓRIA A SER CONTADA SOBRE AS ORGANIZAÇÕES DESSE TEMPO COMPLEXO POSSA TER MUITAS VITÓRIAS A CELEBRAR.

QUESTÃO: Em tempo: você já se perguntou *qual é o mito que a sua organização encena?*

6. COMO A QUESTÃO DA PERCEPÇÃO DO TEMPO INFLUENCIA NAS DECISÕES?

A síndrome do curto prazo parece que limita as possibilidade de se construir algo realmente duradouro, baseado em valores que poderiam ser adotados pelas gerações que virão. Não sabemos qual o reflexo de iniciativas que levam tal discussão para o bojo organizacional. A partir de algumas experiências pessoais, poderia se inferir que faz muita diferença.

Um pequeno caso:

Certa vez algum sucesso foi obtido num trabalho com um grupo de uma grande empresa multinacional, grupo este que reagia às mudanças em função de não perceber ganhos com elas no curto ou médio prazos. Coincidentemente, essa organização está na lista das empresas perenes, e a mudança que estava sendo discutida tinha horizontes além da permanência daqueles gestores que participavam da sua discussão. As resistências eram visíveis e foram neutralizadas quando se decidiu *trabalhar a questão da mudança pelos seus impactos*, e por vezes nós não estaremos mais ali para ver.

Em determinado momento colocamos a questão-chave para o grupo: – *Quem aqui presente teve sua vida totalmente modificada depois de admitido como colaborador dessa empresa?* A maioria do grupo sinalizou positivamente. Seguiu-se a segunda questão: – *Quem daqui admite que a mudança feita nessa empresa, há mais de 100 anos, teve impacto na vida de vocês?* E as fisionomias, todas, se alteraram visivelmente.

LIDERANÇA = EXCELÊNCIA HUMANA*
- TEMPO PARA IR FUNDO NAS COISAS
- TEMPO PARA PENSAR
- TEMPO PARA DETALHES E SUTILEZAS
- TEMPO PARA ENTENDER DE GENTE
- TEMPO PARA OLHAR DE MANEIRA DIFERENTE

* Baseado em Roberto Crema, notas de seminário na Casa do Aprendiz – RJ.

MUDANÇA ORGANIZACIONAL - *Soluções Genéricas para Projetos*

O TEMPO E A INFLUÊNCIA NAS DECISÕES

O que se conclui a partir disso é que novamente a questão dos valores está presente, e fazendo muita diferença. E esse fato deixa visível a noção de tempo, mais ou menos considerada, e que, por isso, traz tanto impacto para as organizações, e para o mundo em que vivemos; para os conceitos de mudança e determinação de seus objetivos, tempo, visão de tempo, percepção de tempo, valorização de tempo, são fatores fundamentais.

O QUADRO A SEGUIR DÁ UMA IDÉIA DAS DIFERENTES VISÕES,
A PARTIR DA PERCEPÇÃO DE *TEMPO* E *VALOR*.

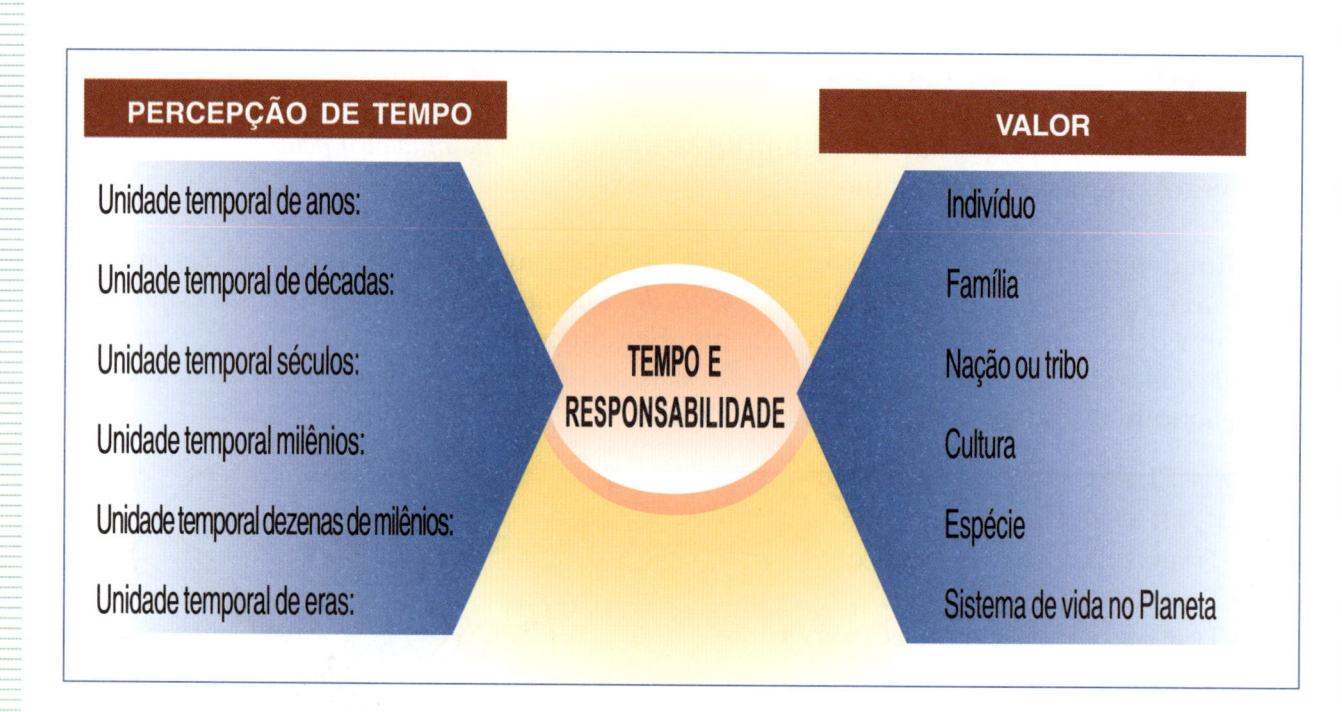

PERCEPÇÃO DE TEMPO	TEMPO E RESPONSABILIDADE	VALOR
Unidade temporal de anos:		Indivíduo
Unidade temporal de décadas:		Família
Unidade temporal séculos:		Nação ou tribo
Unidade temporal milênios:		Cultura
Unidade temporal dezenas de milênios:		Espécie
Unidade temporal de eras:		Sistema de vida no Planeta

CADA SER HUMANO É O PRODUTO DA ADAPTAÇÃO ÀS NECESSIDADES DE TODAS AS SEIS ESCALAS.

O Relógio do longo agora

Renilda Ouro

"UM SER HUMANO É UMA PARTE DO TODO, A QUE CHAMAMOS UNIVERSO, UMA PARTE LIMITADA NO TEMPO E NO ESPAÇO. ELE CONCEBE A SI MESMO, ÀS SUAS IDÉIAS E SENTIMENTOS, COMO ALGO SEPARADO DO RESTO. É COMO SE FOSSE UMA ESPÉCIE DE ILUSÃO DE ÓTICA DA SUA CONSCIÊNCIA. ESSA ILUSÃO É UM TIPO DE PRISÃO PARA NÓS, RESTRINGINDO-NOS AOS NOSSOS DESEJOS PESSOAIS E RESERVANDO NOSSA AFEIÇÃO A ALGUMAS POUCAS PESSOAS, MAIS PRÓXIMAS DE NÓS.

NOSSA TAREFA DEVE SER LIBERTARMO-NOS DESSA PRISÃO, AMPLIANDO O NOSSO CÍRCULO DE COMPAIXÃO DE MANEIRA A ABRANGER TODAS AS CRIATURAS VIVAS E TODA A NATUREZA EM SUA BELEZA."

EINSTEIN

MUDANÇA ORGANIZACIONAL - *Soluções Genéricas para Projetos*

NÃO FAÇA USO DO PROJETO DE MUDANÇA SEM O CONHECIMENTO DOS ENVOLVIDOS NO PROCESSO, DOS USUÁRIOS, E DE TODOS OS *STAKEHOLDERS*. PODE SER PERIGOSO PARA A SAÚDE DA SUA EMPRESA

SUGESTÕES DO LABORATÓRIO

SIGA AS RECOMENDAÇÕES A SEGUIR

MUDANÇA ORGANIZACIONAL - *Soluções Genéricas para Projetos*

UMA ORGANIZAÇÃO PRECISA DE SABEDORIA PARA BUSCAR SOLUÇÕES CRIATIVAS PARA AQUELAS QUESTÕES QUE SE PERPETUAM. VERIFIQUE O GRÁFICO APRESENTADO A SEGUIR E REFLITA: QUAIS DESTAS REALIDADES SE APRESENTAM NA SUA ORGANIZAÇÃO?

SUTILEZAS DA VIDA REAL

REALIDADE DAS EMPRESAS

- Obsolescência cultural
- Baixo emprego da "consciência" nas ações do dia-a-dia
- Dúvidas? Invalidações?
- Pouco crédito a idéias inovadoras
- Fechado no setor
- Baixo envolvimento no todo
- Valores empresa valores pessoais
- Armadilha do dia-a-dia?
- Seguir o "sistema" estabelecido?
- Pouco significado nas coisas
- Egoísmo estruturado?
- Ansiedade?
- Diálogos Suficientes
- Tensão, Pressão
- Segredos?
- Pré-conceitos
- Modelo de gestão superado?
- Pouco valor às mudanças
- Falta de Renovação
- "Vale para os outros, não vale para mim"
- Motivação pessoal somente externa?
- Apatia/ paralisia?
- Prisão ao Passado
- Contradições
- Perda De oportunidade?
- Discurso prática
- Insegurança, medo?
- Aspectos superficiais Prevalecentes
- Valores sem vínculo à prática
- Baixo reconhecimento de contribuições
- Pouco comprometimento com o "todo"(mundo)
- Pseudo-Humanismo
- Pouco "fazer acontecer"

Notas de pesquisa em sala de aula–Amana-Key, SP

PROCURE OS SENTIDOS QUE A MUDANÇA PODE VIR A TER

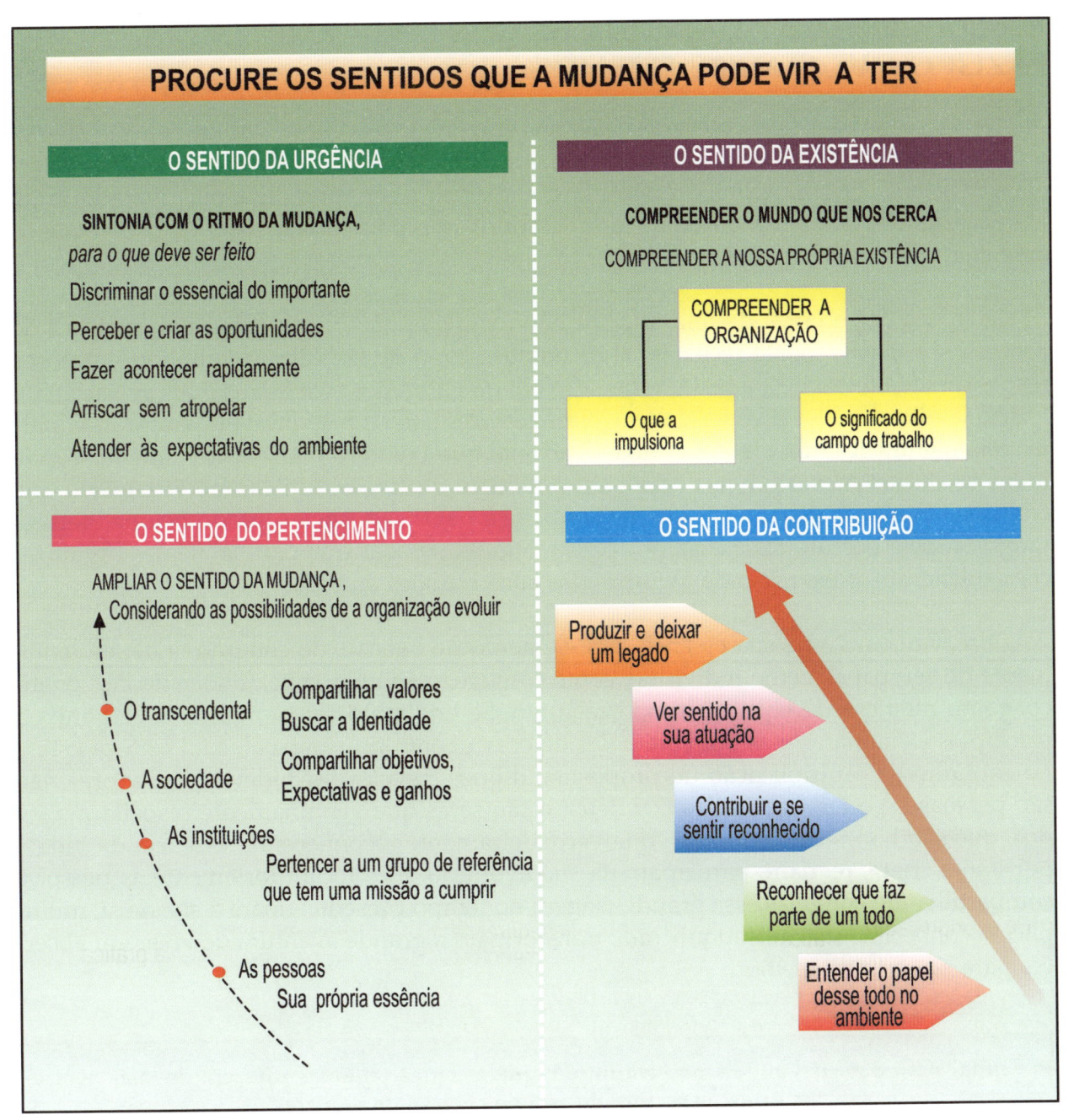

O SENTIDO DA URGÊNCIA

SINTONIA COM O RITMO DA MUDANÇA,
para o que deve ser feito

- Discriminar o essencial do importante
- Perceber e criar as oportunidades
- Fazer acontecer rapidamente
- Arriscar sem atropelar
- Atender às expectativas do ambiente

O SENTIDO DA EXISTÊNCIA

COMPREENDER O MUNDO QUE NOS CERCA

COMPREENDER A NOSSA PRÓPRIA EXISTÊNCIA

COMPREENDER A ORGANIZAÇÃO
- O que a impulsiona
- O significado do campo de trabalho

O SENTIDO DO PERTENCIMENTO

AMPLIAR O SENTIDO DA MUDANÇA,
Considerando as possibilidades de a organização evoluir

- O transcendental — Compartilhar valores / Buscar a Identidade
- A sociedade — Compartilhar objetivos, Expectativas e ganhos
- As instituições — Pertencer a um grupo de referência que tem uma missão a cumprir
- As pessoas — Sua própria essência

O SENTIDO DA CONTRIBUIÇÃO

- Produzir e deixar um legado
- Ver sentido na sua atuação
- Contribuir e se sentir reconhecido
- Reconhecer que faz parte de um todo
- Entender o papel desse todo no ambiente

Baseado em material utilizado por Oscar Motomura – Amana-Key.

MUDANÇA ORGANIZACIONAL - *Soluções Genéricas para Projetos*

ESTEJA CERTO: NADA MUDA SE CONTINUARMOS A FAZER O QUE SEMPRE FIZEMOS

Nenhuma mudança acontecerá se não nos empenharmos em deixar, de coração aberto, o novo acontecer. Vem daí a característica da complexidade da mudança: *a primeira mudança é a individual*. Fazê-la acontecer não é tarefa que possa ser aprendida, mas sim adquirida com a experiência, com a ousadia, com descobrir que podemos ir mais longe do que as nossas atuais limitações nos impõem.

Hoje somos gerentes de mudanças e não mais gerentes funcionais, conhecedores de processos exclusivamente técnicos. Hoje nosso escopo de trabalho se ampliou e a nossa responsabilidade é a de sustentar o negócio em que atuamos e cada vez mais procurar, de forma saudável, a sua prosperidade. Como gestores somos responsáveis, em grande parte, pela manutenção de um clima organizacional que favoreça o nosso crescimento e o de todas as outras pessoas, e por gerar um ambiente de trocas, um campo energético que contribua para a sociedade em que vivemos, seja pelos serviços ou produtos que oferecemos, seja pela postura ética, seja por possibilitar às pessoas que para as nossas organizações colaboram, o exercício de algumas das suas missões de vida.

O ser humano é na sua essência um elemento de ligação, de conexão, independentemente do seu papel: como indivíduo, como cônjuge, como pai, mãe, filho, cidadão, político, como membro de equipe, como executivo. Se enquanto ser humano ele se alinha a princípios exemplares e às possibilidades de crescimento transpessoal, com certeza estará no caminho da multiplicação de propósitos dignos, reveláveis. Líderes vencedores não são pessoas especiais escolhidas por deuses; são seres que genuinamente respeitam a todos, que são honestos com todos, que verdadeiramente reconhecem a essência da vida e por isso a criam, recriam, participam da sua evolução. Eles tocam fortemente as pessoas, compartilhando com elas essa grande viagem no tempo presente; doam a si e de si, multiplicam conhecimentos que adquiriram, transformam a grande aventura de viver em alicerces para um mundo melhor.

> "Cuidai para que não andeis no caminho daqueles cujas palavras diferem de suas ações. A salvação do mundo está no coração do homem."
> *Vaclav Havel*

Renilda Ouro

"... não está no vôo o risco que corre o poeta, está no mergulho dentro da alma, dentro dos escaninhos do conhecimento, dos escafandros gramaticais garimpando palavras, das metafóricas alcovas do prazer intelectual, do inferno do sofrimento sem mágoa. Voar não é perigoso, perigoso é o mergulho, e ele, que tinha tanto medo do vôo, não tinha feito outra coisa senão mergulhar, correr todos os riscos. Na cabeça, voltou o livro, voltou o primeiro poema do livro do Zé Décio, o 'Poema Vertical'. 'Dei um mergulho em mim mesmo num pulo de cabeça a baixo...'"

Gil Perini, no conto "A chuva".

"Por trás de tudo o que pensamos, vive tudo em que acreditamos, como o supremo véu de nossos espíritos."
Antonio Machado

MUDANÇA ORGANIZACIONAL - Soluções Genéricas para Projetos

ENCARE A MUDANÇA COMO UMA MISSÃO

Mudanças nada mais são do que impactos na maneira de ver as coisas, de fazer as coisas, de lidar com elas. Um projeto de mudança é como uma embarcação alcançando o mar:... *"O sonho é ver as formas invisíveis*
Da distância imprecisa, e, com sensíveis
Movimentos da esperança e da vontade,
Buscar na linha fria do horizonte
A árvore, a praia, a flor, a ave, a fonte –
Os beijos merecidos da Verdade."

Fernando Pessoa

Da minha aldeia vejo quando da terra se pode ver no Universo....
Por isso a minha aldeia é grande como outra qualquer
Porque eu sou do tamanho do que vejo
E não do tamanho da minha altura...
Nas cidades a vida é mais pequena
Que aqui na minha casa no cimo deste outeiro.
Na cidade as grandes casas fecham a vista a chave,
Escondem o horizonte, empurram nosso olhar para longe de todo o céu,
Tornam-nos pequenos porque nos tiram o que os nossos olhos nos podem dar,
E tornam-nos pobres porque a única riqueza é ver.

Alberto Caeiro, homônimo de Fernando Pessoa,
em "O Guardador de Rebanhos".

Renilda Ouro

ESTE PRODUTO É NOVO E EMBORA AS PESQUISAS TENHAM INDICADO EFICÁCIA E SEGURANÇA QUANDO CORRETAMENTE INDICADO, PODEM OCORRER REAÇÕES ADVERSAS IMPREVISÍVEIS, AINDA NÃO DESCRITAS OU CONHECIDAS. EM CASO DE SUSPEITA DE REAÇÃO ADVERSA, O AUTOR RESPONSÁVEL DEVE SER NOTIFICADO.

ouro@perspectivas.com.br

"O fim que é princípio fala de um caminho que sempre se dá, um caminho circular. Caminho que tem como causa o Sol; genitor das horas certas de colheita, do percurso circular que caracteriza um ano e dos momentos favoráveis... Se antes vivia-se em acordo com sombras, neste outro lugar vive-se em acordo com momentos propícios de tempos em tempos... Pois o lugar visível não é alcançado depois de se subir ao pico da mais alta montanha. Esse lugar não é separado ou distante de onde estão as sombras; pois separado e distante são características próprias dessa primeira maneira de compreender e viver. O outro lugar, está e não está em tudo ao mesmo tempo; está como possibilidade e não está enquanto sempre deve ser alcançado. Quando se deixa a casa nas sombras para morar junto ao Sol, quando empreende-se essa mudança, torna-se feliz. E felicidade, então, relaciona-se com a totalidade da vida.

A mudança, que acontece de repente, deixando aquele que muda confuso, demanda certo tempo para tornar-se caráter; para que o que se vê seja um com o que se é, isto é, como se age. Pois os prisioneiros não são capazes de distinguir corretamente as sombras porque sempre foram prisioneiros; sempre tiveram a mesma morada, sempre contemplaram a mesma vista. Quando muda a morada e a vista, muda-se o hábito. O mesmo tempo, é o de voltar-se à vida cotidiana na caverna. Tal viajante que vem de cima seria causa do riso de prisioneiros, e se tentasse ele libertar e elevar outros prisioneiros, esses quereriam, na medida de suas propriedades, matá-lo.

Se o 'Mito de Er' falar realmente da totalidade da vida, a narrativa da caverna diz-nos a totalidade do conhecimento. E vida e pensamento não serão dois: a totalidade está sempre ligada ao bem, é preciso bem agir,...e é a visão dessa forma que torna boa a ação do homem... – é preciso vê-la para que se aja cuidadosamente em casa e nos lugares públicos.

Mas não basta o cuidar; essa excelência divina em nenhum tempo perde sua propriedade, razão por que se deve cuidar das coisas certas...; os sábios possuem a propriedade de cuidar de males. Eles têm a vista voltada para baixo, somente para o que vem e vai. Não basta poder cuidar. É preciso que se olhe para a direção correta, que se cuide do que se deve cuidar: da vida enquanto totalidade; em olhando para cima.

...Já a visão do lugar acima é semelhante ao caminho para cima da alma. A esperança de Sócrates é de que assim compreenderá quem escuta; pois para ele, 'sendo manifesto isso que se manifesta para mim', diz, é a maneira de ser do bem que se encontra no fim do conhecimento."

Lethicia Ouro, dissertação de mestrado: Platão: "Sobre a Imortalidade da Alma.". Pesquisa financiada pelo CNPQ.

Renilda Ouro

VALIDADE :
VIDE A BULA

307

MUDANÇA ORGANIZACIONAL - *Soluções Genéricas para Projetos*

OBSERVE A VALIDADE DO PRODUTO. SIGA A BULA

1. AS DOSES VARIAM DE ACORDO COM AS NECESSIDADES DETECTADAS. A eficácia da proteção contra os distúrbios da mudança, parece ser tanto maior quanto for a observância ao recomendado neste produto, embora os dados coletados ainda não sejam suficientes para afirmações. A posologia pode ser modificada de acordo com as exigências evidenciadas e deverão ser pesquisadas as estratégias mais adequadas à realidade apresentada.

2. AS DRÁGEAS CONTÉM: ASPECTOS TÉCNICO, HUMANO E POLÍTICO, que devem ser distribuídos segundo o diagnóstico ambiental e a observação contínua do clima de motivação.

3. DEVE-SE FAZER SISTEMATICAMENTE UMA AVALIAÇÃO DA TRAJETÓRIA do processo e do seu grau de eficácia, considerando a posologia aqui apresentada.

4. PARA BENEFÍCIOS PROFILÁTICOS É INDICADO AVALIAR ESSE MATERIAL na fase de planejamento da mudança, considerando a pertinência das suas diversas fases e os instrumentos mais adequados para deflagrar e desenvolver o processo. As cápsulas devem ser ingeridas de acordo com as prescrições dos gestores da mudança.

5. A POSOLOGIA A SER INDICADA DEPENDERÁ DA SAÚDE DA ORGANIZAÇÃO. Cada organização tem o seu "timing" com relação ao momento mais adequado para a realização de mudanças de vulto. Em caso de reações, é o aumento na proporção das dosagens de cunho comportamental que poderá encaminhar para a solução mais adequada.

> "Você tem todas as ferramentas e recursos de que precisa.
> O uso que faz deles é decisão sua."
> *Chèrie C. Scott*

ESSE É UM PRODUTO NÃO DETERIORÁVEL. PODE SER USADO SOB QUAISQUER CIRCUNSTÂNCIAS: EM PROJETOS DE MUDANÇA, COMO APOIO À GESTÃO OU COMO AUXÍLIO NA CAPACITAÇÃO DE EQUIPES DE MUDANÇA.

"Criei em mim várias personalidades. Crio personalidades constantemente. Cada sonho meu é imediatamente, logo ao aparecer sonhado, encarnado numa outra pessoa, que passa a sonhá-lo, e eu não... Só uma grande intuição pode ser bússola nos descampados da alma; só com um sentido que usa da inteligência, mas se não assemelha a ela, embora nisto com ela se funda, se pode distinguir estas figuras de sonho na sua realidade de uma a outra."

Alberto Caeiro, heterônimo de Fernando Pessoa

ESSE PRODUTO DÁ A GARANTIA DE QUE

VOCÊ SEMPRE APRENDERÁ LIÇÕES. VOCÊ ESTÁ ENVOLVIDO, EM TEMPO INTEGRAL, NUMA ESCOLA INFORMAL CHAMADA

A VIDA NO PLANETA TERRA

CADA PESSOA OU INCIDENTE É O PROFESSOR UNIVERSAL.

NÃO HÁ ERROS, SOMENTE LIÇÕES.

Ao final, até outras novas ondas de mudanças...

....esperando que algum dia possamos conversar sobre experiências de mudanças, e que elas possam ser apresentadas em doses, mas de "pastilhas cor-de-rosa", com sabor de vitórias sem danos, mesmo que contadas algumas perdas, resultado do movimento necessário de quem parte dos grandes para chegar aos maiores.

Espero que o contar da história passeie por um mundo que não mais confunda prazer com significado, poder com arrogância, segurança com falta de dignidade. Espero que as organizações decididamente cumpram seu papel no tempo, de construírem algo para os que vêm depois; que muitas delas possam reescrever a história, com orgulho do seu legado.

Que daqui a alguns séculos de mudanças possamos olhar para métodos de gestão ainda existentes, como relíquias maravilhosas que deram a vez a conhecimentos adquiridos sobre o valor dos homens, de todos eles, e que, em conjunto, todos possam exercer o princípio criativo da vida, para além das fronteiras da escassez, da desorganização das atividades humanas, que privilegiam poucos, matam muitos de fome, quase matam poucos de medo, talvez da violência que a fome supõe.

Que a engenhosidade humana seja capaz de driblar os desafios com a coragem e a certeza de que seremos capazes, geração a geração, de construir um Planeta mais justo, mais humano, pois, até então, embora toda a evolução, o homem vem encenando uma história, em que ele atua como inimigo do mundo!

Mudanças são necessárias, vamos a elas!

Renilda Ouro

"Esse brilho que se espalha de um verdadeiro ser humano tem muita importância. Olhe cuidadosamente à sua volta e identifique a luminosidade das almas. Fique ao lado daquelas que o atraem."
Jalal Uddin Rumi

"A MUDANÇA E O MOVIMENTO TÊM SEU TEMPO OPORTUNO;
A SEGURANÇA E O PERIGO ESTÃO NA PRÓPRIA PESSOA.
A DESGRAÇA E A VENTURA, A VITÓRIA E A DERROTA, COMEÇAM
TODAS NA PRÓPRIA PESSOA. PORTANTO, OS QUE DOMINAM A
MUDANÇA SÃO OS QUE PRESTAM ATENÇÃO AO TEMPO.
PARA OS QUE PRESTAM ATENÇÃO AO TEMPO, ATÉ O PERIGO
É SEGURO. PARA OS QUE DOMINAM A MUDANÇA,
ATÉ O TUMULTO É PACÍFICO."

O LIVRO DO EQUILÍBRIO E DA HARMONIA

É PRECISO CUIDAR DAS RAÍZES. ATÉ QUE VERDADEIROS LÍDERES VEJAM GRANDEZA EM OCUPAR OS VÁCUOS DE LIDERANÇA HOJE PERCEBIDOS, COM MAIS DIGNIDADE, CONFIANÇA E HONESTIDADE, TODOS OS *SLOGANS*, ACONSELHAMENTOS, PROGRAMAS DE TREINAMENTO DO MUNDO NÃO SERVIRÃO PARA ABSOLUTAMENTE NADA. URGE COLOCAR O CORAÇÃO E A ALMA NO NEGÓCIO; É O QUE SE ESPERA CONSEGUIR NUMA SOCIEDADE QUE DEMANDA, QUE TEM FOME, QUE SUCUMBE DIANTE DA INAÇÃO OU IMPROPRIEDADE DE AÇÃO DE MUITOS.

Renilda Ouro

FONTES BIBLIOGRÁFICAS

"QUEREMOS QUE A VIDA SEJA MENOS ÁRDUA E MAIS AGRADÁVEL. QUEREMOS SER CAPAZES DE PENSAR DE MANEIRA NOVA SOBRE COMO ORGANIZAR AS ATIVIDADES HUMANAS.

AS ORGANIZAÇÕES SÃO SISTEMAS VIVOS. TAMBÉM ELAS SÃO INTELIGENTES, CRIATIVAS, ADAPTÁVEIS E APTAS A SE ORGANIZAR; TAMBÉM ELAS BUSCAM O SIGNIFICADO DA VIDA."

Margaret Wheatley

FONTES BIBLIOGRÁFICAS

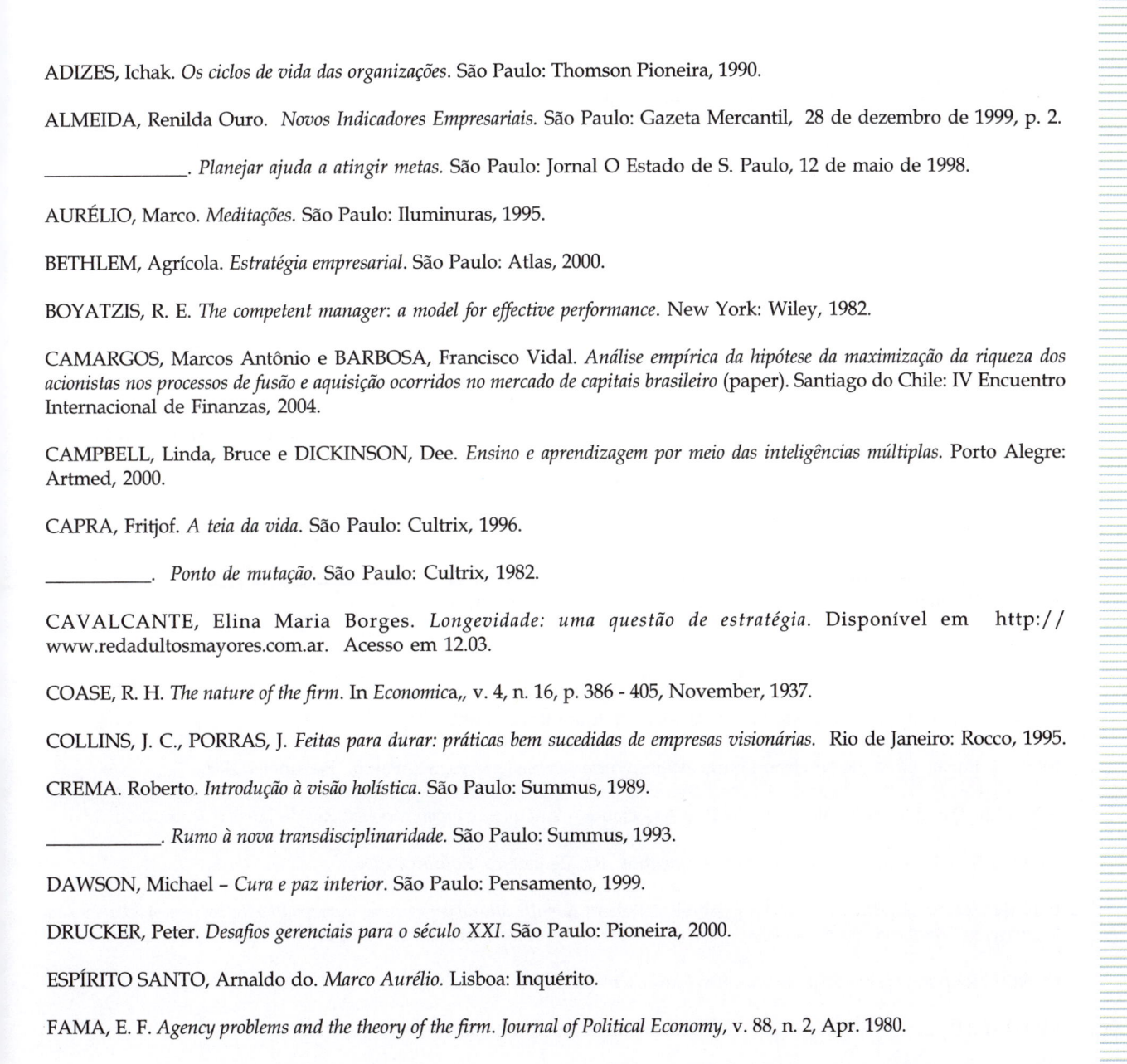

ADIZES, Ichak. *Os ciclos de vida das organizações*. São Paulo: Thomson Pioneira, 1990.

ALMEIDA, Renilda Ouro. *Novos Indicadores Empresariais*. São Paulo: Gazeta Mercantil, 28 de dezembro de 1999, p. 2.

_____. *Planejar ajuda a atingir metas*. São Paulo: Jornal O Estado de S. Paulo, 12 de maio de 1998.

AURÉLIO, Marco. *Meditações*. São Paulo: Iluminuras, 1995.

BETHLEM, Agrícola. *Estratégia empresarial*. São Paulo: Atlas, 2000.

BOYATZIS, R. E. *The competent manager: a model for effective performance*. New York: Wiley, 1982.

CAMARGOS, Marcos Antônio e BARBOSA, Francisco Vidal. *Análise empírica da hipótese da maximização da riqueza dos acionistas nos processos de fusão e aquisição ocorridos no mercado de capitais brasileiro* (paper). Santiago do Chile: IV Encuentro Internacional de Finanzas, 2004.

CAMPBELL, Linda, Bruce e DICKINSON, Dee. *Ensino e aprendizagem por meio das inteligências múltiplas*. Porto Alegre: Artmed, 2000.

CAPRA, Fritjof. *A teia da vida*. São Paulo: Cultrix, 1996.

_____. *Ponto de mutação*. São Paulo: Cultrix, 1982.

CAVALCANTE, Elina Maria Borges. *Longevidade: uma questão de estratégia*. Disponível em http://www.redadultosmayores.com.ar. Acesso em 12.03.

COASE, R. H. *The nature of the firm*. In *Economica*,, v. 4, n. 16, p. 386 - 405, November, 1937.

COLLINS, J. C., PORRAS, J. *Feitas para durar: práticas bem sucedidas de empresas visionárias*. Rio de Janeiro: Rocco, 1995.

CREMA. Roberto. *Introdução à visão holística*. São Paulo: Summus, 1989.

_____. *Rumo à nova transdisciplinaridade*. São Paulo: Summus, 1993.

DAWSON, Michael – *Cura e paz interior*. São Paulo: Pensamento, 1999.

DRUCKER, Peter. *Desafios gerenciais para o século XXI*. São Paulo: Pioneira, 2000.

ESPÍRITO SANTO, Arnaldo do. *Marco Aurélio*. Lisboa: Inquérito.

FAMA, E. F. *Agency problems and the theory of the firm*. Journal of Political Economy, v. 88, n. 2, Apr. 1980.

FERGUSON, Marilyn. *Conspiração aquariana*. Rio de Janeiro: Record, 1986.

FIRTH, M. *Takeovers shareholders returns, and the theory of the firm*. The Quaterly Journal of Economics, v. 94, n. 2, Mar. 1980.

FRÓES, César e Melo, NETO, Francisco Paulo de M. *Gestão da responsabilidade social corporativa*. Rio de Janeiro: Qualitymark, 2001.

GOLLEMAN, Daniel. *Inteligência emocional*. Rio de Janeiro: Objetiva, 1998.

GEUS, A. *A empresa viva: como as organizações podem aprender a prosperar e se perpetuar*. Rio de Janeiro: Campus, 1998.

HALL, Edward T. *Beyond Culture*. New York: Anchor Books, 1976.

HENDERSON, Hazel. *Construindo um mundo onde todos ganhem*. São Paulo: Cultrix, 1997.

_____. *Transcendendo a economia*. São Paulo: Culttrix, 1998.

HOCK, Dee. *O nascimento da era caórdica*. São Paulo: Cultrix, 2001.

HOECKLIN, Lisa. *Managing cultural differences: strategies for competitive advantage*. UK: FT Prentice Hall, 1995.

HUNT, John W. *Managing people at work – A manager's guide to behaviour in organization*. England: McGraw-Hill, 1992.

KAPLAN, Robert S. e NORTON, David P. *A estratégia em ação – Balanced Scorecard*. Rio de Janeiro: Campus, 1997.

KATZENBACH, Jon R. and SMITH, Douglas K. *The wisdom of teams: creating the high-performance organization*: Harper Collins, 1997.

KEYES JR, Ken. *Guia para uma consciência superior*. São Paulo: Pensamento, 1995.

LAWLER III, Edward E. & Associados e GALBRAITH, Jay R. *Organizando para competir no futuro – estratégia para gerenciar o futuro das organizações*. São Paulo: Makron Books, 1995.

MORIN, Edgar. *A cabeça bem-feita*. Rio de Janeiro: Bertrand Brasil, 2000.

MORIN, Edgar, LE MOIGNE, Jean-Louis. *A inteligência da complexidade*. São Paulo: Petrópolis, 2000.

NADLER, David, Gerstein, Marc, Shaw R. e Associados – *Arquitetura organizacional*. Rio de Janeiro: Campus, 1997.

NOBREGA, Clemente. *Em busca da empresa quântica*. Rio de Janeiro: Ediouro, 1996.

O'HARA, Mary, DEVEREAUX and JOHANSEN, Robert. *A multicultural perspective: transcending the barriers of behavior and language, in Globalwork: bridging distance, culture, and time*. San Francisco: Jossey-Bass, 1994.

O' NEIL, John R. *O paradoxo do sucesso*. São Paulo: Cultrix, 1999.

PRAHALAD, C. K. e HAMEL, Gary. *Competindo pelo futuro*. Rio de Janeiro: Campus, 1998.

PETERS, Tom and Austin, Nancy. *A passion for excellence*. Warner Books, 1985.

QUINN, Daniel. *Ismael-um romance da condição humana*. São Paulo: Petrópolis.

RILKE, Rainer Maria. *Cartas a um jovem poeta*. Rio de Janeiro: Globo, 1986.

ROCHA, Angela e CHRISTENSEN, Carl. *Marketing – teoria e prática no Brasil*. São Paulo: Atlas, 1994.

RODRIGUEZ & RODRIGUEZ, Martius V. *Organizações que aprendem*. Rio de Janeiro: Qualiymark, 2002.

ROGERS, Everett M. *Diffusion of innovation*. New York: Free Press, 1983.

SENGE, Peter M. *The fifth discipline*. New York: Currency, 1990.

SCHULTZ, Ron. *Sabedoria e intuição*. São Paulo: Cultrix, 1999.

SCOTT, Chérie Carter. *Se a vida é um jogo, estas são as regras*. Rio de Janeiro: Rocco, 2000.

SEAGAL Sandra e HORNE David. *Human dynamics – um novo contexto para compreender pessoas e realizar o potencial de nossas organizações*. Rio de Janeiro: Qualitymark, 1998.

STEWART, Brand. *O relógio do longo agora - tempo e responsabilidade*. Rio de Janeiro: Rocco, 1999.

TANNEN, Deborah. *You just don´t understand*. New York: Ballantine Books, 1991.

TJOSVOLD, Dean and Mary. *The emerging leader – ways to a stronger team*. New York: Lexington Books, 1993.

TOBEN, Bob e WOLF, Fred Alan. *Espaço,tempo e além*. São Paulo: Cultrix, 1982.

TOFFLER, Alvin. *A terceira onda*. São Paulo: Record, 1995.

WAITLEY, Denis. *Impérios da mente. Lições para liderar e ter sucesso em um mundo baseado no conhecimento*. Rio de Janeiro: Campus, 1996.

WEIL, Pierre. *Organizações e tecnologias para o terceiro milênio – a cultura organizacional holística*. Rio de Janeiro: Rosa dos Tempos, 1991.

WHEATLEY, Margaret J. e ROGERS, M. K. *Por um caminho mais simples*. São Paulo: Pensamento, 1998.

WHEATLEY, Margaret. *Liderança e a nova ciência*. São Paulo: Cultrix, 1996.

WHITELEY, Richard C. *A empresa totalmente voltada para o cliente*. Rio de Janeiro: Campus, 1992.

Entre em sintonia com o mundo

QualityPhone:
0800-263311
Ligação gratuita

Qualitymark Editora
Rua Teixeira Júnior, 441 – São Cristóvão
20921-400 – Rio de Janeiro – RJ
Tel.: (21) 3860-8422
Fax: (21) 3860-8424
www.qualitymark.com.br
e-mail:quality@qualitymark.com.br

Dados Técnicos:

Formato:	21× 21cm
Mancha:	17×17cm
Fontes Títulos:	Arial black
Fontes Texto:	Book antiqua
Corpo:	12
Entrelinha:	14,2
Total de Páginas:	328

WalPrint
Gráfica e Editora

Impressão · Acabamento

Central de Relacionamento
+21 2209-1717
www.walprint.com.br